全球通胀与衰退

滕泰　张海冰◎著

GLOBAL INFLATION
AND
RECESSION

中国出版集团
中译出版社

图书在版编目（CIP）数据

全球通胀与衰退 / 滕泰，张海冰著. -- 北京：中译出版社, 2022.2（2022.3 重印）

ISBN 978-7-5001-6920-8

Ⅰ.①全… Ⅱ.①滕…②张… Ⅲ.①世界经济—研究 Ⅳ.①F11

中国版本图书馆 CIP 数据核字（2021）第 273349 号

全球通胀与衰退

著　　者：滕　泰　张海冰
总　策　划：于　宇
策划编辑：龙彬彬
责任编辑：龙彬彬　李晟月
营销编辑：吴一凡　杨　菲
出版发行：中译出版社
地　　址：北京市西城区新街口外大街 28 号 102 号楼 4 层
电　　话：（010）68359827；68359303（发行部）；
　　　　　68005858；68002494（编辑部）
邮　　编：100044
电子邮箱：book @ ctph.com.cn
网　　址：http://www.ctph.com.cn

印　　刷：北京顶佳世纪印刷有限公司
经　　销：新华书店
规　　格：787mm×1092mm　1/16
印　　张：23.5
字　　数：271 千字
版　　次：2022 年 2 月第 1 版
印　　次：2022 年 3 月第 2 次印刷

ISBN 978-7-5001-6920-8　　　　定价：79.00 元

版权所有　侵权必究
中 译 出 版 社

序

拿到这本书稿时,我有点惊奇;翻阅这本书稿时,我有些惊喜。

惊奇的是,9月份,我还在与作者滕泰博士讨论:新的病毒变种不断出现,世界经济反复遭受疫情折磨,全球大宗商品价格飙升,世界粮农组织的农产品价格指数创7年之最,许多国家CPI均现大幅上涨,美国CPI已持续几个月在5%之上,中国CPI虽在1%之下,但PPI却高企在10%以上等。世界会否再现20世纪70年代曾出现过的经济滞涨,而若滞涨再现,对中国经济的影响又会如何,尤其中国面临的"三期叠加"压力依然存在。当时滕博士并未提及他和他的团队正在专注于全球通胀的研究,但是时间仅过两个月,滕博士就拿出这本《全球通胀与衰退》,请我写序言。故,有点"惊奇"。

惊喜的是,正当我阅读此书稿时,12月10日,2021年中央经济工作会议闭幕,会议指出:在充分肯定成绩的同时,必须看到我国经济发展面临需求收缩、供给冲击、预期转弱三重压力,"三重压力"为中央首次提出。而"三重压力"之一的供给冲击,滕博士在这本书稿中已从多个角度做了大量分析，丰富了我对供给冲击的感觉，加深了对供给冲击的认识。不仅有疫情停工、运输阻断对商品供给的冲击，还有应对疫情实施刺激政策所带来的货币供给冲击；不仅有劳动力供给冲击，还有能源、原材料的初级产品供给冲击；至于产业供应链的供给冲击，则从国际大循环的视野，用系统思维对各种供给冲击的相互影响做出系统分析。作为一位"70后"的经济学家，在中央经济工作会议召开之前对供给冲击的认识，能与这次会议精神如此吻合。故，有"惊喜"之感。

其实，仔细一想，滕博士在半年时间能够写出这本书主要是因其有较深厚的经济理论功底。10年前（2011年）他就出版过专门研究通胀的专著《滕泰透视通胀》，提出由于经济运行中存在对超发货币、原材料成本上升和人工成本上涨的多重吸收机制，认为那一轮通货膨胀并不会长期持续——2012年之后的中国经济运行情况也证明了这一点。滕博士还是新供给主义经济学研究领域的领军人物之一：2013年他的专著《民富论：新供给主义百年强国路》出版，2016年《供给侧的觉醒：从财富原点再出发》出版，2017年《新供给主义经济学》出版，2019年《新供给经济学》出版。虽然上述专著有的我并未看过，但所列书目在一定程度上也能反映其对供给经济学研究之持久、深入。自然，他也就能够敏感、敏锐地发现全球经济与中国经济生活中的供给冲击问题，并将其呈现在这本新专著之中。

为什么一个10年前呼吁大家不要担心通胀的学者，今天要专门出这本书来呼吁大家高度重视通胀和衰退的风险呢？滕博士没有明言世界将出现经济滞涨，而是用了"全球通胀的灰犀牛"与"经济衰退的黑天鹅"两个说法，尤其是对"供给冲击与通胀式衰退"的论述，给我留下深刻印象。

我曾在国家经委、计委、体改委、经贸委、国务院研究室等部门工作多年，由于工作的需要，曾与大量的不同所有制、不同规模的企业广泛接触。大量的中小企业在各种涨价压力下想尽各种办法，原材料成本上涨，不敢涨价，因为怕丢了订单；人工成本上涨，自己消化，甚至含泪高息借贷发工资；环保标准提高，咬牙更新设备……一切都为了保市场，保生存。中国的中小企业已经承担、承受了太多！对经济生活中发生的这些事例，滕博士用原材料成本/总成本、工资/总成本系数、生产利润弹性、流通价格消化能力等学术语言，对价格上涨的化解机制做了让人信服的解释。

除了学术语言和大量的数据图表，滕博士还用通俗易懂的事例做比喻。如将超发货币对价格的冲击比喻成"雪域之水从源头奔涌而下，房地产市场、股票市场、银行体系和其他资产市场就像长江沿岸的沼泽、湖泊、水库一样，吸纳了上游的货币流量"，说明超发货币对物价的冲击有一个消化的过程。既以此喻说明2010年的价格上涨，因长江沿岸的"沼泽、湖泊、水库"有库存余量，可容纳，故而是短期的；也以此喻说明，这一次的冲击，不仅水量大，而且"沼泽、湖泊、水库"已没有多少库存余量或没有余量，消化的过程自然会延长，故而使人们对这次物价上涨有了更清醒的认识——不会是一个短周期。

滕博士运用"新供给经济学"模型，深刻分析能源、原材料的供给冲击对经济增长的影响，揭示了潜在的经济衰退风险。这次全球范围内的能源价格上升，除了有疫情的短期影响因素外，背后还有长期的能源供给结构变化因素。随着全球碳减排的过快推进，在欧洲能源价格暴涨与中国煤炭价格大涨、电力供应紧张的背后有同样的逻辑。滕博士的这种分析与这次中央经济工作会议"要正确认识和把握初级产品供给保障"的提法又相吻合，对经济生活中处理好初级产品、中间产品和最终产品的生产、流通与价格关系有现实意义。

本书提出的劳动力成本供给冲击模型值得决策部门和学界重视。按照劳动力同样比例的成本冲击，工资上涨对物价的影响要比原材料价格上涨高6倍以上。因为原材料成本可以在整个产业链层层分摊消化，而工资成本却只能从上游到下游层层叠加——这个结论无论对美国、欧洲，还是对中国，都是值得重视的。工资收入和各种劳动福利成本持续上涨都将是长期现象。劳动力成本具有"只宜升、不宜降"的特征，且具刚性。这种刚性恰似"钢"性，一是"硬"，二是"脆"，硬来就会"碎"。

对于逆全球化对全球供应链的冲击，本书也做了深刻的分析。我认同滕博士对"全球经济循环受阻及其影响"的分析方法和逻辑，但并不认同滕博士对逆全球化的趋势判断。我认为，经济全球化是不可逆转的历史趋势，贸易保护主义和逆全球化趋势是不会长久的。如果真的出现书中所说的，在很多行业各国被迫构建各自的供应链，甚至出现"自给自足"，那一定是历史倒退。专业化是人类社会进步的动力，逆全球化是持续不了多久的。

因我学的是劳动经济专业，又长期关注就业问题，特别关注中国的中小微企业。面对通货膨胀的"灰犀牛"和经济衰退的"黑天鹅"，本书对通胀和衰退的最严重后果——失业及其对策，论及不多，似以为憾事。当然，滕博士对当前全球通胀与衰退风险做出明确警示，对产生原因也做了深入的分析，不仅会有利于专家学者的国是建言，也一定会有利于有关部门、行业和地方据此做出相应的对策方案，化解就业的压力，缓解失业的矛盾，促进经济的稳定增长。

最后，祝贺《全球通胀与衰退》的出版，祝愿中国经济能够在全球通胀与衰退风险中独善其身，行稳致远！

陈全生

著名经济学家、国务院参事室特约研究员

原国务院参事、国务院研究室工贸司司长

前言

全球通胀的"灰犀牛"与经济衰退的"黑天鹅"

通胀"灰犀牛"悄然而至,他们因何掩耳盗铃?

由于10年前我曾经出版《滕泰透视通胀》一书,并正确预判了那一轮中国通胀的演化和结束,因此当2021年二季度美国通货膨胀率超过4%时,我就决定写这本关于全球通胀的书,因为我的判断是:这一轮全球通胀不是短期现象。到2021年11月本书定稿时,美国的消费和物价指数同比上涨6.8%,创30年以来的新高。到本书2022年2月上市时已高达7.5%,创40年新高。

在11月份之前,美国人似乎并不惊慌,美联储除了释放信号说,"通胀只是短期现象"之外,并没有采取更有力的行动,直到2021年年底才放弃"通胀暂时论"。而美国的消费者看着自己持有的股票和基金在涨价,居住的房子在涨价,拿着政府补贴的钱(疫情以来平均每人近10 000美元,三口之家可补贴近30 000美元)去买东西,觉得似乎物价涨点儿也没什么。

在欧洲,英国2021年11月份消费者物价指数(CPI)达到5.1%;德国11月消费者物价指数(CPI)为6.0%,而被当作工业通胀率的生产者价值指数(PPI)居然高达19.2%——这是自1951年以来的历史新高!

在印度,2021年11月消费者物价指数为4.91%,生产者价值指数

PPI 是 14.23%；

在巴西，同期 CPI 已经到了 10.74%；

土耳其比较高，CPI 为 21.31%，PPI 是 54.62%；

而阿根廷 CPI 突破 52%；

……

这一切都在告诉我们，全球通胀，这个近 10 年几乎已经听不到人们谈论的"灰犀牛"，已经悄然而至。可是他们为什么掩耳盗铃，视而不见？

同样的情况如果发生在中国，恐怕早就成为全国经济的头等大事——就像 2010 年的物价上涨，上到国务院总理、各级决策部门，下到各行各业、黎民百姓，每天的物价都牵动着人们敏感的神经。2010 年 6 月，笔者参加时任总理温家宝举办的宏观经济形势分析会并汇报了对物价的看法后，总理点评说，他既要关心事关宏观决策的核心 CPI，也要关心事关百姓生活的非核心 CPI，因为根据他几十年的从政经验，"有两个事情可以造成社会不稳定，一个是官员腐败，一个就是通货膨胀！"

美国放弃通胀短期论，正视长期因素？

对于新冠肺炎疫情，无非是短期停留和长期共存两个判断，即便长期共存，更有效的疫苗和药品也会让病毒对社会运行的影响逐渐散去。

那么造成这轮全球通胀的因素是短期的还是长期的？

美联储从 2021 年上半年就开始说通胀是短期的。他们是真的在做预测，还是明知通货膨胀没那么快结束，而只不过是在降低通胀预期？临到2021年年底，美联储突然放弃通胀暂时论，但人们听过他们对造成这轮通胀的深层次原因分析、判断的依据和逻辑吗？

比如，货币超发的影响机制及后果。美国、英国、德国、日本等国的货币超发所带来的影响是一个短期现象还是一个长期现象？它的影响机制是怎么样的？从货币到物价，要经过哪些"资产池"的吸收，并需要多少产能来对冲？如果疫情结束了，为应对疫情而超发的货币也会人间蒸发吗？多年累积的货币超发大约需要多长时间的物价上涨才能吸收完？

又比如，上游能源、原材料的供给冲击，背后是疫情还是有更深层次的原因？为什么10年前，上游石油涨价而下游化纤产品涨价难？铜涨价而下游空调涨价难？铁矿石涨价而下游汽车不涨价？而10年后的今天，上游的成本冲击却源源不断地被转移到下游。从上游成本冲击到下游的传导，发生了什么变化？如果是因为传导机制的变化而引发了通货膨胀，那么这种机制的变化是长期的还是短期的？能源、原材料对全球物价的冲击，会因为疫情消失而消退吗？

还有劳动的供给冲击，工资的上涨和工人的结构性短缺，是疫情造成的短期现象，还是一个不可逆转的长期现象？如果因为疫情才涨工资，是不是疫情结束后工资就不上涨了？以中国为例，同样比例的价格上涨，劳动价格上涨比原材料价格上涨对CPI的影响大6~8倍，10年来中国的劳动者报酬在各种产品和服务中的综合占比平均提高了30%以上……我们对劳动供给冲击真的有全面的认识吗？

再比如，严重影响物价和经济增长的各国物流和国际经济大循环，是因为疫情而中断，还是因为疫情而暴露和放大了长期以来存在的问题？我们享受了20年的电子商务红利、快递物流红利，以后还有潜力吗？我们享受了更长时间的全球自由贸易和国际大循环，其所受的冲击仅仅来自疫情吗？当电子商务红利消失、国际物流红利消失、全球自由贸易持续受到贸易保护主义的冲击，甚至各国各地区都不得不构架区域化的供应链，我们还不能正视造成这一轮全球通胀的深层次原因吗？

最后，影响各国物价的微观机制有没有在这一轮全球通胀中发挥作用？无论在一个产业的上游、中游，还是下游，只要是充分竞争，就有利于价格稳定和经济增长；只要是垄断，就会促进涨价，抑制创新，削弱增长。与10年前、20年前相比，无论是在美国还是中国，不同产业链的竞争是加强了，还是被削弱了？有多少行业被一两家头部企业"赢家通吃"？有多少行业的行业集中度年年提高，进而形成寡头垄断？这些垄断，这些新的竞争格局所引发的微观价格形成机制的变化，会随着疫情而消失吗？

更值得深思的是，以上几个方面的深刻变化，其冲击的岂止是物价？会不会在巨大的全球通货膨胀"灰犀牛"的背后，还跟着一只经济衰退的"黑天鹅"？

经济衰退的"黑天鹅"

通胀水平的持续超预期迫使美国重新评估通胀风险并开始缩减购债，加拿大已逐步退出量化宽松，新西兰、韩国已经加息，巴西、俄罗斯等通货膨胀压力更大的国家，已经连续数次加息。随着欧美等地货币政策加快收紧、利率水平提高……对美国而言，货币政策面临着前所未有的两难选择，不紧缩就会造成更严重的通胀，紧缩有可能会刺破长期累积的股市与房地产泡沫，并带来长期经济衰退。

被新冠肺炎疫情打乱的全球供应体系所造成的供给收缩影响广泛而复杂，价格上涨只是其中一个方面。高达两位数的工业通胀率，必然带来经济增长动力的衰减，这让很多学者都不免联想到20世纪70年代由于石油价格上涨而造成的"滞胀"。

疫情改变了人们的工作意愿，失业率偏高与"招工难"的现象仍然普遍并存，劳动力供给冲击、劳动力价格的提高也普遍削弱了很多企业的生产和盈利能力，降低了企业的投资意愿，从而加剧了经济衰退的风险，这一切绝不仅仅是疫情的影响，而是人口老龄化、少子化，人们对闲暇的追求，雇佣成本、社保成本的提高，移民和跨区流动的减少所带来的长期冲击——疫情，只不过把我们未来若干年要面对的劳动供给冲击做了一个提前"演示"。

对中国而言，国家统计局公布的全社会固定资产投资总额已经从2018年的近63.6万亿元降至2019年的55.1万亿元和2020年的51.9万亿元①，2021年55.2万亿元，同比增长4.9%；2022年，随着房地产投资增速的下滑，预计中国的固定资产投资只能更多靠政府加大基建投资来支撑……与此同时，中国的月度社会消费品零售总额增速已从疫情前的8%左右降至4%左右的较低水平；2022年，随着其他国家制造业的进一步恢复，中国一枝独秀的出口必将逐步向常态回归；此外，虽然中国的消费者物价指数还处于相对低位，但是工业通胀率创历史新高，10月生产者价格指数高达13.8%，年底虽有所回落，但

---

① 期间统计口径有调整变化，所以公布的可比实际增长速度为正增长。

严重的上游工业通胀正在挤压中下游企业的生存空间，其中事关就业和居民收入增长的中小企业生存状况堪忧。

而长期处于低增长的欧洲和日本，多年来又一次面对结构性涨价压力，各国民众普遍感觉到货币购买力下降，但企业又面临着产能和供给过剩，有的国家面临着"通胀式衰退"，也有的国家面临着"衰退式通胀"。

怎么办？

展望 2022 年，很多研究机构都预期美联储会加息两次以上，并且纷纷调低全球经济增长预期，但是大部分预测都不包含美国被迫因通胀而被紧缩、加息可能引发的泡沫破裂风险——一旦加息和紧缩造成持续多年的美国股市和房地产市场泡沫破裂，必然会引发新兴经济体资本外流、汇率贬值、债务违约等情况，全球结构性的经济衰退有可能接踵而至。

面对全球通胀与衰退风险，对各国的决策者而言，恐怕仅仅使用传统的货币政策和财政政策已难以应对。而真正找到既能够控制物价，又能够激发市场活力、促进增长的新办法，不仅需要科学决策，更需要政治勇气。

对于企业而言，仅仅通过传统的库存调整、用长单或对冲锁定成本，甚至与上下游协同构建更完整的价值链已经远远不够了，只有不断用新技术、新场景、新商业模式等新供给创造新需求，才是战胜通胀与衰退风险的最终解决之道。

对于个人和家庭而言，面临通货膨胀的"灰犀牛"和经济衰退的

"黑天鹅"，不论在美国、欧洲还是中国，不是所有地区的房地产都能像过去20年一样可以抵御通胀或衰退风险；在全球范围内，高收益、高信用的债券越来越少，少数有较高固定收益的企业债券又可能面临违约的风险；银行存款的利率不仅跑不赢物价指数，还有汇率贬值的风险；以前人们都拿黄金来保值，如今这些历史的货币记忆还能够让它具有保值增值的作用吗？与黄金、艺术品、比特币等资产只对少数人有意义不同，很多家庭已经习惯于持有股票等权益类资产，但是按照沃伦·巴菲特的计算，如果期待美国股市像上一个100年那样，在这个100年也能提供每年5%以上的平均收益，那么道琼斯指数到21世纪末必须上涨到200万点。这可能吗？如果美国股市不能提供之前的稳定收益，哪里的股票可以，又如何才能找到这些可以保持增长的好公司呢？

滕泰

2021.12.1

目录

第一篇
全球通胀与衰退风险的形成

第一章　再无资产或产能对冲的全球超发货币 _ 003

　　第一节　全球货币超发危如累卵 _ 006

　　第二节　超发货币的泄洪区变成地上河 _ 014

　　第三节　单位产能货币供应量 _ 020

　　第四节　货币与经济增长的关系，潮起又潮落 _ 025

第二章　原材料供给冲击与通胀式衰退 _ 031

　　第一节　原材料供给冲击由来已久 _ 034

　　第二节　供给冲击对物价的影响：供需价格弹性原理 _ 040

　　第三节　从原材料到消费品涨价的层层吸收 _ 043

　　第四节　供给冲击力度越来越大，化解能力越来越小 _ 047

　　第五节　原材料供给冲击削弱全球增长动力 _ 055

第三章　劳动供给冲击长期化 _ 063

　　第一节　疫情只是劳动力供给冲击的加速器 _ 065

XV

第二节　从工资到物价：层层吸收与层层放大 _ 069

第三节　工资对中国物价的影响比10年前增加了30%以上 _ 073

第四节　疫情的短期劳动供给冲击是未来20年的缩影 _ 081

第四章　国际大循环受阻，增加通胀式衰退风险 _ 091

第一节　疫情对全球经济循环的冲击 _ 093

第二节　贸易保护主义破坏国际大循环 _ 095

第三节　电商、快递红利见顶，放大通胀传导风险 _ 097

第四节　国际大循环受阻，加重通胀式衰退风险 _ 105

第五章　垄断挑战竞争，放大通胀与衰退风险 _ 115

第一节　影响价格变化的微观机制 _ 118

第二节　垄断放大通胀压力，削弱经济增长动力 _ 124

第三节　经济头部化放大全球通胀与衰退风险 _ 128

第六章　通胀式衰退的外部因素和自我强化 _ 135

第一节　重读科尔奈：我们会再次面临"短缺经济"吗？ _ 137

第二节　土地、税收与环保成本的增长及其影响 _ 140

第三节　预期："自我实现的预言" _ 143

第二篇
观察通胀与衰退的经济指标

第七章　通胀诱惑与经济衰退 _ 149

第一节　通胀的诱惑 _ 151

第二节　应对通胀的代价 _ 158

第八章　消费者物价指数与核心通胀率 _ 167

第一节　物价分析的国际语言 _ 170

第二节　中国CPI是怎样炼成的？_ 178

第三节　宏观决策之核心通胀指标 _ 183

第四节　房价纳入通胀指标，还是货币政策目标？_ 190

第九章　PPI与CPI分叉演绎通胀式衰退 _ 195

第一节　各国PPI同步走高，全球工业通胀成真 _ 197

第二节　PPI不仅是工业通胀率，也是经济景气指标 _ 200

第三节　从PPI与CPI的不同组合，研判经济周期 _ 205

第十章　物价与增长指标的综合应用 _ 215

第一节　增加值能否准确反映增长 _ 217

第二节　消费与新增资本形成指标 _ 226

第三节　PMI指数家族所反映的库存与景气周期 _ 230

第四节　货币总量指标与价格 _ 232

第五节　运用之妙，存乎一心：经济指标的组合使用 _ 238

第十一章　通胀与衰退中的食品价格 _ 247

第一节　食品价格会长期上涨吗 _ 249

第二节　粮价波动的三大独特规律 _ 251

第三节　肉、菜、奶的价格周期 _ 259

第四节　发展中国家更要重视食品通胀 _ 266

第三篇
如何应对全球通胀与衰退挑战

第十二章　投资者如何认清通胀与衰退风险，保卫家庭财富 _ 271

第一节　不同资产配置下的命运之神 _ 273

第二节　房地产、债券、股票如何抵御通胀与衰退 _ 279

第三节　黄金、另类投资和数字资产的价值 _ 294

第四节　中国家庭资产配置调整方向 _ 301

第十三章　企业如何创新价值，抵御通胀与衰退 _ 305

第一节　涨价受益者、价格转移者与调控替罪羊 _ 308

第二节　以研发、场景、体验价值对抗通胀与衰退 _ 315

第三节　一体化营销、商业模式创新与组织变革 _ 322

第十四章　政府如何用新办法应对通胀和衰退风险 _ 329

第一节　当通胀和衰退接踵而来，仅靠退烧药和强心针是不够的 _ 332

第二节　有没有吸纳超发货币的新蓄水池 _ 333

第三节　新时期抗通胀、稳增长六大"药方" _ 335

后记 _ 349

第一篇

全球通胀与衰退风险的形成

第一章

再无资产或产能对冲的全球超发货币

第一章 再无资产或产能对冲的全球超发货币

史无前例且漫无边际的货币超发终于引发了美国、欧洲乃至全球各地的通货膨胀：美国、德国等国 CPI 涨幅纷纷创下 40 年新高；印度、俄罗斯这样的新兴市场经济国家，也分别达到 5% 和 8% 以上的水平，更不用提土耳其 19%、阿根廷 30% 以上的通货膨胀率……

关于货币超发与物价上涨的关系，笔者 2010 年就做过专题研究，并在 2011 年出版的《滕泰透视通胀》一书中提出，超发货币并非全部注入实体经济，而是要经过央行法定存款准备金池、资本市场、房地产市场等多重分流，其余的才会注入实体经济——即便是流入实体经济的超发货币，究竟能引发多大程度的价格上涨，还要看实体经济过剩产能的大小，只有"单位产能货币供应量"的增加才会推高物价，并预测中国那一轮由食品周期推动的结构性通胀会很快回落，中国彼时尽管有货币超发但并不会引起严重的通货膨胀。

虽然过去十年的中国低通胀已经验证了 2011 年的判断，但是站在 2021 年这个时间窗口，我们却不得不用同样的理论模型推导出有可能截然相反的结果——当美国股市、房地产作为传统的"泄洪池"早已被灌满，且全球范围内再无10年前那样的中国过剩产能来对冲，"全球单位产能货币量"的快速上升能不推高物价水平吗？而且这次物价上涨真的像某些国家最初期待的那样是短期现象，还是某种力量的发作刚刚开始呢？

第一节　全球货币超发危如累卵

2008年为了应对次贷危机，美国大规模量化宽松；2010年为了应对欧债危机，欧洲进行了超大规模的量化宽松……由于并没有造成通货膨胀，2020年为了应对疫情，各国超发货币的规模更加史无前例，但这一次，恐怕要买单。

长期货币超发危如累卵，欧美买单刚开始？

2008年因为金融危机实施大规模量化宽松，美联储资产负债表规模跃升至2万亿美元以上之后，再也没能恢复到之前的"正常水平"。2020年疫情以来，美国出台了"无限制"量化宽松政策，货币供应量出现大跃升，M2年增幅达到17.2%的历史高值。更明显的变化体现在美联储的资产负债表上——美联储的资产负债表现已突破8万亿美元，比2020年初扩张一倍，比金融危机前的2008年8月扩张7.8倍。

第一章 再无资产或产能对冲的全球超发货币

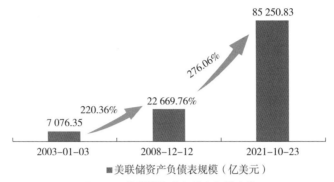

图 1-1 美联储资产负债表规模变化

资料来源：美联储。

2009 年，欧洲央行资产负债表的规模是 1.72 万亿欧元，为了应对欧债危机，欧洲央行实施了量化宽松政策，2013 年，资产负债表规模扩张到 4.53 万亿欧元，扩张了 163.37%，到疫情暴发之前，欧洲央行资产负债表的规模为 4.93 万亿欧元，到 2021 年 10 月已经扩张至 8.37 万亿欧元，又扩张了 69.78%。

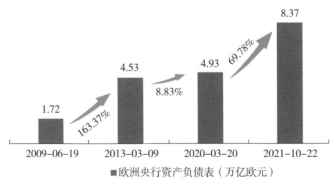

图 1-2 欧洲央行资产负债表规模变化

资料来源：欧洲央行。

2012~2020 年之间，日本央行的资产负债表快速扩张，从 158.36

万亿日元扩大到604.43万亿日元,增幅高达281.68%,疫情发生以后,日本央行加大了资产购买力度,并实施贷款支持计划,向资金紧张的小企业提供资金,资产负债表规模再度扩张至728.89万亿日元,增幅为20.59%。

显然,无论是美联储、欧洲央行,抑或是日本的央行,不仅疫情期间"大放水",而且是在长期超发货币基础上的进一步量化宽松——美国自2008年次贷危机以来,欧洲自2010年欧债危机以来,日本自安倍政府执政以来……好在在长期低利率的背景下,十多年的持续货币超发并未造成严重的通货膨胀。仿佛小朋友一次淘气没有被惩罚就有了再次淘气的勇气,2020年,在长期超额货币本来就已无处可去的背景下,为了缓解疫情影响的燃眉之急,各国又拼命放纵一把,2021年内全球通胀应声而起!

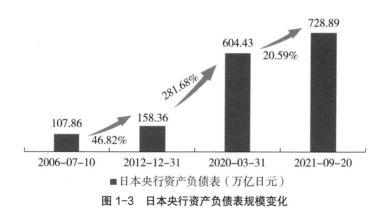

图1-3 日本央行资产负债表规模变化

资料来源:日本央行。

为什么前几年并未造成通货膨胀?2021年迅速飙升的全球物价水平,是会在短期内自行消失的过眼烟云,还是预示着各国为多年以来犯下的错误买单才刚刚开始?

第一章 再无资产或产能对冲的全球超发货币

中国的货币超发还能像以往那样被吸收吗？

中国加入 WTO 以后，对外贸易高速发展，出口顺差大量增加，央行为了人民币汇率不大幅升值，必须用人民币买下结售汇的美元余额——因为购买结售汇美元而发行的人民币被称为"外汇占款"。根据中国人民银行的统计数据，从 1999 年 12 月底到 2011 年 6 月底，中国的外汇占款已由 14 792.4 亿元增加至 246 680.56 亿元，增量达到 23 万亿之多——人民币外汇占款的快速增长，再加上从基础货币到流通货币 10 倍以上的乘数效应放大，成为中国货币流动性过剩的主要源泉。

为了不让这些因为结售汇而发行的人民币全部进入流通，从 1999~2011 年，中国人民银行通过不断提高存款准备金率的方式，将大部分超发的基础货币截留在人民银行，为此大型商业银行的法定存款准备金率水平一度达到了 21.5% 的水平。尽管如此，中国广义货币（M2）增速仍然出现多次阶段性飙升，其中增长最快的几年，如 2008 年同比增速达 19.70%，2009 年高达 28.50%，2010 年也达到 17.80%。当时有一种观点认为，央行货币超发严重，将引发通货膨胀，在中国经济学界掀起了一轮关于货币超发的讨论。

笔者曾在 2011 年出版的《滕泰透视通胀》一书中指出，新增货币并非全部注入实体经济，而是要经过央行法定存款准备金池、资本市场、房地产市场等多重市场的分流，最终才会注入实体经济对物价产生影响。而最终流入实体经济的货币，究竟能引发多大程度的价格变动，还要看实体经济产能的大小，只要有足够的过剩产能的对冲超发货币，物价就不会大幅上涨，因此货币超发和物价上涨不是明确的正相关关系，不能盲目夸大货币超发对造成通货膨胀的作用。

实践已经证明 10 年前的这一观点是基本符合事实的，2011 年中国年度 CPI 受食品价格影响达到 5.4% 的较高水平，并从 2012 年回落到正常水平后就一直表现平稳，多年没有达到过 3% 的警戒线。

然而，今天的中国经济已经不是 10 年前的中国经济，彼时仿佛能够吸收大部分过剩货币的中国房地产市场，恐怕再也没有昔日的蓄水能力。昔日可以对冲巨量超发货币的中国过剩产能，今又何在？

重温各国货币超发的原因和影响

从历史上看，各国货币超发的根源无外乎四种：战争筹款、财政赤字、外汇流入和刺激经济。

战争筹款导致货币超发的一个经典案例是美国独立战争期间的"大陆币"。1775 年至 1783 年，美国独立战争爆发，领导者们为军事开支大量发行货币，这种货币被称为"大陆币"。自 1775 年 6 月开始的四年里，美国共发行"大陆币"40 次，累计 2.42 亿美元[①]。"大陆币"为美国军队带来了武器，支付了士兵的军饷以及其他战争开支，同时也带来另一个副产品——物价的飞涨。1780 年的大陆会议针对当时飞速上涨的物价做出决定，各州物价不得超过 1774 年（即战争开始前）价格水平的 20 倍。但是仅仅两个月后，此规定就宣告破产，"大陆币"持续贬值，连原先的 1/50 的价值还不到。当时的年均通胀

---

① 许梦博. 被物价支配的经济史 [M]. 北京：人民邮电出版社，2009.

率接近100%①，是近代经济史上一次典型的货币滥发造成的严重的通货膨胀。

战争筹款导致货币超发的另一个经典案例是新中国成立国民党政权的法币贬值和金圆券崩溃。在1937~1949年间，国民政府同样选择了开动印钞机来为战争的开销融资。到1945年抗日战争结束时，中国纸币的发行量达到1937年时的300倍，而价格水平则达到抗战全面爆发前的1 600倍，年均增长率150%。

在紧接着的四年解放战争中，国民党政府继续发行货币为战争筹款。由于印钞机已无法跟上物价上升的速度，政府只得发行大额面值的货币，但这仍然无法平抑物价水平。随着1948年货币改革的失败，通货膨胀的速度再次加快。到1949年时，国统区的商品价格比1946年12月的价格水平上涨了5 400多万倍，相当于每个月平均上涨90%。

除了为战争筹款，由于政府财政赤字过多而不得以开动印钞机的案例也不在少数。例如玻利维亚用超发货币来弥补财政赤字就曾造成恶果。1985年，由于经济危机导致政府预算赤字约占GDP的1/3，造成该国当年通货膨胀率高达11 750%②。

中国为购买顺差造成的巨额外汇而大量发行人民币，在各国货币史上并不多见。由于中国加入WTO后顺差大幅增加，且决策部门期望保持人民币汇率稳定——为了把人民币汇率维持在他们能够接受的范围之内，唯一的办法就是央行参与外汇市场买卖：只要有合法购买人民币的需求（结汇需求），央行就必须卖给他；否则，若这些购

---

① 许梦博.被物价支配的经济史［M］.北京：人民邮电出版社，2009.
② 数据来源：世界银行数据库。

买人民币的需求（结汇需求）得不到满足，就会以价格形式表现出来——人民币汇率就必定大幅升值！为了避免人民币汇率过度升值对出口竞争力形成负面影响，中国人民银行不得不满足外贸顺差和各种形式的外资流入形成的结汇需求，由此形成了巨额的人民币流动性投放。有人计算过央行外汇占款在货币发行总量中所占的比重，1999年末为12.33%，2007年末为28.56%，2009年末为28.88%，2012年末为24.29%，2014年末为22.04%，2016年末为14.15%，直到2017年末才回落到12.81%，基本恢复到了1999年末的水平。①

货币超发最为常见的目的是刺激经济。美国2008年金融危机过后，欧盟在2010年"欧债危机"之后，日本央行在2012年开始财政刺激政策之后，以及这次疫情期间各国的宽松货币政策，都是在经济低迷的时候通过投放大量货币以刺激经济增长的"无奈之举"。

2008年9月14日，美林公司宣布被美国银行收购，同一天雷曼兄弟提出破产申请。之后越来越多的迹象表明美国经济开始陷入困境，为了摆脱经济衰退，美联储在年底将联邦基金利率降为0~0.25%，并从2009年3月起推行第一轮量化宽松的货币政策。美联储力图通过购买1.7万亿美元的中长期国债、抵押贷款支持证券等方式向金融市场注入流动性，刺激经济增长。

到2010年底，美国生产和就业状况没有明显好转，失业率高达9.8%，成屋销售持续下滑。因此美联储于2010年11月3日宣布推出第二轮定量宽松货币政策，到2011年6月底以前购买6 000亿美元的美国长期国债。

---

① 王永利."把脉"中国货币扩张四十年之变［EB/OL］.（2018-05-05）［2021-10-10］.https://m.eeo.com.cn/2018/0505/327870.shtml?from=groupmessage&isappinstalled=0

第一章 再无资产或产能对冲的全球超发货币

在每一轮量化宽松之后，美国CPI都有一次上涨。第一次从2009年7月的-2.1%涨到12月的2.7%，第二次从2010年11月的1.1%涨到2011年6月的3.6%，不过彼时的物价上涨幅度没有像2021年这样达到6%以上的水平。

2009年前后，随着欧洲主权债务危机的不断恶化升级，欧洲央行实施包括非常规的长期再融资操作（LTRO）、担保债券购买计划（CBPP）、证券市场计划（SMP）、货币直接交易（OMT）和资产购买计划（APP）在内的一系列非常规货币政策举措，为经济注入流动性。从2009~2013年，欧洲央行的资产负债表规模扩大了163%。

日本首相安倍晋三推行的"三支箭"经济政策，一方面大力扩张财政开支，另一方面也需要货币政策的配合。日本银行通过大规模购买日本政府债券的方式向经济注入流动性，2013年的购买增量为20万亿日元，其后逐年上升，在2016年购买增量达到80万亿日元，其后逐年下降，2019年又回到20万亿日元的年购买增加量。这是为刺激经济而实施的日本历史上最大规模的量化宽松政策。

过去由前两种原因导致的货币超发，往往发生在经济不发达甚至没有实现工业化的国家，增发的货币缺乏有效的经济活动吸收和央行调节，很容易导致恶性的通货膨胀。最近十几年来由外汇流入或为了刺激经济而实行宽松的货币政策导致的货币增发，为什么没有导致立竿见影的物价上涨？其秘密在于，金融市场的分流和全球过剩产能的对冲——当过剩货币进入流通后，并不会马上进入实体经济去冲击消费品价格，而是要经过中央银行的调节、资本市场和房地产市场的分流后，才会进入实体经济，而进入实体经济后还要经过过剩产能的缓冲和经济规模的稀释，最终才会形成价格冲击。

第二节　超发货币的泄洪区变成地上河

超发货币就像上游流下来的洪水，如果沿途被大大小小的泄洪区分流，就不会造成下游洪水泛滥。过去十几年各国超发的货币大部分都被股市、房地产市场和央行的各种蓄水池分流。然而，与 10 年前相比，很多泄洪区已经变成地上河。

超发货币的泄洪区——资本市场

无论是美国还是中国，以股票市场、债券市场为主的资本市场，一直是吸纳超发货币的一个主要泄洪区。

2006 年底美国次贷危机爆发之前，美国股票市场的总市值是 19.29 万亿美元，受金融危机冲击，一度下跌至 2008 年底的 11.47 万亿美元。在美联储实施的量化宽松政策推动下，美国股市很快收复失地并创出新高，2013 年底总市值达到 24.04 万亿美元。2019 年底此次新冠肺炎疫情暴发之前，美国股票市场总市值是 33.91 万亿美元，道琼斯指数市盈率为 24.7 倍，纳斯达克市场市盈率为 28.8 倍，量化宽松以后，美国股市很快创出新高，美国股票市场总市值达到 48.57 万亿美元，道琼斯指数市盈率达到 30.4 倍，纳斯达克市场市盈率达到 42.3 倍。显然，相对于总规模为 6.2 万亿美元的美国商品消费市场，总市值已经突破 48 万亿美元的股票市场，在吸纳过剩美元流动性方面发挥了重要的作用。当然，连续多年的上涨，使美国股票市场的估值也已经创下历史新高,成为高悬的地上河。

中国股市从20世纪90年代初发展到今天,已经形成包括主板、中小板、创业板、科创板、北交所、新三板等多层次资本市场,A股上市公司数量超过5 200家,2020年底总市值约80万亿元。这些年,随着中国证券市场规模的不断扩大,股票市场可容纳的资金量级也在不断增大。

对于中国股票市场究竟吸收了多少过剩货币,可以用多种不同的方法做测算。比如,可以用交易额与换手率法来推算。举个例子来说明这个方法的思路:某年股票市场共实现了100亿元的交易额,而总体的换手率是两次,也就意味着共需要50亿元的资金来支撑这些交易,那么这50亿元的资金就是股票市场净吸收的货币。又比如,保证金与仓位法。举例来说,如果一个人拿100万元进入股市建了八成仓,账户里省下多少保证金呢?——20万元;推广到整个市场,如果整个市场的保证金是20亿元,而市场的平均仓位是80%,说明至少有100亿元资金流入了股市。我们还可以用包括前两种方法在内的多种方法测算并求平均值。

10年前我们曾用以上方法对2000~2010年累计流向股市的货币量进行了测算,结果是那10年流向股市的资金达到近10万亿元。到2020年底,国内A股上市公司总市值约80万亿元,比2010年增加了1倍多,股市吸纳的资金大约为20万亿元。

考虑到上证综合指数与10年前相比只上涨了20%左右,显然流到中国股市的资金并没有带来股价的持续上涨,市值的增加主要是靠新公司上市和老公司新增股票发行。由于数千家上市公司的上市所造成的股市大扩容,中国的股票并没有像美国股市那样"涨上天",从估值和后续排队的拟上市公司融资需求来看,似乎还可以承担更多的蓄水池功能。但是从证券化率（总市值占 GDP 比重）来看，其市值扩张也是有边界的：2020 年中国经济的证券化率已经达到 72.93% 的高位，逼近 2008 年 73.35% 的历史高点，2021 年更是创出了 88.84% 的历史新高。从证券投资基金的规模来看，虽然与美国仍然有较大差距，但 2020 年达到 17 万亿元，也创下了历史新高。

除了估值水平、上市公司和拟上市公司的融资需求、经济证券化率之外，影响中国股市发挥蓄水池功能的，还有人们的观念因素。自从 2015 年由于大量杠杆资金违规入市造成暴涨暴跌的"股灾"之后，人们对中国股市的看法越来越多地将上涨视为风险，把下跌叫作"风险释放"，认为股市越在低位越安全，这种观念在一定程度上也影响到了监管政策的取向，在这种观念和政策背景下，利用中国股市继续大量吸纳过剩货币的功能显然不能同欧美相比。

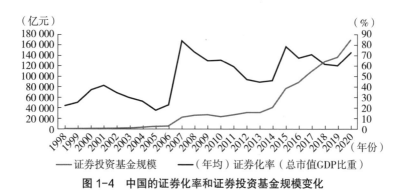

图 1-4 中国的证券化率和证券投资基金规模变化

资料来源：中国证监会。

超发货币的泄洪区——房地产市场

从世界上很多国家和地区的经验来看，房地产市场都是吸纳超发货币的一个主要泄洪区。

在持续的量化宽松政策的推动下，美国房地产价格从 2012 年就开始了一轮新的上涨，全美主要城市平均房价从 2012 年 2 月到 2021 年 2 月的 9 年中上涨了 78.2%[①]。疫情之后美国开启新的"无限制"量化宽松政策以来，美国房价上涨的斜率陡然增加，从 2020 年 3 月到 2021 年 8 月，使用最广泛的美国房价指数——FHFA 房价指数涨幅达到 22%！

历史上，日本也曾因为超发货币大量流向房地产市场，并最终引发了泡沫破裂。20 世纪 80 年代日本的"平成景气"时期，日本一度采取了非常宽松的货币政策，1986 年 1 月到 1987 年 2 月，日本央行连续 5 次降低利率，把中央银行贴现率从 5% 降低到 2.5%，推动货币供应量大幅走高，M2 同比增速从 1985 年的 8% 上升至 1990 年的 12% 以上，但超发货币并没有明显推高物价，而是流向股市和房地产市场。1985 年，东京的商业用地价格指数从 1985 年的 120.1 增长到 1988 年的 334.2，三年内增长了近 2 倍；东京、大阪、名古屋、京都、横滨和神户六大城市中心的地价指数 1990 年比 1985 年上涨了约 90%。

而对于中国来说，股票市场的资金吸纳能力与美国股票市场相比有差距，但房地产市场的货币吸纳能力不可小觑。据测算，2020 年中国住房市值为 62.6 万亿美元，明显大于美国的 33.6 万亿美元、日本的 10.8 万亿美元、英法德三国合计的 31.5 万亿美元。从住房市值与 GDP 的比例看，2020 年中国为 414%，分别高于美国的 148%、日本的 233%、德国的 271%、英国的 339% 和法国的 354%。

如果从商品房销售金额来看，与 1987 年中国启动住房市场化改

---

① 参见美国 Case-Shiller 房价指数。

革时相比，2020年增长了1 577倍。在1988~2020年的32年里，绝大部分年份实现了10%以上的增速，甚至有5年增速在40%以上。

我们也可以通过房地产市场的交易额、房地产开发投资额或根据存量法，以房地产开发投资资金来源（资金流入）减房地产开发投资完成额（资金流出）后的余额来推算，用不同方法测算出的房地产市场的货币吸收量都大于股市，20年来累计吸纳货币流动性在50万亿人民币以上。

但是从目前的情况来看，中、美两国的房地产市场都处于"水满则溢"的临界点，指望楼市再度充当超发货币的泄洪区已不现实。从房价和房租的比值来看，美国楼市的泡沫化程度已经接近次贷危机爆发之前的水平，而中国楼市2021年下半年以来不少房地产企业出现"爆雷"风险，北京等地的地块出让流拍，70个大中城市中有20多个房价出现下跌，一些二三线城市的房价还需要政府发文"限跌"，房地产市场对超发货币的吸纳能力也不再能与以往相比。

表1-1 中美两国2020年GDP、股市、房地产规模对比

国家 项目	中国	美国
GDP总量	14.7万亿美元	20.9万亿美元
住房总市值	62.6万亿美元	33.6万亿美元
股票总市值	13.6万亿美元	48.6万亿美元
住房+股票	76.2万亿美元	82.2万亿美元
住房市值/GDP	426%	161%
股票市值/GDP	93%	232%
两项资产/GDP	518%	393%

数据来源：GDP数据来自国家统计局、美国国家经济分析局，美股总市值数据来自Siblis Researc，A股总市值来自中国人民银行。

第一章 再无资产或产能对冲的全球超发货币

超发货币的泄洪区——央行蓄水池调节

三峡除了发电功能之外,还有一个重要的功能是蓄水调洪:在水少的时候开闸放水,弥补下游河道流动性不足;在水多的时候放闸蓄水,吸收、蓄积流向下游河道的过多流动性。这与央行调节货币供应量的功能颇有相似之处:央行作为货币投放和回收的主导者,可以通过向市场投放货币缓解流动性缺乏的局面,还可以通过从市场回收流动性,吸收、蓄积过多的流动性。

在2007~2011年间,中国央行运用调高存款准备金率的方式,将外汇占款增加导致的货币超发回笼冻结在"存款准备金"这个蓄水池中,其中2007年最多,上调了9次,幅度达到5个百分点。2011年5月、6月,中国人民银行又多次上调金融机构存款准备金率,中国大型金融机构准备金率最高达到21.5%的历史最高点。

表1-2　2003年以来大型金融机构存款准备金率调整情况

日期	次数	幅度(百分点)
2003年	0	0.0
2004年	0	0.0
2006年	上调2次	1.0
2007年	上调9次	5.0
2008年	上调8次	0.5
2010年	上调5次	2.5
2011年	上调6次	2.0
2012年	下调1次	−0.5
2015年	下调3次	−2.0
2016年	0	0.0
2018年	下调2次	−1.5

续表

日期	次数	幅度（百分点）
2019年	下调1次	−0.5
2020年	0	0.0
2021年	0	0.0

资料来源：根据中国人民银行相关数据整理。

2000年底，央行规定的法定存款准备金率为6%，同期中国商业银行各项存款余额为12.4万亿，据此计算商业银行上缴中央银行的准备金存款余额为0.74万亿元。截至2011年6月，金融机构各项存款余额78.6万亿元，大型金融机构存款准备金率水平提高至21.5%，中小型金融机构存款准备金率水平已达18%，据此，存款准备金余额约15万亿元。由此不难看出，存款准备金率由6%提高到18%，存款准备金率提高了2倍，所吸收的绝对金额则提高了近20倍。加上发行央票冻结流动性的作用，在2001~2010年的10年间，央行蓄水池吸收的基础货币总量就接近20万亿元。2012年以来，中国央行更多通过发行和回收各种短期票据的方式和公开市场业务来调节货币流动量，央行蓄水池的调节力度更加平滑。

第三节 单位产能货币供应量

当各国超发的货币最终进入实体经济环节时，还可以被过剩产能对冲。过去20多年欧美的低物价离不开中国的产能对冲。如今，当

第一章 再无资产或产能对冲的全球超发货币

全球过剩产能大幅减少,各国物价受冲击的力度将如何量化呢?

超发货币的最后对冲——过剩产能

货币犹如高山流水,从山顶奔流而下,途径江河,汇聚溪流,灌溉农田,最终注入大海。途中各支流的吸收和注入有可能会严重改变上游的来水量。同样道理,超发货币并非全部注入实体经济,而是要经过资本市场、房地产市场、银行体系等多重市场的分流,最终才会注入实体经济。那么注入实体经济的货币是否一定会冲击物价呢?这取决于实体经济有无过剩产品供给、有无过剩产能来对冲过剩的货币,其最终影响取决于是否会造成"单位产能货币供应量"的增加,其产生影响的时间则取决于产能利用率调整的时间。

产能利用率指的是经济体实际提供的产量占最大生产能力的比例。过剩货币、过剩产能(产能利用率)与物价的关系可以用以下案例来说明:

假定全社会一共有 10 个人,唯一的商品消费就是面包,每人每天需要吃 5 个面包,总需求为 50 个面包;

假定全社会货币发行量为 50 元,每人持有 5 元,每人每天只购买 5 个面包;

假定全社会一共有 10 家面包铺,每家最多只能生产 10 个面包,总供给为 100 个面包。但是由于总需求只有 50 个面包,所以产能利用率只有 50%;

一开始,50 元货币的总需求追逐 50 个面包的总供给,一个面包 1 元钱。

突然有一天，天上又掉下来100元货币供给，每人手里多了10元钱，可以多买些面包来吃。当大家涌到面包铺的时候，刚开始5个面包铺都不敢涨价，但开始扩大生产满足消费者需求，比如从每天生产50个提高到100个，在这一过程中产能仍然能满足每个面包1元钱的价格。当产能利用率提高到100%时，150元货币追逐100个面包，结果是每个面包必然变成1.5元，CPI上涨50%。

从这个故事可以看出两个结论：

第一，货币供给增加了200%，而价格却只增加了50%，也就是说货币供给的增加幅度和物价的上涨幅度并不是简单的对应关系，但是方向却是相同的；

第二，货币供给增加的初期，由于企业可以轻松地通过提高产能利用率，增加供给的方式满足需求，因此物价并没有上涨。

所以，经过资本市场、资产市场、央行蓄水池调节后的过剩货币流到实体经济，首先带来产品产量的增加，但不会立刻推动产品价格的上涨。等经过一定的传导期，产能利用率出现回升时，物价压力才会显现，单位产能货币量的增长才会逐渐表现在物价上。

这种过剩产能对增发货币的吸收能力，不仅表现在中国的国内经济中，也表现在中国过剩产能对全球超发货币的吸收和对冲上。多年以来，由于中国工业化过程中存在大量的过剩产能，很多的出口企业追逐着来自美国、欧洲等地的订单，在相互竞争压力下，这些企业不断压低报价，造成了美国、欧洲等国家在不断超发货币的前提下，还可以享受低廉的中国产品价格。然而，疫情冲击下，当全球供给紧缩，尤其是中国经过多年的"去过剩产能"行动后，没有足够多的过剩产能来对冲欧美过剩的货币，全球物价上涨就在所难免了。

第一章 再无资产或产能对冲的全球超发货币

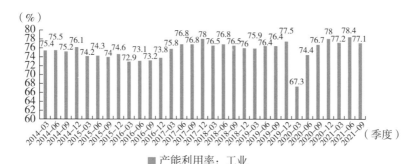

图 1-5 中国工业产能利用率逐季变化

资料来源：国家统计局。

2015年以后，随着去产能政策的实施和行业整合的开展，中国的工业产能利用率逐步上升，到2019年12月（新冠肺炎疫情暴发之前）已经达到77.5%的高点。在疫情冲击下，产能利用一度快速回落，但是随着国内疫情得到控制，产能利用率快速恢复，2021年6月达到78.4%的历史高点。在2021年10月28日，中国商务部长在一次新闻发布会上表示，在2018~2020年，中国累计压缩粗钢产能1.5亿吨，现在中国的粗钢产能利用率是80%以上，铝行业产能利用率是85%以上，所以这两个行业已经没有产能过剩了。

但是由于过剩产能的减少，其对货币增发的缓冲和吸收能力也下降了。因此与10年前相比，如果再次出现同样规模的货币增发，体现到物价变动上的可能性显著增加，而且物价变化的滞后时间逐渐缩短，也就是说上游放水，下游水位上涨的速度会更快。

倘若按照计划思想，企图让产能与需求完全匹配，甚至完全"消灭"了过剩产能，对于整体经济来说到底是风险降低还是风险增加，还要仔细研究。

超发货币冲击物价强度——单位产能货币供应量

根据对中国货币流向的研究，多年来中国虽然有货币超发，但在股市、房地产市场、央行资金池等层层分流下，只有不到 50% 的货币流入实体经济。但是流入实体经济的货币虽然增加了，会带来多大幅度的物价上涨呢？

举个例子来说，同样的水量流入横截面小的水库，水位就会大幅抬升，流入横截面大的水库，则水位变化就相对较小。所以水量的变化不能简单等同于水位的变化，还要进一步取决于水库横截面积，单位面积的水量决定了水位上升的幅度。

同样的道理，流入实体经济的货币量除以总产能，即称之为单位产能货币供应量，才是决定实体经济中物价变动的关键因素。

假设某年流入实体经济的货币量为 100 元，对应的产能供给总量为 50 元，单位产能货币供应量则为 2；假设，当流入实体经济的货币量提高至 150 元，对应产能总量增长为 80 元，单位产能货币供应量却下降为 1.875。为什么货币量增加了，但反映物价水平的单位产能货币供应量没有随之上涨呢？这是因为更多的产能对冲了货币供应量增加导致的物价上涨压力，并且由于产能增速（60%）高于货币量增速（50%），物价水平不升反降。

根据这一逻辑，货币对物价的真实压力取决于流入实体经济的货币量和产能（总供给能力或潜在 GDP）规模，二者相比得到的单位产能货币供应量是衡量物价真实压力的有效指标。单位产能货币供应量如果增大了，说明流入到实体经济的货币导致物价上涨的压力提高。

笔者曾经用2007~2011年中国实体经济中单位产能货币供应量进行测算，结果表明，经过分流、吸纳和冻结后，2007年单位产能货币量为0.897元，随后2008~2010年该指标连续上升，并于2010年达到1.150元。我们对应地也可以看到，2008年CPI年同比增速为5.9%，2010年仍达到3.3%，均为通胀压力较高的年份。考虑到从单位产能货币供应量提高，到物价上涨有1年以上时滞，2011年是那一轮物价的高点。

2012年以后，整体来看，由于央行资金池、房地产市场、股票市场和其他市场（如大宗商品市场、艺术品市场等）的分流、吸纳和冻结能力下降，流向实体经济的货币总量仍然呈上升之势，而且导致物价上涨的压力在上升，之所以没有出现持续的物价上涨，更多是因为过剩产能的对冲作用。

自进入2021年以来，美国、欧洲等国的物价上涨，不仅仅因为史无前例的货币超发，更因为其股市、房地产水漫为患，吸纳超发货币能力下降，还因为疫情带来的实际可利用产能减少，造成全球单位产能货币供应量的上升。

第四节　货币与经济增长的关系，潮起又潮落

庄子的《逍遥游》中有"且夫水之积也不厚，则其负大舟也无力"之语。经济增长的大船离不开货币之水，然而货币之水在潮涨潮落之间，最终产生了什么影响呢？

货币对经济增长的影响：潮起又潮落

对于货币供应与经济增长之间的关系问题，经济学界曾有过广泛的研究。目前比较广泛的共识是，长期来看一个经济体的总产出水平取决于劳动、资本、自然资源和技术，如果用图形来表示就是长期来看总供给曲线是垂直的，它的移动是由于劳动、资本、自然资源和技术的供给变化，与货币供应量没有关系，长期来看货币供应量只会推动总需求曲线向右移动从而影响物价水平，即产生通货膨胀。

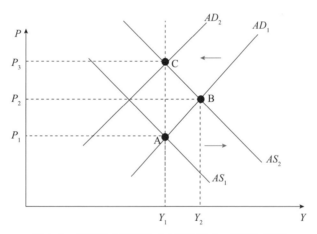

图 1-6　货币供应量变化对产出的影响：短期与长期

但短期来看，物价的上升的确会增加产品和服务的供给，也就是说在短期内总供给曲线是向右上方倾斜的。当货币供应量增长，推动总需求曲线向右移动时，将会与向右上方倾斜的短期性供给曲线在 B 点相交，这时经济体的产出增加，价格上升，看起来出现了经济复苏或者繁荣的迹象；但是价格的上升也会抬升工资水平和企业成本，这时又将导致短期总供给曲线向左移动，与移动后的总需求曲线再次在

C点相交，这时的产出水平又回到了长期供给曲线决定的水平，而物价却上升了。

因此，通过增加货币供给来刺激经济，短期是有效的，长期来看却不能使产出增长，只能收获更高的物价——海水潮起又潮落的短期冲击是巨大的，但长期不影响海平面的高度。

2008年全球金融危机之后，美国就通过量化宽松措施大规模增加货币供应，短期来看推动了美国总需求曲线向右移动，加上移动互联网、页岩油等技术进步推动长期供给曲线向右移动，由此形成了美国经济的快速复苏，但实际上已经埋下了后期通货膨胀的种子。此次疫情期间最后的无底线量化宽松大放纵，再度推动总需求曲线右移，表面上看起来产出的确增加了，让美国经济明显地"复苏"，但货币供应使得劳动力成本上升的势头非常明显，短期总供给曲线的向左移动回到长期供给曲线的水平，不但由此形成的通货膨胀刚刚开始，而且长期代价不可避免。

潮落效应与结构性衰退

由于货币增长对产出增加的作用是短期的，但对价格的作用是长期的，放水刺激经济的短期效用很快就过去，而通胀的恶果往往接踵而来。

为了遏制通胀，货币当局被迫采取紧缩政策，这种紧缩政策往往首先导致前期扩张型货币政策"吹大"的资产泡沫破裂，由此导致的"负财富效应"首先打击了总需求，资产市场下跌引发的信用紧缩和利率上升，往往对成本敏感、融资困难的中小企业再度形成伤害。

在美联储的历史上，为了应对战争开支或者刺激经济导致的资产负债表扩张，曾经实施过 7 次"缩表"操作。有专家总结了前 6 次"缩表"操作的影响，它们基本上都对资产市场价格和经济增速产生了明显的负面冲击（见表 1-3）。

表 1-3 美联储历史上几次"缩表"操作及其影响

操作	发生时间	持续时间	规模	影响
第一次"缩表"	1920~1922 年	2 年	约 15%	导致"缩表"周期内经济下行、国债收益率短期波动但抬升力度有限，"缩表"期间收益率小幅上升但后期回落下行，"缩表"后经济形势有效好转：经济重新走强，通缩减轻。
第二次"缩表"	1929~1931 年	17 个月	约 17%	"缩表"行为未改善经济下行趋势，国债收益率出现明显下行，股票市场下行。
第三次"缩表"	1948~1949 年	8 个月	约 8%	"缩表"期间经济过热情况缓解，通胀率大幅下滑，GDP 增速大幅降低，CPI 同比跌入负值区间，国债收益率短期上行约 1.0%，长期下行约 1.89%；"缩表"后经济明显反弹，通胀得到有效控制，长期国债收益率自 1949 年底持续攀升至约 2.55%。
第四次"缩表"	1960~1961 年	6 个月	约 2%	虽此次"缩表"时间短、规模小，但是对经济影响显著：经济增长、GDP、工业增加值大幅度下行，通胀保持适度水平；"缩表"引发国际美元资本回流，债券长短期收益率均下滑。
第五次"缩表"	1978~1979 年	6 个月	约 10%	此次"缩表"尚未有效遏制通胀上涨趋势，严重阻碍了经济增长，国债长短期收益率曲线均上扬。
第六次"缩表"	2000~2001 年		约 9%	此次"缩表"，美联储大幅缩减回购协议，小幅减持长短期债券，"缩表"期间，经济增长持续低迷，通胀保持稳定，国债收益率水平呈现明显下行趋势。

资料来源：根据《美联储"缩表"及中国应对之策》内容整理[①]。

---

① 董小君，郭贝贝. 美联储"缩表"及中国应对之策[J]. 产业创新研究，2018（11）.

由此可见，一旦"缩表"或紧缩，美国股市和房地产市场多年来积累的巨大泡沫被刺破的概率极大，经济衰退必将迅速到来！基于上述历史教训，2021年11月，美联储主席鲍威尔获提名连任，连任的用意十分明显，就是不希望货币政策急转弯，货币政策不但不会加息或大规模"缩表"，甚至连量化宽松政策的退出最好也慎之又慎。

虽然长期的货币超发并不能提高美国的生产率，对经济潜在增长率的提升也没有作用，但是放水不但保持资本市场不断上涨、房地市场的繁荣，而且的确有短期扩大需求、"拉动经济"的作用——美国经济对美元发行的"依赖"已经深入骨髓，任何美国国内或国外的政治力量都难以改变这种依赖关系。只有不断走高的通货膨胀，美国早晚必须面对——物价上涨不会看美联储的脸色，但是美联储必须看通胀的脸色，即便美国能在2022年年中完成Taper（美联储量化宽松政策退出），只要通胀没有下来，早晚要进入货币紧缩和加息周期，到时候不但美国股市、房地产市场风险加大，而且有可能引发结构性的经济衰退，全球经济都会受到冲击。

中国会不会受影响？

中国的货币政策多年前也曾潮起潮落地调节不停，2008年为了应对全球金融危机的冲击，更是出台了大规模的刺激计划，并且4次降低存贷款利率，4次降低存款准备金率，形成了货币投放的高峰。对此，笔者在2012年发表的《新供给主义宣言》中指出，"每当经济增速有所下滑，决策部门就会高举凯恩斯主义的大旗，拼命刺激'踩油门'；每当通胀有所抬头，决策部门就会举起货币主义的大旗，拼命紧缩'踩刹车'——频繁地'踩油门'和'踩刹车'的结果是中国经济越来越颠簸，经济周期也越来越短。在每一轮财政和货币扩张中，传统产能过剩等经济结构性问题都越来越严重；而每一轮剧烈的紧缩，都伴随着金融垄断加剧、高利贷泛滥、中小企业的大批倒闭和股市的剧烈下跌。"

2012年以后，中国决策部门在货币政策方面多次强调"不搞大水漫灌"，逐步转向相对稳定、趋向中性的货币政策，货币增速逐步从两位数降到个位数，2020年初为了应对新冠肺炎疫情冲击，曾一度出现两位数的M2增速，但很快就重新降至10%以下，2021年9月时增速为8.3%。因此，尽管中国之前由于贸易顺差和外汇占款等原因也经历了较长时间的货币超发，但2012年以后逐渐实施了稳健的货币政策，也为后面的调控保留了相当大的政策空间。

2021年，虽然以美国、德国、俄罗斯、土耳其等国家为代表的全球通货膨胀愈演愈烈，但是中国的消费者物价指数目前仍然在相对低位运行。尽管有海外通胀输入和上游工业通胀向下游传导的压力，但是相对而言，中国还有一定的时间和空间化解自身的经济下行压力。不过如果2022年海外通胀向中国传导或美国因为抵御通胀而引发的经济衰退压力传导过来，中国的政府、企业和投资者还是应具有前瞻性地做好准备。

第二章

原材料供给冲击与通胀式衰退

第二章 原材料供给冲击与通胀式衰退

在2020年和2021年，能源、原材料等大宗商品涨价潮席卷全球，背后既与疫情引发的短期供给冲击有关，也与美国挑起的贸易摩擦、中国前几年的去产能政策、全球各国减碳趋势的高涨引发的长期供给冲击有关。十年前我们在"从原材料到物价传导机制"专题研究中，曾经详细地论证了为什么上游石油涨价容易，而下游塑料制品涨价难；为什么上游铜涨价而下游空调不涨价；为什么铁矿石、钢材涨价而汽车不涨价等。如今，从上游能源、原材料到下游消费品的物价传导原理依旧，但是形势已经今非昔比：由于全球大循环格局、各产业供应链关系、下游过剩产能状况，以及很多产业从完全竞争向垄断竞争、寡头竞争的转变，在各产业链的中间环节消化上游供给冲击的能力已经大大削弱。过去一年多的供给冲击已经给各方面都带来不小的影响，包括制造业竞争力下降、消费品价格上涨、经济增长的动力衰减等，而未来这种供给冲击会不会逐渐弱化，其对全球物价和经济的影响如何，都必须结合全球背景的变化做出新的评估。

全球通胀与衰退

第一节 原材料供给冲击由来已久

疫情的确导致铁矿石、有色金属等原材料价格大涨，但其实在疫情之前，一些中长期的供给冲击因素就已经酝酿已久。

疫情带来的短期供给冲击

2020年新冠肺炎疫情出现后，各国都采取了不同程度的交通和社会活动管制措施，很多行业一度停工停产。比如，由于秘鲁等国全球最大的铜矿开采都受到不同程度的影响，国际市场上铜的供给大幅减少，不仅影响了相关产业的经济正常运行和增长，而且造成铜价大幅上涨——铜期货价格从2020年3月就开始上涨，到2021年5月，涨幅已达到128%，之后价格才逐步在高位企稳。

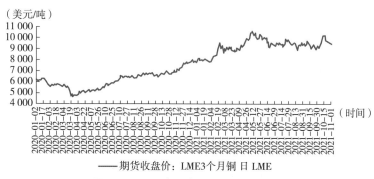

图2-1 2020年以来金属铜期货收盘价

资料来源：伦敦金属交易所。

疫情不仅影响到矿山的生产，也影响到海运、港口等供应链上的运输环节，导致港口货物积压，相关供应链后端的产值大幅减少，同时又进一步推动一些大宗商品价格上涨。例如2021年9月下旬，从西澳大利亚到中国青岛的铁矿石即期运费与去年同期相比大涨163%，从巴西图巴朗到中国青岛的铁矿石现货运费和去年同期相比上涨112%，是推动铁矿石价格上涨的重要原因。

疫情也冲击了一些关键中间产品的生产，最典型的就是芯片。例如，2021年6月，东南亚、中国台湾地区的新冠肺炎疫情加重，在台湾苗栗县竹南镇的半导体企业京元电子因爆发员工群体性感染事件一度停产。由于京元电子是半导体产业链上为英特尔、联发科等大厂提供封装测试服务的重要厂商，该厂停产导致很多企业的生产计划被打乱，全球供应链受到严重干扰。实际上，因为疫情生产受到影响的半导体企业不只京元电子。2021年7月，英飞凌、意法半导体等跨国芯片公司在马来西亚的封装测试工厂因疫情停产，由于马来西亚的芯片封装测试产能占全球13%的份额，是全球7大半导体出口中心之一，停产对全球半导体供应链的冲击更是高于中国台湾停工事件。

芯片缺货导致下游厂商不得不减产，相关产业增速下滑，并最终引发终端市场汽车电子产品的缺货和涨价。例如，MCU（微控制器）芯片在汽车生产中被广泛应用，一辆燃油汽车生产需20~50颗MCU芯片，而新能源车则需要100~200颗MCU芯片。近年来这种芯片的产能原本一直处于紧张状态，疫情冲击使供应更加紧张。芯片行业的供给冲击直接推动了国内外半导体产品涨价，到2021年8月，MCU芯片价格与2019年同期相比已上涨了5倍以上，代表半导体行业景气状况的费城半导体指数已经上涨了172%！

由来已久的长期供给冲击

新冠肺炎疫情导致的供给冲击，只是突发事件导致的短期供给冲击，只要相关地区疫情得到控制，供给能力会在较短时间内恢复。然而，全球各地还有很多长期的供给冲击因素，不仅由来已久，而且有可能长期存在。这既对生产活动产生约束，又将推动相关产品价格持续上升或影响其正常回落。

特朗普开启的逆全球化和全球贸易保护主义是最重要的长期供给冲击因素。特朗普虽然下台了，但是特朗普时代开启的全球贸易保护主义并没有结束。深受美国逆全球化和贸易保护主义影响的各国企业，为了确保自身供应链安全，纷纷加大库存，并倾向于更多在本国或本区域内采购。

以芯片行业为例，很多通信企业原本只需要较少的芯片库存，但是在贸易保护主义政策影响下，纷纷增加芯片库存到6个月甚至一年，导致芯片行业出现超额需求，造成供应紧张，价格暴涨。对于中国企业而言，由于美国随时可能出台各种"断供"政策，不得不转而寻求国内采购或扶持国内上游厂商，原本因为技术落后、产品质量与美国等国家有较大差距的芯片企业，因而获得了大量的订单和发展机会。

迫于贸易保护主义的压力，被迫放弃物美价廉的采购渠道，转而重新构建基于本国或本地区的供应链，这是全球分工的一次大倒退，不但造成全球范围内巨大的资源浪费和效率损失，而且极大地抬高了相关行业的生产成本，并推动相关价格持续上涨。

贸易保护主义不仅对被采取措施的国家形成长期供给冲击，而且也会对本国形成供给冲击。以高关税为例,美国对中国进口商品征收高关税,已经成为推动其本国消费品价格上涨的重要因素。例如,由于特朗普政府对中国进口货物加征的大部分关税都在拜登政府得以延续,加之疫情暴发后中国生产恢复最早,从而是美国最可靠的进口商品来源。2020年,中国对美国出口31 279.0亿元,同比增长8.4%,2021年1~9月,中国对美国出口26 650.9亿元,同比增长22.6%——所有这些从中国进口的商品,被美国加征关税后再销往美国国内市场,必然带来美国物价指数的上涨,因为所征收的关税基本上都由美国消费者承担了。就连美国财政部长耶伦也表示,关税往往会推高国内物价,提高消费者和企业的成本。

除了逆全球化和贸易保护主义,很多国家基于环保等需要而主动采取的产能消减措施也会对全球经济和价格形成长期的供给冲击。例如,2016年以来,中国对很多产能过剩行业实施了严控新增产能、大力淘汰落后产能的相关政策,造成很多行业产能的永久性减少,这种供给冲击的影响将长期存在。以煤炭为例,2015年以后中国煤矿数量迅速减少,由20世纪80年代8万多处减少到2019年5 700处左右,据《煤炭工业"十四五"高质量发展指导意见》显示,到"十四五"末期,中国煤矿数量要控制在4 000处以内。受煤矿数量减少影响,中国原煤产量增速已经连续多年在低位徘徊,一些年份还出现负增长,2020年4月以后中国动力煤价格开始上涨,并在2021年下半年快速上涨,较2020年4月的最低点涨幅最高达到283%。

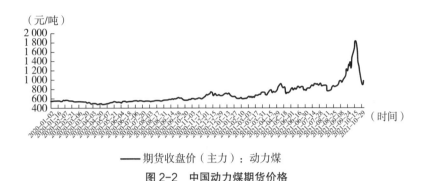

图 2-2　中国动力煤期货价格

资料来源：郑州商品交易所。

作为煤炭、钢铁、电解铝等大宗商品的重要产出国和消费国，中国主动削减产能的各种措施对全球主要大宗原材料商品的供给也产生了重要影响。如果已经被削减的产能不可恢复，其所形成的供给冲击也将长期存在。

全球各国致力于实现碳达峰、碳中和也对能源、化工等行业形成严重的供给冲击，既影响生产，也抬高价格。比如，由于对气候的担忧所采取的减碳政策，除了冰岛、瑞士、比利时、瑞典、奥地利等10个国家已经没有煤电，法国、葡萄牙、英国、意大利、德国等很多国家也纷纷承诺分别在2025年、2030年或2038年全部退出煤电。出于对核安全问题的担忧，作为欧洲最重要的经济体，德国政府已经宣布，它将在2022年底前彻底关停核电项目。在这些退煤、弃核的国家，由于光伏、风电等绿色能源不足以满足需求，在弃煤、弃核之后将不可避免地转向天然气，激进的能源供给结构转换已经给全球的能源市场造成了巨大冲击。以欧洲为例，由于火电、核电供给的迅速减少，2021年欧洲天然气价格自年初以来上涨近400%。这些都是疫情之外的长期因素造成的。

第二章　原材料供给冲击与通胀式衰退

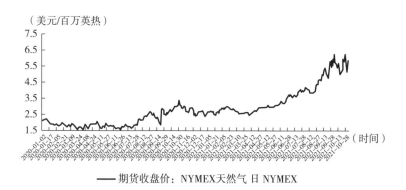

图 2-3　天然气期货价格

资料来源：纽约商品交易所。

为了减少碳排放，实现碳达峰、碳中和的目标，各国将继续压缩高耗能、高污染产业的供给能力，由此将造成高耗能产品的全球供给紧缩。可以预见，电解铝、电解镁、粗钢、稀土等高耗能、高污染产品，虽然仍呈现周期性波动，但其价格的中枢将进入一个成本不断抬升的时期。例如，2021 年夏、秋季，中国部分省份对高能耗产业限电，电解铝、电解镁等高耗能行业被部分限产，由于中国生产的电解镁产量占全球的 80% 以上，全球金属镁价格一年里上涨超过一倍，达到每吨 4 700 美元，为 2008 年以来的最高水平，一些行业因为得不到镁的供应而停产。2021 年 10 月下旬，包括欧洲金属生产商、汽车供应商和包装行业在内的十几个欧洲行业组织发出了联合声明，声称金属镁断供的问题"如果得不到解决，将威胁到整个欧洲的数千家企业、它们的整个供应链以及依赖它们的数百万个就业岗位。"[①] 又比如，为了实施"双碳"战略，中国开始对钢铁等高耗能产品减少退

---

① 周戈博. 外媒：由于中国减产，欧洲镁储备预计 11 月底耗尽［EB/OL］.（2021-10-22）［2021-12-1］. https://www.guancha.cn/internation/2021_10_22_611918.shtml

税甚至加征出口关税：2021年8月1日起，中国取消了23个钢铁产品出口退税，并且适当提高铬铁、高纯生铁的出口关税，调整后分别实行40%和20%的出口税率，这必将对全球钢铁供给格局形成巨大影响。

第二节　供给冲击对物价的影响：供需价格弹性原理

供给冲击对物价的影响：供需价格弹性原理

价格是由供需双方的力量对比决定的，供需关系决定市场价格，价格波动的幅度取决于供求弹性的大小。对于上游大宗商品原材料来说，供给和需求量的小幅变化，往往就可能导致价格的巨大振幅，这主要是由较小的"供给价格弹性"和较小的"需求价格弹性"所决定的。

需求（供给）价格弹性可以由 $Ed=(\Delta Q/Q)/(\Delta P/P)$ 来表示，即需求量（供给量）的相对变动与价格的相对变动的比值，表示商品的需求量（供给量）对价格变动的敏感程度。如果两者都有弹性，则供需常常会随着价格做出灵活调整，使供需迅速恢复均衡，价格不会发生大起大落。但如果一方缺少弹性或者两者都缺少弹性，则一方面意味着价格的上涨不会带来需求量的明显减少或者供给量的大幅增加，另一方面也意味着供需量一旦有微小变化就会带来价格的大幅波动。

石油、铜、铁矿石等大宗原材料商品类产品是重要的工业原料，也是必备的工业产品，具有如下弹性特征：

首先，受到我们上述所说的如自然储量、地理分布、供给厂商数量等各项因素限制，石油、铜、铁矿石等大宗原材料的供给难以快速、大幅度提高，因此其供给价格弹性较小。也就是说，当短期价格出现上涨时，油气矿产的供应商往往不会决定加大投资提升产能，而仅是将闲置产能投入使用。

其次，随着工业化进程的加速，人们对这类"必需品"商品的需求日益稳定，并且很难找到替代品，因而价格水平的提高并不能使此类商品的需求大幅下降，因此这些大宗原材料商品的需求价格弹性较小。有这样一种观点，短期石油的需求价格弹性为零，也就是说石油价格的变动几乎不会影响需求，无论是涨价还是降价，人们对作为燃料和化工原料的石油都有那么多的需求，可以说需求几乎是刚性的。

最后，大宗原材料商品的需求价格弹性小于供给价格弹性。大宗原材料商品的稀缺性和低替代性特征，使得这种大宗原材料商品具有需求价格弹性小于供给价格弹性的特征。较小的供求价格弹性和需求价格弹性小于供给价格弹性的特点，决定了当供求关系出现小幅度的失衡就会导致原材料价格的波动幅度加大。根据历年数据可以发现，粮食作为一种大宗商品，其供给价格弹性和需求价格弹性都很低，二者之间比较，也是供给弹性较高。

大宗原材料的供给/需求价格弹性小，需求弹性小于供给弹性的特点，决定了每一次原材料供给冲击不会带来需求的减少，而是带来价格的剧烈上涨。那么每次供给冲击所带来的立竿见影的上游工业通胀，是否能很快传导到下游消费品呢？

从原材料到消费品涨价的层层传导和层层吸收

虽然上游原材料价格上涨最终会层层传导到下游消费品，但从上游到下游的传导过程中的层层吸收，也会化解大部分来自上游的涨价压力。

比如：2005年1月至2008年7月，国际原油价格由50美元/桶上涨至140美元/桶，涨幅高达180%，而下游的国内塑料价格（以中国塑料价格指数测算）累计只上涨了26%；同期，进口铁矿石由66美元/吨的均价上涨至155美元/吨，涨幅达135%，而中游的钢铁板材价格只上涨了50%，下游的汽车零售价格不仅不涨，反而出现了10.2%的下跌[1]。

又比如，2010年之后，国际油价再次冲上110美元/桶，中国铁矿石进口平均价格上涨至148美元/吨，中国原材料通胀担忧再起，有人曾预言原材料价格的长期飙升会带动中国CPI进入两位数时代，结果2012年以后中国CPI却长期进入1%时代！面对石油、铁矿石、铜矿石等原材料的大幅涨价，多年来我们身边的日用品，小到鼠标、键盘、手机，大到电视、冰箱、洗衣机、汽车，它们是如何化解上游原材料成本冲击的？

要弄清从原材料到最终产品的价格传导问题，要从原材料采购、加工生产、出厂定价和流通四大环节入手，看看每一个环节如何化解上游供给冲击的压力。

---

[1] 数据来源：IPE，我的钢铁网，中国物流信息中心。

第三节 从原材料到消费品涨价的层层吸收

为什么原材料大幅涨价而消费品涨价慢且涨幅小,因为存在着原材料成本占总成本的比例、效率提升、生产者的利润弹性、流通价格弹性等层层吸收机制。

第一环节吸收:原材料成本占总成本的比例

原材料成本向产成品价格的传导将首先经历第一层吸收——原材料占总成本的比例,这种原材料在产品总成本占比越高,向下游的传导压力也就越大;反之,如果原材料占比小,则向下游传导的压力就越小。

十年前,在2011年出版的《透视通胀》一书中,笔者研究了从铁矿石到汽车、从铜矿石到家电、从石油到化纤、从农产品到食品等不同产业链从上游到下游传导过程中对供给成本冲击的化解和吸收能力,我们来看一下当时的原材料成本占总成本的比例对物价传导的影响:

首先看铁矿石涨价传到汽车。在中国钢材生产中,铁矿石投入占整个钢材生产总成本的40%左右,钢材占汽车总成本不足50%。在其他条件不变的情况下,铁矿石价格每上涨15%,汽车等终端产品价格的平均涨幅仅3.02%;若铁矿石价格上涨50%,终端产品价格也仅上涨 10% 左右。

按照 2011 年的数据，我们计算了铜价上涨对空调的成本冲击。测算结果表明，如果进口铜矿石价格上涨 15%，传导到空调厂商的生产成本将上涨 2.54%；如果进口铜矿石上涨 50%，空调生产成本仅上涨 8.5%。这样就不难理解，为什么国际铜价飞速上涨，但中国空调价格的上涨压力却没有大家想象的那么大了。

在石油产业链，测算结果表明：假定原油成本上涨 15%，成品油价格会上涨 10% 左右，化纤产品的成本仅上涨 8.56%。

与其他产业链不同，豆油产业链极短，因此大豆价格的上涨很容易向豆油价格传导，并直接影响最终消费价格。按照 2011 年豆油生产成本中大豆原料成本占比 46.2% 计算，不考虑其他因素，大豆价格上涨 15%，豆油成本上涨 6.93%；大豆上涨 50%，则豆油上涨 23.1%。

在从纸浆到图书行业的传导中，按照 2011 年木浆占其生产成本比例约为 70%、纸张成本占图书 15% 的比例测算，则纸浆价格上涨 15%，传导到图书成本上涨压力 1.57%；若纸浆上涨 50%，传导到图书的成本上涨压力 5.25%。

第二环节吸收：技术进步与劳动生产效率提升

技术进步和劳动生产效率的提升也是化解上游成本冲击的主要方法。

仍然以前面提到的铁矿石到汽车产业的成本传导为例。上节提到，如果铁矿石价格上涨 15%，经过原材料成本占总成本的比例因素的吸收，钢材价格将上涨 6%。也就是说，钢铁企业生产效率每年提高 6%，最高可以完全吸收掉上游铁矿石 15% 的价格上涨。如果钢铁企业劳动生产率只提高了 3%，而把剩余的 3% 涨价压力传导过来，那么汽车制造企业生产效率提高 3% 也可以化解这个成本冲击。

十年前我们的研究表明，从 2004~2009 年，中国汽车行业以每人创造的千元产值衡量的劳动生产率年均增速达到 10.07%。即便在铁矿石价格上涨 40% 的情形下，汽车制造企业劳动生产率提升幅度也能承受炼钢环节传导下来的 10% 的成本压力。

当然，来自上游原材料的成本冲击，要分摊到全产业链的各个环节，而不是仅仅由一个生产环节承担。越是产业链长的行业，从上游到终端消费品包含的生产环节越多，产业链承受上游供给成本冲击的能力也就越强，这一点也得到了 OECD（经济合作与发展组织）研究成果的证实：长产业链中产成品价格的变化显著弱于原材料成本的上涨。

以原油到化纤产品、橡胶、塑料为例，从原油，到乙烯，再到各种化工中间品，最后到日用化工产品，假定其中有五道传导环节，那么每个环节提高 10% 的劳动生产效率，理论上可以化解来自上游成本上涨 50% 的供给冲击！当然劳动生产效率提高 10% 并不是一件容易的事，但据测算，2000~2010 年的 10 年中，处于石化产业链下游的化纤、橡胶及塑料制品业平均劳动生产率累计增速分别达到 52%、37% 和 17%。

就铜冶炼及铜制成品产业链而言，全产业链劳动生产率的增长同样可以吸收原材料价格上涨的压力。以 2003 年至 2010 年的数据为例，铜冶炼业劳动生产率平均增速达到 20%。空调企业的劳动生产率提高更快，对于上游进口铜矿石上涨 50% 造成的空调生产成本上涨 8.5% 的传导压力，10 年前的劳动生产率提升速度可以轻松化解。

第三环节吸收：生产者的利润弹性

一般而言，出厂价是在生产成本的基础上加上一定的利润空间。利润的大小要合适：既要确保足够大的盈利空间，又不能过度疏远消费者。企业给产品定价时，对这种利润空间的拿捏与所在行业的竞争格局密切相关。在完全竞争或过度竞争的市场中，企业面临着成千上万的同行生产同质化的产品，即便面临上游生产成本冲击，通常也不敢涨价，而是宁可牺牲自己的利润来保持价格稳定。

完全竞争是经济学中最为常见的一个概念。完全竞争市场上有无数的商品需求者和供给者，他们中每一个参与者都如同浩瀚海洋中的一滴水，相对于整个市场的总购买量或总销售量来说都是微不足道的。因此任何一个人买与不买，卖与不卖，都不会对整个商品市场的价格水平产生任何影响。在完全竞争市场格局下，每一个消费者或每一个厂商都是市场价格的被动接受者，对市场价格没有任何控制力量。对于消费者来说，各厂商生产的产品都是同质的，某厂商一旦提价便会面临消费者用脚投票，投奔其他厂商的情况。

在现实的经济生活中，完全竞争的市场是不存在的，但生产企业的同质性和企业间的竞争却是实实在在存在的。中国制造业企业众多，各行业普遍存在产能过剩的现象，面临上游成本冲击，中国制造业企业通常会牺牲自身的利润来保证市场份额不下降，在供大于求的市场中通过压缩自身利润来消化原材料成本的上涨，结果表现为中下游产品价格的稳定。

即便是有一定垄断竞争的汽车市场，由于竞争十分激烈，面临着上游钢铁成本的涨价，各厂商的汽车出厂价格一般也不敢率先涨价，生怕谁先得罪了消费者，将市场份额拱手相让。事实上，在2019年疫情以来的这一轮铁矿石和钢铁涨价过程中，不但传统汽车没有涨价，以特斯拉为代表的全球新能源汽车价格还在不断下调价格。

第四环节吸收：流通环节的降成本空间

终端售价是在出厂价的基础上进一步叠加物流成本和流通环节利润而形成的。如果流通环节处于高度竞争的状态，例如运输环节有大量的运输企业或者个体司机在争夺运输业务，批发和零售环节也有很多的批发商、零售商争夺市场份额，那么流通环节也会在竞争压力下压缩自己的利润空间来保住业务量和市场份额，导致上游传导来的原材料价格上涨的压力被吸收。

以中国为例，最近几年由于交通运输效率的提高、物流基础设施投资增加和物流管理效率的提高、互联网新零售的大发展，很多商品的流通环节成本大幅降低，从而也吸收了来自供给冲击所造成的上游成本增加的压力。

第四节　供给冲击力度越来越大，化解能力越来越小

这10年，由于各产业竞争格局生变，各产业的价格传导机制和微观价格形成机制也发生了深刻的变化。来自上游的供给冲击力度越

来越大，各国经济化解冲击的能力却越来越小了……

供给冲击对价格的影响：十年前影响小

从石油到化纤、铁矿石到汽车、铜矿石到家电、农产品到食品，不同产业链从上游到下游传导过程中对供给成本冲击的化解和吸收能力不同，原材料成本占总成本的比例占比越高，下游受影响越大。我们在十年前的专题研究表明，钢铁、铜、原油等矿产类原材料对下游的影响不大，且新材料替代空间大，大豆、木浆等农林类原材料对下游的影响则各有不同。

在劳动生产率环节，从 2000~2010 年十年间，中国全社会劳动生产率平均增速达到了 9.34%；从 2001~2015 年，制造业年平均劳动生产率从 6.26 千元增加到 14.13 千元，年均增长率为 8.98%，其中传统制造业的年平均劳动生产率年均增长率为 9.60%；先进制造业的年平均劳动生产率，年均增长率达到 12.43%。[①] 世界银行研究报告认为，进入 21 世纪以来，中国的工资水平和大宗商品价格持续上涨，但中国制造企业的利润率不但没有下降，实际上反而在提高，这都得益于近年来中国工业生产效率的提升。

十年前，中国大部分制造业都处于过度竞争状态，无论是汽车、家电，还是化工、食品，不但下游竞争相当激烈，中游每个中间产品都有数不清的厂家在恶性竞争。以钢铁为例，尽管铁矿石价格上涨极大地增加了中国钢企的生产成本，但 10 年前中国钢铁行业产能过

[①] 郭春娜，陈春春，彭旭辉. 中国制造业劳动生产率再测算——基于资本深化和全要素生产率贡献率的考量 [J]. 价格理论与实践，2018（7）.

剩的格局制约了钢材价格的上行。在2005~2008年的行业景气周期中，铁矿石价格上涨135%，中国钢材价格只上涨了50%。虽然有差异，但50%的钢材价格上升压力也不小，如果能够向下游的建筑建材、汽车、造船、机械制造业顺利传导，那么下游价格的上涨压力也是很大的，但汽车、机械制造等行业同样过度竞争的市场特征再次大幅削弱了这种成本传导压力，因此终端消费价格上涨并不明显。受到行业景气的刺激，中国钢铁产能迅速扩张，到2009年中国钢铁产能已超过7亿吨，当年国内市场粗钢表观消费量为5.65亿吨，其中约有3 000万吨进入社会库存，实际消费不到5.3亿吨，钢铁总体产能过剩1亿吨以上。因而虽然上游铁矿石采购成本总体不断走高，但钢铁产品涨价乏力，结果只能挤压钢企利润，中国钢铁企业的销售利润率从2008年的10%一度下降至2010年的3%左右。再加上下游汽车、机械制造行业竞争也十分激烈，在这样的竞争格局下，上游成本冲击向下游终端产品传导并不容易。

十年前，在中国的流通环节，天价过路费、高仓储成本、重复计税、乱收费等物流顽疾依然普遍存在，物流和销售环节的管理效率也有较大的提升空间。2011年笔者关于"中国流通环节与物价关系"的研究表明，随着效率提升，中国的流通费用有50%的压缩空间。即使上游成本冲击来临，流通环节的费用降低也能够对冲上游成本供给冲击。

十年前，笔者研究的结论是，经过原材料成本占总成本的比例、劳动生产率提高、生产者利润弹性、流通环节价格弹性的层层吸收，哪怕上游原材料成本普遍上涨15%，最终也仅能拉动中国CPI上涨0.3%~0.41%。

竞争格局改变，供给冲击对下游价格影响越来越大

今天，虽然成本供给冲击从上游原材料向下游制成品层层传导、层层吸收的原理没有变，但是由于市场竞争格局和流通环节的革命性变化，各国经济吸收上游成本供给冲击的能力却越来越小；同样的供给冲击，对全球物价的影响也越来越大。

短短的十年时间，全球，尤其是中国的很多产业的竞争格局都由过度竞争向垄断竞争演变，很多中游、下游市场也由原来的成千上万家企业竞争变为如今的少数大企业垄断竞争，甚至形成几家巨头的寡头垄断市场。一旦上游原材料涨价，中游和下游垄断企业不但不愿意再为了消费者的利益而牺牲自己的利润，而且会趁机涨价，有的中游企业甚至会以原材料涨价为借口，加倍向下游消费品企业转嫁成本。

以钢铁行业为例，2004~2013年，钢铁企业数量经历了井喷式增加，达到14 523家，很难涨价。而最近几年的钢铁行业兼并重组，大量小钢厂被关停，造成该行业企业数量大幅减少，2017年钢铁企业总数下降到7 712家[1]，比2013年下降了50%。按照2020年底工信部发布的《关于推动钢铁工业高质量发展的指导意见》，到2025年要打造若干家世界超大型钢铁企业集团以及专业化一流企业，力争前5位钢铁企业产业集中度达到40%，前10位钢铁企业产业集中度达到60%[2]。虽然上述行业集中度的提升，抑或是少数大企业寡头的出现，

---

[1] 杨立财, 向燕妮. 中国钢铁行业集中度与产能利用率关系研究[J]. 统计与决策, 2020 (20).

[2] 每日经济新闻. 工信部促钢铁企业兼并重组：力争前5名产业集中度达40%[EB]. (2021-01-03) [2021-12-1]. https://baijiahao.baidu.com/s?id=1687874949190654058&wfr=spider&for=pc

的确有利于提升企业在全球的竞争力，但是自然也提升了这些企业面对下游的定价能力——2020年以来，钢铁产品的大幅涨价严重挤压了下游制造业的盈利能力。由于钢铁主要体现在生产资料上，已经造成了PPI的大幅上涨；但由于历史原因，中国汽车售价远远高于国外市场，汽车企业利润空间较大，因而暂时还没有传导到消费端。

在家电行业，空调制造行业集中度从2010年的75%提升到2018年的80%，冰箱制造行业集中度从2013年的53%提升到2018年的64%，洗衣机制造行业集中度从2015年的70%提升到2018年的76%。[①]行业集中度越高，将上游的成本压力通过涨价转嫁给下游的能力就越强。2021年以来已经有不少家电厂家宣布产品提价，一旦群起行动，就会形成巨大的物价上涨压力。

另外一个竞争格局变化较大的行业是化工产业，不但上游的石油开采环节、炼油环节早已形成寡头垄断，在炼油环节以下的中游环节，很多类似于MDI、PX、PTA、氯碱、烧碱甚至涤纶长丝这样的工业品生产，都已经形成寡头垄断格局。每一次原油上涨，这些企业就趁机涨价，把成本成倍地转移给下游的企业——虽然下游的纺织服装、日用化工等大部分还是过度竞争的市场格局，不能率先涨价而损失市场份额，但一旦这种冲击把下游企业逼到盈亏平衡点，这些下游的纺织服装和日用化工企业要么大批关门，要么集体涨价，前者会造成经济衰退，后者则会引发通货膨胀。

---

① 吴华.行业集中度对产品价格的影响研究——以家电和家具行业为例[J].中国物价，2019（10）.

流通环节来吸收上游成本冲击的空间基本见顶

十年前,中国流通业的大变革正在兴起,传统的国美、苏宁等连锁卖场尚有余勇可贾,但新兴的电商网站已经势不可挡。电子商务的兴起不仅大大减少了传统商业模式下一级批发商、二级批发商等层层环节,而且通过平台的推动鼓励商家降价促销,从而极大地提升了流通环节的效率。2009年淘宝平台第一次组织"双十一购物节",推动网商打折促销,当天销售收入超过5 000万元,是当时日常交易的10倍。网商促销大大压缩了生产者和销售者的利润空间,也压缩了通过让利来消化上游成本传导压力的空间。

与此同时,移动通信技术的成熟和电子商务的发展也推动了中国物流产业的效率提升。根据国家邮政局发布的中国快递发展指数,2010~2020年,中国快递指数增长超过11倍,运输环节的效率提升极大地降低了消费者的购物成本。

图2-4 中国快递指数

资料来源:国家邮政局。

此外,十多年来中国政府持续不断推动流通领域费用降低,从打击车匪路霸到持续整治乱收费乱罚款,以及推动减少收费公路里程,目前中国流通环节不合理费用也已经大幅减少。

总之,过去10年是中国交通运输、物流、电子商务革命性发展的10年。由于流通成本已经降低到极限,一旦上游原材料成本供给冲击到来,不但通过流通环节的成本费用降低和效率提升来消化原材料成本上升压力的空间越来越小,而且一旦受疫情影响,或其他原因造成物流、快递成本上升,还有可能进一步推动物价上涨。

技术和效率提高,对抗上游成本供给冲击的最后手段

面对上游原材料成本冲击,虽然原材料/总成本占比在各行业变化不大,仍然是影响原材料价格冲击的第一道缓冲垫,但是能否通过技术变革,减少原材料的消耗,是能否消化上游成本冲击的关键。不过,在技术已经成熟,变化比较缓慢的行业,各种原材料的使用量变化不可能太大。在能源方面,电动汽车对燃油车的替代、很多化工复合材料对钢材的替代,各种节能技术的出现,只要符合性价比,长期看仍然有减少上游能源、原材料消耗的空间。但是在一些产业链比较短的领域,比如原油到成品油,大豆到豆油等,一旦上游原料价格上涨,只能直接向CPI传导。

生产效率的提升是对抗原材料涨价的最后手段。不过,在中国制造业快速发展并成为全球第一制造业大国的过程中,各个行业都出现了大规模的技术升级和效率提升。不仅能直接引入的流程、工艺、技术已经引入,而且能学习的先进管理方法都已基本普及。以服装产业为例,2012年中国服装总产量为267亿件,从业人员有444万人,

人均6 014件；2020年服装总产量712亿件，从业人员826万人，人均8 620件，人均生产率提升了43%，年复合增长率为4.57%，这样的提升是非常显著的，但后续效率提升的速度也必然是边际递减的。

不容乐观的是，从工业人均生产率增速来看，中国已经出现了非常明显的下降趋势。根据全国规模以上工业企业主营业务收入和平均从业人员计算的工业人均劳工生产率从2011年的91.83万元/人，增长到2020年的136.85万元/人，但近10年的增速快速回落，从2011年的25.62%下降到2020年的1.66%。

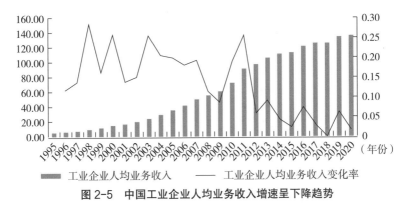

图2-5 中国工业企业人均业务收入增速呈下降趋势

资料来源：国家统计局。

从包含了第一产业、第二产业和第三产业的全员劳动生产率增长情况来看也是如此——从2014年的7%下降到2019年的6.2%，2020年受疫情冲击出现了更大的下跌，直接降至2.5%。

从这些数据来看，中国劳动生产率的提升，尤其是传统农业、传统制造业、传统服务业，已经遇到了瓶颈，提高劳动生产效率对原材料涨价的吸收能力已经明显下降。

图 2-6　全员劳动生产率增速近年呈下降趋势

资料来源：国家统计局。

第五节　原材料供给冲击削弱全球增长动力

根据库兹涅茨的测算，资源和原材料投入量的增加决定了25%的经济增长。如果原材料供给冲击长期化，势必对全球增长造成严重的负面影响。

资源和原材料投入量的增加决定了25%的经济增长

按照"新供给经济学"理论研究框架，经济的长期潜在增长率取决于五大财富源泉，分别是人口和劳动力、土地和资源、资本和金融、技术和创新以及制度和管理。这五大财富源泉在价值创造中发挥着不同的作用，我们将其归纳为"三维五要素"的经济增长模型[①]，

---

① 滕泰.新供给经济学：用放羊的办法推动结构转型［M］.上海：上海财经大学出版社，2019（12）：35.

其中五大财富源泉在经济增长中发挥的作用不同。总的来说，土地、资本和劳动是生产要素，技术是根本驱动力，合理的制度安排是经济增长的条件。

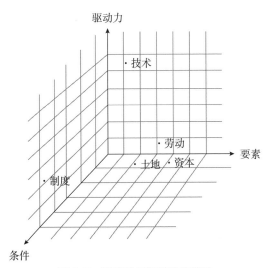

图 2-7　新供给经济学增长模型

如果我们从短期看经济增长，技术和制度几乎是不变的、外生的且独立于其他变量。变量只有三个生产要素，即土地、资本和劳动。也就是说，短期和静态分析，土地、资本和劳动是生产的可变要素；而从长期来看，制度和技术不仅也是可变的，而且是经济增长的重要条件和根本驱动力。

从短期来看，资源的投入量增加是经济增长的重要原因。经过大量计算和分析，诺贝尔经济学奖得主，美国经济学家库兹涅茨得出一个结论：在人均国民生产总值增长的结构中，25%归因于经济资源投入量的增长，75%归因于投入的生产要素和生产率的提高；也就是说，资源的投入决定了四分之一的经济增长。从人类大规模利用石油以来，总共开采的原油总量超过1 300亿吨。在1950年时，全球钢铁产量不过1.89亿吨，到2020年，中国一国的钢铁产量就超过10亿吨。按照生产1吨生铁约需要1.6吨铁矿石的技术参数，仅中国一年就需要16亿吨以上铁矿石。

而新的原材料的发现和使用所引发的创新，则是经济长期增长的原因之一。从品种来看，人类能够利用的自然资源范围越来越大，种类越来越多，从最初的煤炭和铁矿石，到石油和天然气，再到各种有色金属。近年来，随着便携式电子产品和新能源汽车对锂电池产品的需求暴涨，锂矿也成为重要的新兴战略资源。这个过程被经济学家熊彼特归纳为创新的一个重要方面，即"掠取或控制原材料或半制成品的一种新的供应来源，也不问这种来源是已经存在的，还是第一次创造出来的。[①]"

原材料供给冲击削弱全球增长动力

正常情况下，原材料的供给在市场的作用下，能够产生一个正常的原材料产出水平，我们可以用产出水平与原材料的供给量、供给效率与结构、供给成本等变量来描述这个状态。

$$Y_* = F(Q, E, C)$$

（其中，Y_*表示正常原材料产出水平，Q表示原材料的供给量，E表示原材料的供给效率，C表示原材料的供给成本）

[①] 约瑟夫·熊彼特.经济发展理论[M].何畏，易家祥等译.北京：商务印书馆，2019.

一般情况下，原材料的供给量和供给效率与产出总量呈现正相关关系，即供给量越多、供给效率越高，对应的总产出越大。而供给成本与产出总量呈现负相关关系，在市场均衡条件下，当供给成本提高时，在原有价格水平和产品供给量的情况下，企业利润率降低，产出降低。

当原材料的供给量受到冲击，如疫情导致矿山、工厂停产而无法生产，疫情导致港口被封锁而无法运输，以及政策原因导致的限产、减产等，使得供给量从 Q_* 下降到 Q_1，进而使得对应的产出降低，即

$$\Delta Y_1 = Y_* - Y_1$$

其中 ΔY_1 为由于原材料供给量受到抑制产生的产出损失。

当不存在供给冲击的情况下，厂商的需求量为 Q_*，对应的产出为 Y_*，如图 2-8 所示，当存在供给冲击的情况下，原材料的供给量低于厂商的最优需求量，这时原材料的使用沿生产函数向左移动，从 Q_* 移动到 Q_1，其中（$Q_* - Q_1$）即为供给冲击导致的原材料供给减少的规模，同样，随着原材料的减少，产出也随着生产函数向左移动，从 Y_* 移动到 Y_1，其中（$Y_* - Y_1$）即由于供给冲击而产生的产出损失。

原材料供给冲击一般分为两种情况。一种是在没有突发事件冲击的情况下，原材料的供给量是由其周期性的资本开支变化决定的，一轮资本开支增长之后，经过勘探、筹备、建设和开采，迎来新的一轮供给量增长，一轮资本开支缩减之后，产能没有增长，而需求会正常增长，若干年后就会迎来新的一轮供给冲击，这种冲击往往具备周期性特征。

另一种情况是战争、国际冲突、灾难事件和政策因素等导致的一

过性供给冲击,例如历次石油危机、中国对煤炭等产能的限制、此次新冠肺炎危机导致的部分矿产供给不足和运输梗阻等,都具备一过性的特征。

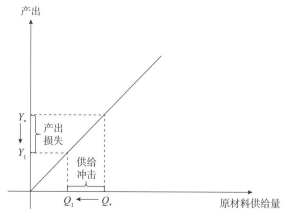

图 2-8 原材料供给数量受到冲击时造成的产出损失

如果是周期性的供给冲击,那么资本支出重新增加后,经过新的一轮建设周期,新的产能投产,供给冲击就结束了;如果是一过性的供给冲击,一旦导致供给冲击的因素消失,供给就能在比较短的时间内恢复到正常水平,对产出的影响也会过去,总供给都将恢复到由原材料的正常供给决定的水平上。

还有一种情况是,原材料的供给成本,受到环保成本、运费等多方面的影响而上升。在生产过程中,当以上成本上升时,会导致原材料供给成本上升,从 C_* 提升到 C_3,进而形成供给成本冲击,导致总产出下降:

$$\Delta Y_3 = Y_* - Y_3$$

其中 ΔY_3 为由于供给成本受到抑制情况下产生的产出损失。

当不存在供给成本冲击的情况下，企业的供给成本为 C_*，对应的产出为 Y_*。如图 2-9 所示，当存在供给成本抑制的情况下，供给成本从 C_* 提高到 C_3，企业总产出随着生产函数向左移动，从 Y_* 移动到 Y_3，其中（$Y_* - Y_3$）是由于供给成本上升而产生的产出损失。

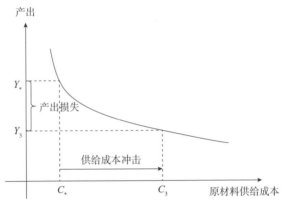

图 2-9　原材料供给成本受到冲击时造成的产出损失

而原材料由于其供给弹性和需求弹性都较小，在供给冲击出现时，往往会导致供给成本的大幅波动，也就是说供给成本冲击往往是供给冲击的结果，而且供给成本冲击的波动幅度，往往比供给冲击带来的供需缺口大得多。尽管如此，与供给量受到的冲击类似，原材料的供给成本冲击也往往具有周期性或者一过性特征，当新的产能投产，或者引发供给冲击的一过性事件消失以后，供给成本受到的冲击也将逐渐过去，产出也会恢复到正常水平。

总之，原材料受到供给冲击的情况下，其有效供给量不能满足经济发展的需求，抬高可利用的原材料的供给成本，降低企业的投资回报率，进而抑制总产出，削弱经济增长动力。

第二章 原材料供给冲击与通胀式衰退

供给冲击与通胀式衰退

供给冲击带来的原材料短缺和涨价,将对总供给产生不利的影响,使得短期供给曲线向左移动,在总需求不变的情况下,均衡点由 A 点移至 B 点,这时产出减少而价格上涨,经济经历了一次"通胀式衰退"。

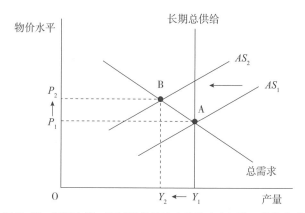

图 2-10 短期来看,原材料供给冲击导致产出下降,物价上升

为了应对这种"通胀式衰退",政府一般会采取一些措施来扩大总需求,抵消衰退的影响。如图 2-11 所示,这些政策措施导致总需求曲线向右移动,与移动后的短期总供给曲线相交,产生了新的均衡点 C,产量回到了长期总供给曲线决定的水平上(与供给冲击之前的产出一致),而价格却上升了。

整体来看这个过程分为两个阶段。第一阶段,原材料的供给冲击将会导致经济出现产出减少、价格上升的"通胀式衰退";第二阶段,政策将产出水平提升至原有水平的同时,还会导致价格的进一步上涨,形成更加严重的通货膨胀。目前,在疫情冲击下,各国经济刚刚开始进入第一阶段。

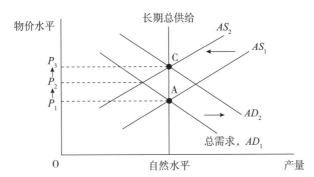

图 2-11　长期来看，原材料供给冲击最终导致物价上升到更高水平

要避免全球经济陷入"通胀式衰退"，关键是不能仅仅关注疫情造成的短期供给冲击，并幻想着疫情过去后一切就会恢复正常，而是要客观评估贸易保护主义对全球供应量的破坏，关注碳减排、去产能等长期供给因素的影响，并在实践中提前安排好全面的应对方案。

第三章

劳动供给冲击长期化

工资上涨对物价的冲击要远远大于原材料供给冲击，假设某一个时期中国的平均工资上涨幅度与原材料价格上涨幅度相同，其对 CPI 的影响大约是原材料成本冲击的 6 倍以上。

无论是对物价的影响，还是对经济增长的影响，疫情所引发的全球劳动供给冲击只是一个浓缩的展示——它让各国在一年内提前看到了未来十年全球必须面对的长期劳动力供给冲击的后果。

第一节　疫情只是劳动力供给冲击的加速器

劳动力成本上升是全球企业共同面对的长期难题，疫情让我们提前看到未来劳动力供给冲击的后果。

疫情加重了由来已久的全球劳动供给难题

2020年新冠肺炎疫情暴发以后，全球各地的劳动力出现结构性短缺。一方面，很多国家和地区为了防疫而实施了跨国或跨地区旅行限制、强制隔离、自愿隔离等措施，减少了人员流动和劳动供给；另一方面，即使解除了相关的行政限制措施，人们的工作意愿也大幅降低。以美国为例，疫情暴发以后职位空缺数出现飙升，从2020年4月的499.6万上升到2021年7月的1 093.4万，大量企业因招不到人而不得不要求员工加班，缩短营业时间，甚至谢绝部分订单。

美国爆发疫情以后辞职人数持续攀升，已经创出了历史新高（见图3-1），很多人选择不工作。

（季节性调整每月数据至2021年9月）

图 3-1　疫情以后美国辞职人数创出新高

资料来源：CNBC据美国劳工部。

其实，早在2000年以后，美国的劳动参与率就进入了长期的下降通道，从2000年4月高点时的67.3%下降到疫情前的63.4%，在疫情打击下最低跌至60.2%。有人指出其中的原因之一是中产阶级财产性收入的增加，如投资基金、股票等的收益上涨，使人们不需要再以往常的强度来工作；也有一部分原因是底层工人对工作条件和收入

第三章 劳动供给冲击长期化

不满,以及政府在疫情期间发放的补贴降低了人们的工作意愿。

从整体来看,在那些实现了工业化的国家,随着老龄化,劳动人口不仅在减少,而且人们似乎也越来越不愿意工作了,劳动参与率越来越低。在欧洲和日本,劳动力短缺已经到了非常严重的程度,日本一家大型家电量贩企业野岛电器(Nojima)从2021年10月起,取消了雇佣年龄限制,录用新员工时开始接受80岁以上的老年人。

即使在以勤劳著称的中国,劳动参与率也在缓慢下降,2008~2019年中国劳动人口参与率从71.88%下降到68.19%。[①] 即使开出的工资越来越高,工厂、餐厅和建筑工地却越来越难招到年轻人。根据中国人力资源和社会保障部统计,营销员、餐厅服务员、商品营业员、保安员、快递员、家政服务员、保洁员、市场营销专业人员、焊工、客户服务管理员等一般人眼中的"低端"岗位排在"最缺工"的100个职业的前十位。保守估计,现在中国每年的劳动力缺口都在千万人以上,中国人能够享受低廉快递和外卖费用的日子恐怕也不多了。

这种"低端"岗位缺乏人手的现象在全世界都很普遍。在荷兰,花卉业的种植工人出现了短缺,因为原本为这个行业提供大量劳动力的波兰经济条件有所改善,原本愿意从事种植的劳动力变得稀缺;而在美国,每年都需要大量来自拉美国家的非法移民,来农场从事辛苦的蔬菜、水果等机械化程度低的农作物种植、收割等工作,否则大量成熟的蔬果有可能烂在田里。

---

① 智研咨询.2020-2026年中国人力资源服务机构行业市场前景规划及市场盈利预测报告》[R/OL].(2020-05-25)[2021-12-1].https://www.chyxx.com/industry/202005/866725.html

在一些国家，还出现了技术工种缺人的现象。例如在法国，越来越多的企业招不到具有所需技术的员工，例如有些企业的自动化设备增加了，而能够使用和保养这些设备的员工却很缺乏，教育部门所教授的知识和技能与现实需要相当脱节。

疫情加快了全球工资上涨速度

受新冠肺炎疫情冲击，主要经济体都出现了工资加速上升的态势。例如，欧元区每小时劳工成本指数同比增速从 2019 年 12 月的 2.3% 增长到 2020 年 6 月的 4.2%；美国私人企业工资和薪金指数同比增速从疫情前 2019 年 12 月的 3%，上升到 2021 年 9 月的 4.6%。

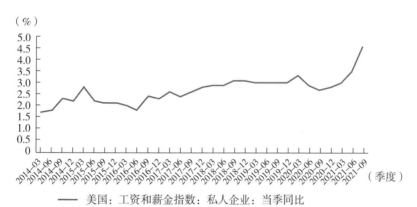

图 3-2　美国私人企业工资和薪金指数同比增速

资料来源：美国劳工部。

根据英国人力资源数据提供商 XpertHR 的数据，2021 年第 1 季度和第二季度英国就业人员的平均薪资涨幅分别为 1.2% 和 2.0%。有人预测 2022 年英国工人薪酬将平均再增加 2% 以上。

第二节 从工资到物价：层层吸收与层层放大

与原材料供给冲击不同的是，原材料成本会在全产业链层层分摊，劳动力成本却在全产业链层层叠加，层层放大。

工资上涨与物价的关系并不那么简单

一般的看法是，社会平均工资涨了物价一定会上涨，因为如果企业员工的工资上涨了，产品价格一定会上涨。工资上涨的确会带来物价上涨压力，但实际影响情况还受到很多因素影响。

以中国证券行业为例，2005年以前中国证券公司顶级证券分析师的年薪在50万~60万元，2020年同样影响力分析师的年薪已经上涨到300万~500万元，薪资水平上涨了5~10倍，但是不是分析师工资水平上涨就意味着证券业的"产品"价格更贵呢？实际上，中国证券业的主要服务价格——证券交易佣金率却由2005年的平均千分之二下降至2020年的平均万分之二左右，价格下降了90%。很多上市公司公布的职工薪酬同比大幅增长，而产品价格不但没有上涨反而出现了小幅下降的情况也很普遍。

我们对1985年至2009年不同区间的工资和物价关系进行比较，发现在考察的五个时期中，虽然部分时期的工资增速基本相同，但物价涨幅却差异明显，在个别时期甚至还出现了工资与物价反向关系的情况。

1979~2009 年和 1998~2002 年期间，中国职工平均工资增速分别为 13.7% 和 13.9%，增速很相近；物价上，第一个时间区间上涨了 5.5%，但第二个时间区间却出现了 0.4% 的下跌（见图 3-3）。

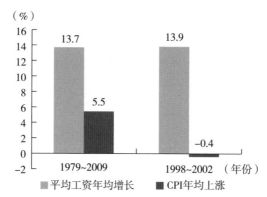

图 3-3-a　1978 年以来各时期劳动力成本上升与物价的关系

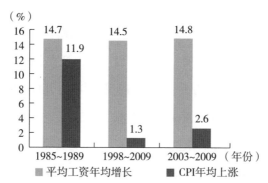

图 3-3-b　1978 年以来各时期劳动力成本上升与物价的关系

数据来源：国家统计局。

换一个时间段分析，1985~1989 年、1998~2009 年和 2003~2009 年三个时间区间，中国职工平均工资增速分别为 14.7%、14.5% 和 14.8%，增速基本相同，但三个时间区间的物价分别上涨了 11.9%、1.3% 和 2.6%，差别迥异。

第三章 劳动供给冲击长期化

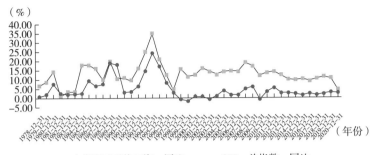

图 3-4 中国工资与 CPI 变化的同步与不同步

资料来源：国家统计局。

从平均工资增速变化和物价变化的关系来看，1997 年以前两者中呈现出较为明显的同步变化关系，工资上涨一度成为物价变化的领先指标；1997~2006 年，平均工资与物价走势有所背离；2007 年以后二者又恢复正相关性。看来"工资上涨了，价格就一定会涨"这种想象中的逻辑，在现实中并不那么简单。

从工资到物价的层层吸收与层层放大

同原材料成本供给冲击类似，从工资到物价的传导在经过工资／总成本占比、市场规模扩大或劳动生产率提高、市场竞争格局下的供给者利润弹性和流通环节吸收等四个环节吸收后，剩下的才传导至终端产品价格。

第一环节吸收：工资上涨向下游的传导首先会受到工资／总成本比重的影响。工资在成本中所占比重越大，工资上升对物价的影响越大。显然，工资对资本密集型和劳动密集型产品的价格影响是不一样的，而且一旦工资快速上涨，就会引发企业用资本来替代劳动的变革。在制造业占比高的经济中，工资上涨对物价冲击小；在服务业占比高的经济中，工资上涨对物价的冲击大。

第二环节吸收：劳动生产率提高对工资上涨的吸收。例如，现在个人电脑的功能和性能已经远远超过30年前的电脑，但电脑价格却一直处于下降通道，主要原因在于电子技术进步大大提升了电脑生产企业的生产效率。又比如，前文提到的证券行业分析师工资上涨，而证券交易佣金下降的情况，主要是因为整个行业蛋糕的扩张——十几年前A股每天的交易量不过千亿人民币，如今每天交易量都在万亿人民币级别。不但市场规模的扩大提升了单个劳动者的产出，而且证券行业的承销收入、并购收入、债券收入、融资融券收入、金融衍生品收入等都大幅增加，这种情况下即便大幅下调产品价格，整个行业的收入和利润仍然能够保持快速增长，完全可以吸收工资的上涨。

第三环节吸收：企业利润弹性对工资上涨的吸收。越是利润率高的企业，越有能力吸收工资成本冲击。对于像苹果、华为这样的企业，以及很多资源垄断型的企业，与企业的高额垄断利润相比，工资的小幅上涨完全可以在企业内部吸收，不用产品涨价。

第四环节吸收：流通环节也会影响产品价格。如果流通环节少、流通效率高、流通成本低、商业企业竞争充分，即便生产者因为劳动力成本上升而提高了批发价，流通环节还可以吸收一部分，从而减少对零售价格的冲击；反之，流通环节多、流通效率低、商品流通有垄断行为，那么流通环节不但不会吸收生产者上升的工资成本，还会提高零售价格。例如，在中国的汽油市场，虽然与国际原油价格和生产技术相同，但中国成品油的价格却比美国高出不少，其中一个重要的原因就是流通环节赚取了超额利润。

最后，对全社会而言，为什么十年前的实证研究就发现平均工资上升对 CPI 的影响居然是同等幅度原材料涨价的 6 倍以上？核心原因在于上游原材料的成本上升可以由整个产业链来分摊，而工资上涨却无法分摊——假设某产业从最上游原材料到终端消费品有 3 个生产环节，如果原材料上涨 6%，平均每个生产环节只需承受 2% 的成本冲击；而如果全社会平均工资上涨 6%，那么这个产业链的每个环节都面临着 6% 的工资成本上升的冲击。各环节不但不能相互分担，甚至还会形成叠加效应，并严重冲击下游物价——原材料成本可以在全产业链分担和吸收，而工资成本的冲击，既需要各生产环节通过减低劳动占比、提升劳动效率、压缩利润空间、降低流通成本等方法层层吸收，又难免因为每个环节都面临着工资上涨的成本冲击而层层放大物价影响！

第三节 工资对中国物价的影响比十年前增加了 30% 以上

由于工资/总成本占比的提升，同样的工资上涨，对中国物价的影响比十年前增加了 30% 以上。

十年前：工资一大步，价格一小步

首先来看劳动力成本占比的影响。改革开放的前期阶段，中国经济的劳动密集型产业占比高，彼时物价受工资影响较大；到后来，随着产业的升级，越来越多的产业从劳动密集型转为资本密集型，因此工资上涨对物价的影响反而越来越小了；最近十年来，随着制造业在经济中的占比下降，服务业的占比上升，劳动力在成本中的占比重新开始上升，工资对物价，特别是服务价格的影响越来越大。

工资上涨对资本密集型的工业品影响较小，而对劳动密集型的食品加工、轻工制造以及人力成本占主导的服务业冲击效应会更加明显。因此，从工资/总成本占比的差异着眼，食品、工业品和服务产品的价格对工资上涨的反应有明显不同。

劳动力成本上升对粮食、蔬菜价格的影响较大，对肉类价格的影响偏小。综合起来，假定粮食、肉类和蔬菜在居民饮食中占比分别在35%、40%和25%左右，静态分析下，劳动力成本上升15%，食品价格将上涨4%左右。

中国的工业品可进一步划分为劳动密集型和资本密集型两种。但随着自动化水平的提高，劳动者报酬在工业品中的成本占比早已低于10%，即便是典型的劳动密集型行业纺织服装，其劳动力成本占比也仅仅为8.6%，最高的是非金属矿物制品，占比9.6%。资本密集型的炼焦和石化业仅为5.4%[1]，这与工业领域持续的巨大固定资产投入和原材料投入有关。

在人们印象中，服务业是人工成本占比最高的行业，但其实也没有想象的那么高。根据2004年第一次经济普查时各行业就业人数以及2007年投入产出流量表的数据，中国共有15个大类服务业，其成

---

[1] 数据来源：《中国统计年鉴2010》。

本构成中人工成本占比仅为 20.8%。竞争性服务业如建筑、运输、商业、餐饮、住宿等劳动者报酬在成本构成中比重较低，一般在 15% 以下；金融业整体薪酬较高，比重为 17.9%；非竞争性行业如教育、卫生、公共管理等行业劳动力成本占比相对更高，达到 32.9%。

假设其他条件不变，如果劳动力成本上升 15%，建筑、运输、计算机、批发零售、房地产和金融服务品等主要服务价格的上涨幅度均不超过 3%，工资上涨对服务价格的传导压力没有想象中那么大。

按照有关机构估算，在 2020 年中国 CPI 的构成中，食品占比 29%，衣着占比 6.8%，居住占比 22%，生活用品及服务占比 4.7%，交通通讯占比 11.25%，教育文化娱乐占比 13.6%，医疗健康占比 11.2%，其他占比 1.4%。综合劳动力成本对食品、工业品和服务价格的影响，在其他因素不变的情况下，如果劳动力成本上升 10%，对 CPI 的影响将不足 2 个百分点。

可见，通过客观评估发现，经过各行业工资/总成本价格传导系数的吸收，100% 的工资上涨压力仅剩下 20%，工资上涨对物价的冲击力被大幅削弱。各行各业劳动生产率的提升还可以进一步为成本传导减压，只要劳动生产率提高的速度足够快，有可能吸收大部分劳动力成本上涨压力。这就是我们看到显示中劳动力成本年年上涨，而物价上涨速度正常情况下并不高的原因。

以中国为例，2000~2010 年每年中国全社会劳动生产率持续提升，平均增速达到了 9.34%，无形中抵消掉了每年约 10% 的劳动力成本上涨压力。

我们在 2011 年做的关于工资和物价关系的专题研究表明，假定彼时中国劳动力成本平均上升 15%，其对物价的推动效应是 2.98%；

再考虑劳动生产率的提高，劳动力成本上升15%对物价的影响在1.5%以下。

即便由工资上涨所带来的1.5%的涨价压力，也未必能全部变为涨价现实，因为企业在面临人工成本上涨压力时，会在市场份额和利润之间做取舍——市场的竞争格局越接近完全竞争，企业就越倾向于牺牲利润来保住市场份额。这就是为什么我们以前看到很多中小企业在上游成本压力传来时咬牙坚持不肯涨价的原因。

2015年以前，包括纺织服装、玩具、小家电、日用化工等行业在内的中国制造业整体属于产能过剩和过度竞争的市场格局。这一格局制约了工资成本向整个制造业下游传导，最终只能由生产企业牺牲自身利润来吸收。同制造业类似，劳动力成本在服务业领域的价格传导也会受到竞争格局的影响，证券交易佣金的案例就是受到100多家证券公司恶性竞争的影响，如果哪个券商佣金敢涨价，客户就会转移到其他证券公司。

在2011年那一轮中国通货膨胀的最高点，我们出版的《透视通胀》一书通过理性的数量化分析指出，那些说"工资将推动中国通胀冲上两位数"的理论是错误的，同时也指出，劳动力供给冲击对物价的影响要远远大于原材料成本供给冲击，尤其是一旦下游竞争格局生变，或劳动生产率不能一直提高，工资上涨对物价的影响就会进一步放大。

与十年前相比，同样工资上涨对物价的影响增加了30%以上

与十年前相比，由于工资上涨的累加效应，几乎各行各业的工

资/总成本占比都在提升。我们以国家统计局投入产出最新的2018年数据与2010年相比,发现除"其他制造业"外,绝大部分工业子行业劳动者报酬占比都有不同程度的上升。其中电力、热气、水行业的劳动者报酬在行业产值中的占比增加了一倍,从2010年的7.20%增加到了2018年的15.01%;炼焦、燃气及石油加工业的劳动者报酬占比也从2010年的5.40%上升到2018年的10.81%。机械设备行业的劳动者占比也从10年前的6.90%提高到10.87%。

表3-1 劳动力成本在工业品成本构成中的比重(2010年与2018年)

行业	年份	中间投入	增加值	劳动者报酬
食品饮料烟草	2010	75.60%	24.40%	7.40%
	2018	75.04%	24.96%	7.99%
纺织、服装、皮革	2010	79.30%	20.70%	8.60%
	2018	82.12%	17.88%	9.90%
其他制造业	2010	69.20%	30.80%	8.30%
	2018	77.10%	22.90%	6.84%
电力、热力及水	2010	71.40%	28.60%	7.20%
	2018	60.23%	39.77%	15.01%
炼焦、燃气及石油加工	2010	82.10%	17.90%	5.40%
	2018	59.22%	40.78%	10.81%
化学工业	2010	79.70%	20.30%	6.10%
	2018	76.81%	23.19%	7.58%
非金属矿物制品业	2010	72.50%	27.50%	9.60%
	2018	66.58%	33.42%	12.47%
金属产品	2010	80.20%	19.80%	5.50%
	2018	75.38%	24.62%	8.79%
机械设备	2010	80.80%	19.20%	6.90%
	2018	76.63%	23.37%	10.87%

数据来源:国家统计局。

而服务业中除了科学研究、技术服务和地质勘查业以及水利、环境和公共设施管理业两个子行业外，大部分服务业子行业劳动者报酬占比也有不同程度的上升，且上升幅度一般高于工业。其中，交通运输、仓储和邮政业的劳动者报酬占比从 12.20% 上升到 23.57%；批发和零售业的劳动者报酬占比从 13.10% 上升到 30.93%；金融业劳动者报酬占比则从十年前的 17.90% 上升到 2018 年的 33.61%。

表 3-2 劳动力成本在服务业成本构成中的比重（2010 年与 2018 年）

行业	年份	劳动者报酬
建筑业	2010	11.80%
	2018	15.35%
交通运输、仓储和邮政业	2010	12.20%
	2018	23.57%
信息传输、计算机服务和软件业	2010	12.20%
	2018	19.73%
批发和零售业	2010	13.10%
	2018	30.93%
住宿和餐饮业	2010	13.10%
	2018	22.52%
金融业	2010	17.90%
	2018	33.61%
房地产业	2010	10.00%
	2018	13.08%
租赁和商务服务业	2010	10.00%
	2018	17.72%
科学研究、技术服务和地质勘查业	2010	32.90%
	2018	23.90%
水利、环境和公共设施管理业	2010	32.90%
	2018	20.25%
居民服务和其他服务业	2010	32.90%
	2018	41.20%

续表

行业	年份	劳动者报酬
教育	2010	32.90%
	2018	52.24%
卫生、社会保障和社会福利业	2010	32.90%
	2018	52.26%
文化、体育和娱乐业	2010	32.90%
	2018	33.00%
公共管理和社会组织	2010	32.90%
	2018	49.20%

资料来源：国家统计局。

劳动力成本占比上升意味着同样的工资涨幅带来的成本上升压力加大。结合各行业产品中劳动者报酬占比的变化，以其消费者物价指数中的权重推算，同样工资上涨对中国物价水平的影响增加了30%以上。

与十年前相比，劳动生产效率吸收工资上涨的能力明显下降

图3-5显示，中国全员劳动生产率的增幅在2010年以后呈现逐渐降低之势。2000~2010年的平均增速为9.34%，到了疫情前的2019年已经下降至6.2%；2020年受疫情影响，增速更是下跌至2.5%。

在工业化初期和高峰阶段，全员劳动生产效率增长快，而随着技术改进潜力的缩小，工业化后期阶段全员劳动生产率的增速下降，是经济发展的必然规律。虽然资本投入在增加，技术在进步，管理在改善，劳动者的素质也逐年提高，但是由于资本、技术、管理、劳动等要素投入的边际效应递减，全员劳动生产率增速逐年降低。与十年前

相比，同样幅度的工资上涨，其依靠劳动生产率提升来吸收对物价的能力明显下降。

图 3-5　中国全员劳动生产率的增速呈下降趋势

资料来源：国家统计局。

行业集中度提升，工资上涨向物价传导能力增强

经过这些年的行业整合，加上过去几年"去产能"政策的影响，当前中国很多行业的集中度比十年前大大提高了，很多行业已经从之前的自由竞争、过度竞争格局，演变到更加接近垄断竞争，甚至寡头垄断的市场。

当厂商掌握了更多的定价权，而消费者也更愿意为了产品的差别性特征，如品牌、设计、技术等"软价值"付出更高的价格时，企业向下游传导和转嫁成本压力的能力就增强了，这主要体现在各行业的毛利率增加上。

第三章　劳动供给冲击长期化

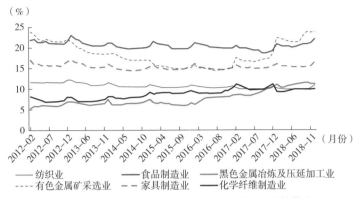

图 3-6　上中下游产业的毛利率都出现缓慢抬升的势头

资料来源：国家统计局。

图 3-6 显示了 2012~2016 年，很多行业的毛利率呈现缓慢下降趋势，2016~2018 年期间，不论是上游的黑色金属冶炼行业、有色金属矿采选业，还是中游的纺织行业、化纤行业，或下游的食品制造、家具制造业，毛利率都在缓慢上升。行业集中度的适当提高、企业定价权的增强、国际竞争力的提高，乃至毛利率的提升，对行业和企业都是好事，但是从物价角度，行业集中度和毛利率同步提高也说明企业逐步具备了向下游传导成本的能力，此时面对同样的工资上涨冲击，其带来的通胀压力也比十年前增大了。

第四节　疫情的短期劳动供给冲击是未来 20 年的缩影

疫情带来的劳动供给冲击是可逆、可恢复的，而更值得重视的是那些长期、不可逆、不可恢复的劳动供给冲击。

劳动力供给冲击对经济增长的影响[①]

正常情况下，劳动力供给在市场的作用下，能够产生一个正常的劳动力产出水平，我们可以用产出水平与劳动力的供给量、供给效率与结构、供给成本等变量来描述这个状态。

$$Y_* = F(Q, E, C)$$

（其中，Y_* 表示正常劳动力产出水平，Q 表示劳动力的供给量，E 表示劳动力的供给效率，C 表示劳动力的供给成本）

一般情况下，劳动力的供给量和供给效率，与产出总量呈现正相关关系，即供给量越多、供给效率越高，对应的总产出越大。而供给成本与产出总量呈现负相关关系，在市场均衡条件下，当供给成本提高时，在原有价格水平下，企业利润率降低，产出降低。

在劳动力的供给量受到冲击的情况下，如疫情导致封城、疫情加重导致大量员工因为怕被感染而拒绝上班等，使得供给量从 Q_* 下降到 Q_1，进而使得对应的产出降低，即

$$\Delta Y_1 = Y_* - Y_1$$

其中 ΔY_1 为由于劳动力供给量受到抑制产生的产出损失。

当不存在劳动力供给冲击的情况下，厂商的需求量为 Q_*，对应的

[①] 滕泰. 新供给经济学［M］. 上海：上海财经大学出版社，2019（12）.

产出为 Y_*，如图 3-7 所示，当存在供给冲击的情况下，劳动力的供给量低于厂商的最优需求量，这时劳动力的使用沿生产函数向左移动，从 Q_* 移动到 Q_1，其中（$Q_* - Q_1$）即为供给冲击导致的劳动力供给减少的规模。同样，随着劳动力的减少，产出也随着生产函数向左移动，从 Y_* 移动到 Y_1，其中（$Y_* - Y_1$）即由于劳动力供给冲击而产生的产出损失。

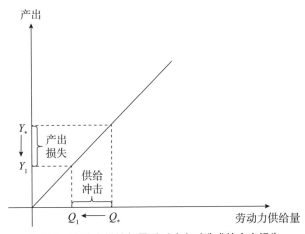

图 3-7 劳动力供给数量受到冲击时造成的产出损失

还有一种情况是，劳动力的供给成本受到最低工资、社会保险、高效率行业拉动等多方面的影响而上升。当劳动力供给成本上升，从 C_* 提升到 C_1，进而形成供给成本冲击，导致总产出下降：

$$\Delta Y_1 = Y_* - Y_1$$

其中 ΔY_3 为由于供给成本受到抑制情况下产生的产出损失。

在不存在供给成本冲击的情况下，企业的供给成本为 C_*，对应的产出为 Y_*，如图 3-8 所示，当存在供给成本抑制时，供给成本从

C_* 提高到 C_3，企业总产出随着生产函数向左移动，从 Y_* 移动到 Y_1，其中（$Y_* - Y_1$）即由于供给成本上升而产生的产出损失。

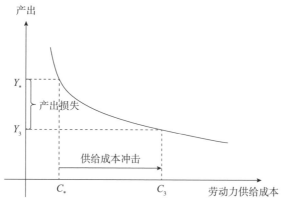

图 3-8 劳动力供给成本受到冲击时造成的产出损失

以上劳动力供给冲击对经济增长的影响过程，看起来与原材料供给冲击的过程很类似，但是劳动力供给冲击本身与原材料的供给冲击最大的不同点就是，原材料冲击发生在价值链和产业链的源头，之后的每一个环节都可以吸收和分摊上游的冲击；而劳动力的供给冲击将发生在产业链的每一个环节，很难有其他环节吸收和分摊。

总之，劳动力受到供给冲击的情况下，会导致劳动力的有效供给量不能满足经济发展的需求，抬高可利用的劳动力的供给成本，降低企业的投资回报率，进而抑制总产出。

疫情的短期劳动供给冲击是未来 20 年的缩影

疫情造成的劳动力的供给冲击，短暂而剧烈，其对经济的影响很容易观察到。例如，疫情暴发之后，劳动力供给冲击造成了工资猛涨，例如2020年1~6月，美国所有私营部门的平均周薪从975.15美元涨至1 014.47美元，在平滑的工资上升曲线上形成一个明显的尖峰区域。

疫情还导致港口装卸工人、卡车司机等流通环节的劳动力减少，造成货物装卸、运输的梗阻，引发包括沃尔玛、Costco、Target等大型连锁企业出现了缺货现象，大量加油站也出现了供应短缺。快速上涨的工资与物资供给短缺叠加，导致美国、英国、德国等国的零售物价不断攀高，各国经济增长也受到了严重的打击。

疫情带来的劳动供给冲击是可逆、可恢复的，还有很多影响全球劳动供给的因素，是长期而不可逆转的，更值得各国重视：由于老龄化、少子化、人们的闲暇偏好改变、劳动者现有的知识和技能不适应新产业发展需要等长期因素导致的劳动供给冲击，都是缓慢、长期而不可恢复的。

首先是进入工业化和后工业社会的国家和地区普遍出现了"老龄化""少子化"现象，导致退休人口占比上升，人口出生率下降，劳动年龄人口出现相对减少甚至绝对减少。

知名人力资源咨询机构光辉国际的研究数据显示，到2030年，全球将出现8 520万人的劳动力缺口，造成8.452万亿美元的产出损失，其中美洲的劳动力缺口为2 390万人，产出损失为2.307万亿美元，欧洲、中东和非洲地区的劳动力缺口为1 430万人，产出损失为1.906万亿美元，亚太地区的劳动力缺口为4 700万人，产出损失为4.238万亿美元[①]。

---

① Korn Ferry，FUTURE OF WORK: THE GLOBAL TALENT CRUNCH.

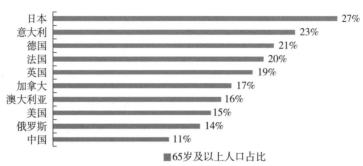

图 3-9　2019 年部分国家老龄化程度排行

资料来源：世界银行，艾媒数据中心。

即使在中国，出生人口减少也已经开始影响到劳动力的供给。中国出生人口数据显示，2000 年代出生人口比 1990 年代少了近 4 600 万人，比 80 年代更是少了 5 800 万人，降幅分别高达 22% 和 26%。中国人口结构的变化的确在让劳动力人群的增长速度减缓。如果我们将 15~64 岁之间的人群定义为劳动年龄人口，从 2014 年开始，劳动年龄人口就已经结束了正增长，且负增长的幅度在逐渐加大，到 2020 年，已经达到 -9.58% 的惊人水平。

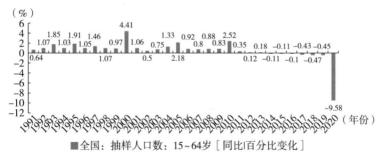

图 3-10　中国劳动年龄人口已经出现负增长

资料来源：国家统计局。

其次是人们对闲暇的偏好改变导致的普遍性劳动参与率下降。随着收入的增加、生活方式的改变和社会的进步，人们越来越重视自身的生活质量、家庭关系和自身发展，相对以上考量而言，对赚取工资的偏好在下降。如我们上文所说，美国的劳动参与率一直以来都在下行，显示越来越多的人放弃了寻找工作的意愿。其中一个重要原因是，美国股市的长期牛市使得很多家庭的财产性收入增加。来自美联储的数据显示，2020年美国家庭财富猛增了13.5万亿美元，达到创纪录的130.2万亿美元。报告显示，不断上涨的股市在第四季度增加了4.9万亿美元的家庭资产，不断上涨的房地产价值增加了约9 000亿美元，这也让人们有更大的经济实力可以做出提前退休等选择。

从中国外出农民工的数量增速来看，2010年以后，外出农民工增速就从逐渐走高向震荡走低转变，2020年已经转为负增长，这一方面是因为更加"吃苦耐劳"的老一代农民工已经逐渐退出劳动力市场，而从小生活压力就比较轻的新生代农民工的闲暇偏好更高。

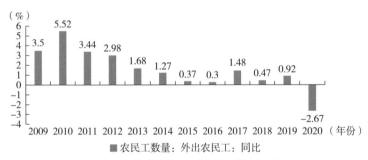

图3-11　外出农民工人数已经出现负增长

资料来源：国家统计局。

现代制造业、现代服务业等新兴产业中，以"996"为代表的加班文化一度被视为常态，但近年来无论是社会舆论还是劳动者自身，都开始反思加班文化的利弊。2021年8月中国人力资源和社会保障部、最高人民法院以判例的形式明确，"用人单位制定违反法律规定的加班制度，在劳动合同中与劳动者约定违反法律规定的加班条款，均应认定为无效"，"996"等加班制度逐渐退出，其最终结果也是劳动力成本上升。

实际上，全球工业化国家和后工业社会的国家和地区，劳动者的闲暇价格都在上升。在以加班文化闻名全世界的日本，也在年轻人闲暇偏好提高的压力下，兴起了拒绝加班的浪潮，很多日本企业都以"零加班"为目标，搞起了劳动改革。

在经典的劳动经济学理论中，工作与否、工作多长时间，本来就是劳动者在工作和闲暇之间对机会成本的计算和选择的结果。随着经济发展和社会进步，劳动者对休息和闲暇的定价越来越高，法定假日和休息时间整体呈延长的趋势，都会减少劳动供给，推高劳动力成本。

再次，社会保险和福利的刚性增长导致劳动力成本上升。从全球范围来看，进入工业化和后工业社会的国家和地区，劳动者的社会保险等福利也呈现出刚性上涨的特征。联合国的数据显示，全球工业化国家的税收和社保缴费，全球平均的缴费率是劳动总成本的36%，而居全球第一、二位的比利时、德国，这一比例已经达到了54%和49.4%。如果不考虑税收，退休养老、卫生、家庭、就业方面的公共社保开支占GDP的比重，则是法国最高，达到了32%。日本社保开支占GDP的比重也从2008年的23.73%快速上升至2013年的30.31%的历史高点。据推算，由于日本老龄化程度不断加剧，2040年日本社会保障相关支出将达188.2万亿至190万亿日元（约合人民币11万亿元），相当于2020年GDP的35.4%。

中国的社保开支也快速增长,从 2009 年的 12 302.6 亿元增长到 2019 年的 75 346.6 亿元,增幅达到 512.4%,这些大部分都要企业承担,形成工资以外的劳动力成本上升。而且从 2019 年 1 月 1 日起,中国的社保缴纳制度更加严格,各项社会保险费和先行划转的非税收入统一由税务部门征收,征收监管力度的加强,进一步扩大了社保的实际征收范围,因此更多的企业尤其是中小企业感觉劳动力成本上升了。

从次,高效率拉动低效率部门的工资,也会推高全社会劳动成本。工业化和后工业社会中,服务业占据了经济的最大比重,而在移动互联网等新技术催生下,电商、快递、外卖、中介等服务业的新业态提供了大量新就业岗位。这些新的就业岗位往往能够提供不仅高于传统农业,而且高于传统工业的劳动报酬,对相对农业剩余劳动力产生了巨大的吸引力。流向制造业和传统服务业的劳动力越来越少,同时也拉动传统制造业和传统服务业的工资水平上升。例如快递、外卖行业发展起来以后,就对制造业的普通员工产生了很强的竞争效应,很多电子厂、服装厂不得不提高工资,但这样有时还招不到员工。这就类似于美国经济学家鲍莫尔(Baumol)1967 年提出的被称为"鲍莫尔病"的规律:高效率部门拉动低效率部门劳动力成本上升,吸引新的劳动力涌入这个低效率部门,长期的结果就是劳动力不断从高效率部门向低效率部门转移,最终导致整个经济体的增长归于停滞。[①]

最后,解雇成本、培训成本、工作环境改善等因素也都在推升劳动力成本。随着社会的发展和法律的不断完善,企业和雇主解雇员工

[①] 谭洪波.人工智能能够根治鲍莫尔病吗?[M].光明日报,2017-12-19(14).

的成本也不断提高。还有其他一些形式的劳动力成本上升,只是表现得更加"隐形"。例如随着技术的进步,劳动者越来越需要持续学习和培训,企业需要为此持续支出培训费用;又比如,在一些利润率较高的行业,企业越来越倾向于提升员工的工作环境,在劳动力市场竞争的推动下,企业和雇主都需要尽可能提升办公和工作的环境,以此来作为吸引高素质劳动力的"加分项",由此增加的房租、装修、设备、人员等开支,实际上也抬高了劳动力成本。

总体来看,疫情造成的劳动供给冲击是短期的,而以上五个影响劳动供给的长期因素所带来的长期通胀与衰退风险,才是企业、投资者和政府必须面对的难题。疫情期间,美国工资的上涨对物价的推动对很多国家而言,只不过是一个真实的情景演示——越是工业化后期,物价受工资影响越大。与十年前相比,各国生产效率提升、生产者利润弹性、流通环节价格空间等成本吸收因素都已经大大弱化,而全球范围内的劳动力供给冲击和劳动力成本冲击对通胀的影响将是缓慢、持续而不可逆转的;同时,它对经济增长的负面因素也日渐显现,长期的劳动供给冲击必将从有效供给量和成本两个方面抑制总产出,带来衰退的风险。

第四章

国际大循环受阻，增加通胀式衰退风险

第四章　国际大循环受阻，增加通胀式衰退风险

在疫情暴发之前，中美贸易战、英国脱欧等事件，就已经给全球经济循环笼罩上了阴影。而新冠肺炎疫情就像一个放大器和加速器，让国际大循环受阻的情况更加严峻，将对全球物价和经济增长产生更深远的影响。

第一节　疫情对全球经济循环的冲击

2020年，随着疫情在全球各地相继爆发，各国纷纷宣布旅行禁令，开始对特定或者不特定国家的旅行者关闭边境，全球人员流动几乎中断，国际旅客周转量2020年出现75.6%的大幅负增长，国际航空货运量也出现了11%的负增长。

全球通胀与衰退

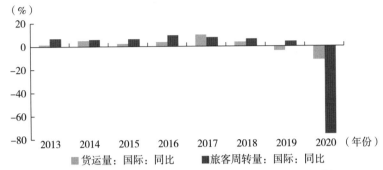

图 4-1　疫情导致国际旅客周转量和航空货运量出现负增长
资料来源：国际航空运输协会。

很多国家的制造业因为疫情而停工、停产，原本可以在本地生产的商品，也要从中国等地进口，导致 2020 年全球远洋水运周转量较 2019 年增长 66.3%，远洋水运运输量较 2019 年增长 356.6%！

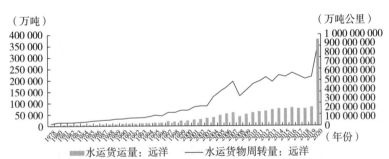

图 4-2　疫情导致中国远洋水运货运量和水运货物周转量大幅增长
资料来源：国家统计局。

远洋货运量的猛增导致海运价格暴涨。代表中国发出的集装箱运价的 CCFI 指数在疫情后的最大涨幅是 289%，而波罗的海干散货指数则上涨了 13.37 倍！

受疫情影响，公路运输环节的价格也快速上涨，主要原因是缺少卡车司机和燃油价格上涨。2021 年 10 月，美国交通运输价格同比上

第四章 国际大循环受阻，增加通胀式衰退风险

升 18.7%，环比也大幅转正至 2.0%（9 月为 –0.8%）。

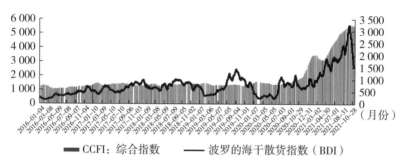

图 4-3 疫情导致中国集装箱海运价格和波罗的海干散货指数大幅上涨
资料来源：上海航运交易所，我的钢铁网。

美国各大港口从船只进港，货物卸载，到卡车运输和铁路转运，都出现了各种各样的梗阻、停滞和中断——这些物流梗阻不仅仅是疫情冲击的结果，更多是疫情冲击暴露出了多年积累的弊病，如不合理的货场管制条例导致空集装箱大量堆积却不能及时处理，港口管理的自动化程度严重落后导致装卸效率很低且谈判成本极高，等等。

实际上，还有一些长期因素在疫情之前就已经在推动全球经济循环向着减速、逆行甚至分化瓦解的方向发展。

第二节　贸易保护主义破坏国际大循环

贸易保护主义通过加征关税、贸易禁令、禁止相关企业提供服务、减少人员交流等政策工具来实现其"保护本国利益"的目标，但实际上往往是南辕北辙，不但自身利益未得到提升，而且对各方都造

成损失，破坏国际大循环，增加全球经济通胀和衰退的风险。

中美之间互加关税，对经济增长和物价产生了以下几方面的影响。其一，削减双方的出口并拉低经济增速。据测算，2018~2019年美国进口关税的增加显著抑制了美国出口增长，有将近1/4的美国出口商的进口产品受新增关税影响，且受影响企业的出口规模占美国总出口的80%以上。其二，据测算，美国每年约有1 650亿美元的贸易因加征关税被转移，这实际上导致中国对美国产品的需求萎缩，进而会导致经济增速下降。其三，加征关税长期看不利于劳动生产率水平的提升。其四，大部分关税被美国消费者和进口商承担，关税实际上成为美国物价上涨的推手。整体而言，加征关税将导致各国价格上涨，经济增速下降。世界贸易组织研究显示，若关税回到关税总协定/世界贸易组织之前的水平，全球经济将立即收缩2.5%，全球贸易总额预计削减60%以上。①

贸易禁令也导致一个双输的结果。以中美之间的贸易禁令为例，美国禁止华为等中国公司的产品在美销售，而中国也减少美国大豆进口。对美国来说，一方面移动通信运营商不得不购买更加昂贵的欧洲设备，另一方面农场主的出口收入减少，减少了参与方的总贸易量，减少了国内出口相关产业的收入，抬高了进口相关产业的成本。而对中国来说，华为等企业的销售收入和利润减少了，同时以大豆为原料的食用油、饲料和副食品等行业的成本上升，呈现一个双输的结果。

当美国禁止中国企业获得有关高科技产品时，自然会导致美国企业出口减少。例如美国禁止高通公司向华为等中国企业提供5G芯片，

---

① 王晓燕.中美加征关税的影响：一个文献综述[D].上海对外经贸大学学报，2021（5）.

一方面导致华为公司收入下降，2021年上半年华为消费者业务板块营业收入降幅达47%，而另一方面高通公司2020年芯片出货量下降12%，营业收入同比下滑3%。从中长期来看放弃了贸易伙伴的市场，也就是放弃了推动技术继续进步所需要的利润和客户，对美国的长期增长潜力是有害的。

而美国禁止英特尔在中国的工厂增产、压迫台积电等公司拒绝为华为提供代工服务，荷兰ASML公司最尖端的EUV光刻机对华禁售，加拿大普惠公司在美国压力下停止向中航提供用于新舟700支线客机的PW150C发动机，日本限制向韩国出口包括含氟聚酰亚胺、光刻胶、氟化氢以及转让与之相关的制造技术等案例，都同时损害了中国以及这些国家、地区的经济增长。

以法国阿尔斯通高管皮耶鲁齐事件和华为孟晚舟事件为代表，美国的长臂管辖权已经成为其经济霸权的重要象征，严重打击了外国跨国企业在全球展开业务的安全感。美国对中国留学生等人员交流也开始设置障碍，在美国的华人科学家被美国联邦调查局审查甚至遭受监禁。从中期来看，即使疫情结束，这些影响各国贸易开展、技术合作的贸易保护主义行为及其对全球物价和增长的负面影响仍将长期存在。

第三节　电商、快递红利见顶，放大通胀传导风险

过去十几年的低通胀，离不开电子商务带来的"流通红利"和快递产业带来的"物流红利"，如今这两大红利都出现了衰减迹象。

电子商务带来的"流通红利"见顶

以中国在交通通讯领域的大规模基础设施建设为前提条件，2010年以后，中国的电子商务和快递物流行业出现了井喷式发展。中国网上零售销售额从 2014 年的 2.79 万亿元增长到 2020 年的 11.76 万亿元，增幅达到 322%，占社会消费品零售总额之比从 10% 左右增长到 30%，而中国快递业务量从 2006 年的 10 亿件增长到 833.6 亿件，年复合增长率达到 37.2%。

电子商务的快速发展不仅是增加了一个新的业态这么简单，而是通过对流通过程的重新构造，大大减少了流通环节的成本，降低了商品价格，增加了企业销量，所有这些收益都可以被称为全球电子商务发展带来的"流通红利"。

电子商务有效压缩了流通环节，减少了层层加价的流通成本。与传统的"多级批发 + 零售"的方式相比，电子商务可以让生产厂商直接面对消费者，例如现在华为、小米等厂商都开设了自己的网上商城，最大程度地减少流通环节；大平台或头部主播也成为直接对接大量消费者的零售商，一方面在中间省去了很多的批发等环节，另一方面也能够以"粉丝"的规模优势直接向生产商要求更高的折扣，实际上也压低了最终的零售价格。以床品价格为例，据长江证券调研结果，线下商场渠道中各种套件及被子的成交均价约为 500 元，上市四大家纺品牌的成交均价则集中在 400~900 元；而 2018 年阿里巴巴平台床品四件套的成交均价仅为 100 元左右。

电子商务极大地节省了消费者的信息搜寻和比较成本。在数据库和智能算法、大数据等技术的帮助下，无论是淘宝、京东还是拼多多的消费者都可以在很短时间内浏览大量同类商品，并根据价格和各种特征进行组合排序等比较，购物效率较以往的"逛街"提升何啻百倍。据统计，从商业采购的角度来说，电子商务可以降低90%的平均交易成本和人工成本，并可以大大缩短订单周期并减少差错率。

通过提升消费者体验，电子商务促进了消费增长。便捷的消费方式、高效诚信的支付手段加上较低的维权成本，明显改善了消费者的体验，从而促进了消费增长。例如，2017年美的集团和海尔电器的营业收入都达到2 400亿元以上，其增长的主要推动力之一就是电商：美的全网销售突破400亿，同比增长80%，海尔电商业务增长超过70%。

最后，拼多多等以低价为主要营销卖点的新一代电商崛起后，加快了中国消费分级的进程，这种现象在实质上也起到了一定程度平抑物价的作用。消费分级是指这样一种现象：一方面，特斯拉汽车、高端5G手机等大件新产品的需求旺盛；另一方面，拼多多上低价产品的拼团抢购也非常热闹。其本质含义是单纯制造业环节生产的商品价格会越来越低，而拥有研发、设计、品牌、流量、体验等软价值的制造业商品价格却越来越高。那些仅仅追求商品使用功能的消费者，的确可以买到越来越便宜的商品，而追求使用功能之外的情感功能、社交功能、审美功能的消费者，也能买到蕴涵更多软价值的商品。

快速发展的电子商务为中国经济带来了丰厚的"流通红利"，但发展到2021年，"流通红利"已经出现了见顶和衰减的现象。

从全民参与、全民关注的"双十一"天猫数据来看，2021年成交额为5 403亿元，尽管再次创下新高，但增幅已经跌至8.5%，显示出电子商务在中国的渗透率基本已经见顶。

目前，拼多多年活跃用户数达到7.88亿，阿里巴巴中国零售市场年度活跃消费者达到7.79亿，京东年活跃用户数达到4.72亿，而第七次全国人口普查数据显示，中国16~59岁劳动年龄人口也仅有8.8亿人，互联网用户增长的空间已十分有限。

目前，网购在中国基本上已经覆盖到乡村，对于中国人来说已经是非常熟悉。在网上下单比去菜市场和超市还要方便、频繁，就连西藏林芝市，在网上购买家电都能实现当日到达，可见电子商务继续发展增量用户的空间已经很小了。

从消费金额来看，2021年上半年，全国网上零售额61 133亿元，同比增长23.2%。其中，实物商品网上零售额50 263亿元，增长18.7%，还保持了一定的增长速度。下一个阶段，电商发展的动力主要来自人均消费金额的增长，但在居民可支配收入增速放缓的大背景下，人均消费金额也难以实现以往那样的高速增长。

经过一个快速发展的阶段之后，淘宝等传统电商的发展形成了平台对商家的优势地位。平台为了获取流量和佣金收入，有极强的动力推动甚至"压迫"（主要是服装、鞋帽、家电、食品饮料等消费品）商家开展让利促销；以往普遍存在的利用信息不对称虚增物价等行为已经大幅减少。换个角度来看这也导致流通环节可以压缩费用的空间有限，吸收成本冲击的能力下降，当上游的成本压力传导过来时，最终价格上涨的可能性增大了。

美国是全球电子商务的发源地，也是全球电子商务最发达的国家，很多新业态新模式都是发端于美国。亚马逊不仅是美国的主流电商平台，也是欧洲、中东等地区国家的主要电商平台。目前美国网络零售额占总零售额的比重约为15%，低于中国25%左右的水平，但考虑到其起步早、人工成本远高于中国、移动网络基站数量较少、人口居住分散等因素,电子商务也不存在大幅增长的空间。

快递业大发展带来的"物流红利"见顶

中国之所以能够成为全球电子商务第一大国,是与中国良好的交通、通讯基础设施分不开的。如 16.10 万的高速公路通车里程、高速公路对 20 万以上人口城市覆盖率超过 98%、4G 基站占全球数量的一半,总数达到 558 万等。

强大的交通、通讯基础设施催生了电子商务,也催生了快递等现代物流行业的大发展,同样带来了丰厚的"物流红利"。现代快递业与传统运输业的本质区别就在于和信息技术的广泛结合。物流实现了数字化、信息化之后,通过运输管理系统可以降低空载率 15%~20%,提高业务量 40%,节约 15%~30% 的运营成本。而建立信息化仓储管理系统可以使配载能力提高 20%~30%,库存和发货准确率可超过 99%,提高仓库空间利用率 20%,提高生产力 30%~40%,降低劳动力成本 30%。

运营效率的提升具体体现在快递单票价格不断降低的趋势上。2014 至 2018 年全国快递单票价格保持下降趋势,2014 年单价为 14.65 元,2015 年降至 13.4 元,2016 年降至 12.7 元,2017 年降至 12.38 元,2018 年则降至 11.91 元,四年来共降低 2.74 元,平均每年降低 0.685 元。2019 年以来,剔除春节、新冠肺炎疫情对票价的干扰,单月票价仍在持续走低。根据预测,电商快递单票价格的下降极限将在 10 元以下，预计会在10年内实现。①

根据中国物流信息中心发布的数据，2013年以后，物流成本占GDP的比重持续下降，到2020年已降至14.7%，比2006年下降3.6个百分点，对于抑制物价上涨，促进经济增长发挥了巨大的作用。

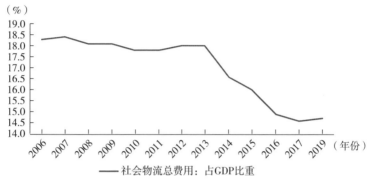

图4-4　社会物流总费用占GDP的比重

资料来源：中国物流信息中心。

以快递业为主要业态的现代物流业为中国经济带来了丰厚的"物流红利"，而现在"物流红利"也已经出现了见顶、衰减的迹象，例如图4-4所显示的社会物流总费用占GDP比重已经出现见底反弹的走势。

十年以前，中国物流组织的信息化、数字化程度很低，存在大量的重复环节、车货错配等低效率现象，效率提升的空间很大。十年以后，随着整个行业信息化、数字化程度的提升，已经涌现出了顺丰、四通一达、菜鸟等新兴物流企业，整个行业的效率提升明显，继续通过新技术应用提升效率仍然有空间，但是空间是有限的，不可能再像

---

① 郭桂娥.我国电商快递业发展现状与趋势分析［J］.商业经济研究，2020（16）.

十年前那样有革命性变化来对冲各种成本的上升。

从快递的效率提升来看，根据国家邮政局定期进行的"快递服务时限测试"，2012~2021年，中国快递服务全程时限均值从59.84小时缩短到58.12小时，"72小时准时率"均值从72.4%提高到78.29%，准时率有了明显的提升，但是全程时限似乎已经遇到了天花板而很难再压缩了。

从快递发展的数据来看，大幅增长的空间也不存在。数据显示，2020年中国快递乡镇网点覆盖率达98%，有50多万个建制村全部实现直接通邮，农村地区5kg以下邮政包裹已实现到村投递，中国快递企业邮政业日均服务用户已经接近7亿人次。

而从快递员的角度来看，2016~2018年，中国快递员数量增长了50%，总数量已经突破300万，他们主要来自传统制造业和传统服务业，或者是高中、职高或普通高校的应届毕业生。与进入工厂在车间生产线工作相比，快递行业具有时间相对自由、不需要倒班熬夜、与生产线相比工作内容相对丰富等优点。但从长期来看，目前这一波快递员逐渐老去退休之后，新一代年轻人是否还愿意继续加入快递大军值得怀疑。目前已经有很多企业和站点发现快递员越来越难招，快递行业持续发展的最基本要素——大量年轻劳动力的供给是不可持续的。

同时，公路通行费下降的空间有限。近年来，中国政府着力降低物流成本，其中减少公路收费发挥了重要作用。数据显示，2013年底，全国收费公路里程为15.65万公里，占公路总里程435.62万公里的3.6%；到2019年末，全国收费公路里程17.11万公里，占公路总里程501.25万公里的3.4%。可以看出六年时间里，公路总里程增加了 65.63 万公里，但收费公路只增加了 1.46 万公里。从整体公路运输的情况来看，2018 年中国的营运货车一共有 1 368 万辆，从业人员有 2 100 万人左右，到 2020 年 5 月，交通运输部的新数据显示货车的数量由 1 368 万辆降至 1 087.82 万辆，下降将近 20%，目前直接的从业者有 1 800 万，下降了 300 万。因此，不仅未来公路运输继续降成本的空间有限，而且未来物流成本上升是大概率事件。

对于欧美国家来说，快递业发展的高峰期早已过去。DHL、UPS、FedEX 等快递企业的营收规模和业务覆盖范围远远超过中国快递公司，DHL2020 年营收高达 790 亿美元，营业利润达到 58 亿美元，分别是顺丰快递的 335% 和 527%。而且欧美快递业的效率和信息化程度也处于领先水平，美国 UPS 和 FedEx 能够提供次日早上 8 点前送达甚至当日送达的高时效，而这仍然是中国快递企业奋斗的目标，因此在效率提升方面也不存在继续大幅提升的空间。

从另一个角度看，与电子商务业务类似，过高的人力成本也限制了欧美快递业继续发展的空间。同时这次疫情也暴露出欧美国家运输业的一些环节也存在不少难以革除的痼疾，如美国卡车司机和港口装卸等行业工会的利益已经高度固化，成为阻碍行业进行自动化和智能化升级的阻碍力量，也限制了欧美创造更多的新"物流红利"。

当全球电子商务和快递物流行业发展见顶，意味着一旦货币超发、原材料价格上涨和劳动力成本上涨开始推动物价上行，流通环节将越来越多地传递而不是消化吸收涨价压力，未来潜在通胀的风险大大上升了。

第四节　国际大循环受阻，加重通胀式衰退风险

全球化和自由贸易是过去 20 年全球低通胀的重要背景，如今逆全球化和贸易保护主义使国际大循环受阻，无形中增加了全球通胀与衰退风险。

贸易保护主义对物价和增长的影响：关税与配额

1980 年以来，全球贸易的增速比全球经济增长速度大约快 50%，同期美国进口额占 GDP 的比重从 10% 增长到 15%。经济学家约瑟夫·斯蒂格利茨认为，贸易增长的原因部分是运输成本降低，但更为重要的是规则的改变：降低了进口关税税率，减少了其他人为的贸易壁垒。

但是从特朗普政府推行贸易保护主义政策以来，全球贸易中的关税壁垒和非关税壁垒都增加了，对世界经济产生了深远的影响。

按照传统的国际经济学的分析模型，征收关税导致进口商品价格上升，对出口国和进口国的影响不同，这时又可以根据进口国分为小国和大国两种情况。如果一个小国对其进口的商品加征关税，由于其需求量在全球需求量中的占比较小，因此对供给的影响不大，基本无法通过议价让出口国的生产商来承担关税，因此小国加征关税的结果往往是其国内的消费者来承担关税造成的物价上涨，而国外生产者的

出口价格不变。

而如果是大国加征进口关税，由于其需求在全球需求中的占比较高，拥有比较强的话语权，进口商可以要求外国生产者做出价格折让，承担一部分关税增加的负担，因此大国模型中加征进口关税的结果就是进口国的零售价会上涨，而出口国的出口价格也适当下降，进口国的消费者和出口国的生产者共同承担关税成本。

美国当然是大国经济，但在疫情冲击下，全球制造业供给出现缺口，大量订单涌向中国，美国很难压低中国产品的价格，结果是美国消费者承担了大部分关税成本。

关税引起的物价上涨会降低对进口产品的需求，出口国的产出减少了，造成经济的损失。而进口国的消费者会在国内寻找替代产品，如果进口国的生产结构中包含相关商品的产能，那么进口国的总产出会增长，这就出现了"替代效应"。对于全球经济来说，这两国产出的增长和减少将会互相抵消。但如果进口国的生产结构中没有这类产品的生产能力，或者有一定的替代生产能力但是效率很低，国内生产的成本与加征关税后的进口商品相比仍然没有竞争力时，进口国的消费者仍然会选择购买进口商品，导致"替代效应"没有发生。这时两国的产出变化，就只有因为价格上涨而需求减少的部分，也就是说出现了衰退。

美国的产业结构中，中低端消费品的产能已经降到很低，疫情冲击下，基本没有对中国制造业产品的替代能力。因此，即使加征关税，美国消费者也会选择中国商品，同时加上美国的财政补贴和资本市场的财富效应，美国消费者对中国商品的需求反而增加了。最终的结果是美国的物价上升，但美国的制造业产出并没有增加，而且中国商品的进口量增加，美国对中国的贸易逆差进一步扩大。

而非关税壁垒如配额、贸易禁令等也可以分为对进口的限制和对出口的限制。当进口国以非关税壁垒限制进口时，国内的需求方也会寻求本国产品来替代，如果国内没有相应的产能，就将造成被禁产品价格的上涨，或者用质量更低的产品来替代。如美国禁止华为的通讯设备在美国销售，而美国没有相关设备的生产能力，所以美国的一些移动通信运营商就不得不用更加昂贵的欧洲设备来替换华为的产品，这就出现了"劣币驱逐良币"的效应。如果配额、贸易禁令等非关税壁垒不能给本国带来与被禁止的进口量等量的国内产出，就将导致经济增长的损失。

当出口国颁布出口禁令或者实施许可证管理时，往往是为了控制先进技术的扩散和战略物资的出口，这时首先会造成产品输入国的供需缺口和价格上涨，这时也会激发商品输入国的"替代"需求。如果该国能够自己生产，但效率较低、质量较差，同样出现了"劣币驱逐良币"的效果，如果商品输入国不能进行替代生产，就将造成产出的减少；同时，出口配额和许可证限制了输出国的生产，造成国内产出减少和价格下降，这二者都将对全球增长造成负面影响。

综合来看，加征关税既造成产出的减少，也造成价格上涨，对全球经济的影响更大，而配额等非关税壁垒主要造成产出减少，以及结构性的价格变化，但这次在疫情的冲击下总体都出现了物价上涨。

一般而言，加征关税都会导致对等甚至加重的报复行为，形成一国加税引发数国加税，甚至形成"关税战"的局面，最终将会造成两个结果：一是相对劣势的生产替代了相对优势的生产，原本效率相对较低、没有竞争力的产品也被投入市场，造成全球经济增长的力量弱化；二是会抬高全球商品的价格。整体而言增加了全球通胀和衰退的风险。

全球供应链受冲击与国际分工重构的影响

由美国对华为实施"实体清单"制裁开始，全球供应链的稳定性受到严重冲击：美国可以直接干涉使用美国技术的非美国公司，如台积电的业务；也可以干涉美国公司在其他国家的业务，如禁止英特尔在中国的工厂扩大产能；还可以禁止其他国家的企业获得特定的技术、材料和元器件，如美国供应商须获得美国商务部的出口许可才能向中芯国际供应技术和产品，最先进的技术将被"推定拒绝"而禁止出口。

这一政策的破坏性在于，各主要经济体无法再信任不在本国掌控内的关键原材料和中间产品供给，纷纷启动了关键产品的本土化计划，打乱了原本根据比较优势和禀赋特征，进行不同国家间分工合作的全球价值链，让全球经济向着大而全、小而全的自给自足方向倒退，由此带来的成本上升和产出减少目前还难以估算。

亚当·斯密在其著作《国民财富的性质和原因的研究》（《国富论》）中最早系统阐述了分工的作用："有了分工，同数量劳动者就能完成比过去多得多的工作量，其原因有三：第一，劳动者的技巧因业专而日进；第二，由一种工作转移到另一种工作，通常需要损失不少时间。有了分工，就可以避免这种损失；第三，许多简化劳动和缩减劳动的机械的发明，使一个人能够做许多人的工作。"同理，国家之间也可以通过分工和交换实现效率的提升和福利的增加，而国家之间的分工短期来看是固定不变的，长期来看是动态演化的。

亚当·斯密指出，市场范围越大，分工越发达，每一个环节的专业化程度越高，同时单位成本越低，效率越高。在此轮逆全球化浪潮之前，以WTO为基础的全球分工体系正在形成，已经在很大程度上显现了巨大的市场范围所带来的分工提升和效率提升。截至2020年5月，WTO拥有164个成员、24个观察员，成员间贸易往来占全球贸易额的98%，世界关税总水平已降至5%左右，而且中间品贸易比例持续上升，中间品进口总量占到经济合作与发展组织（OECD）国家进口总量的50%，占中国、巴西等发展中大国进口总量的3/4，各国通过中间品贸易相互嵌入彼此的供应链中，交织形成"你中有我、我中有你"的全球供应链网络化格局[①]。

如果不能接受长期分工演化的结果，通过人为手段来破拆全球供应链，各国都从国际分工退回"自成一体"，用更低的效率和更高的成本来生产原本由国际贸易解决的零部件，同时只能在国内的有限市场内进行销售，分工的程度将进一步受到限制，国际贸易和全球合作带来的效率提升将会丧失。

当前，美国、日本都推出了加速制造业企业回流本国的计划。在日本2020年发布的抗疫经济救助计划中，有2 435亿日元用于"改革供应链"项目，资助日本制造商将生产线撤出中国，或者将在中国的生产基地转移一部分去亚洲的其他国家或非洲等其他地区。特朗普时期的白宫经济顾问库德洛曾表示，应当通过支付搬迁费用的方式，鼓励美国在中国的企业将生产线搬迁回美国，而拜登政府尽管没有这

---

① 洪群联.全球供应链调整变化与我国应对策略研究[J].全球化，2021（1）.

样极端，也主张在美国重建部分供应链，恢复美国的制造业，减少美国对中国商品的过度依赖。而欧盟也计划推出《欧洲芯片法案》，将协调欧盟和成员国在整个价值链的投资，以共同打造一个包括生产在内的最先进的欧洲芯片生态系统。

因此，全球供应链的重构已经开始，主要特征就是区域化、近岸化、本土化、短链化，这样的趋势对全球增长的破坏作用，以及对全球物价的推升作用，将在未来十年逐步显现。

交易成本和物流成本的影响

当产品离开生产者进入流通环节时，运输仓储等物流成本、融资支付等信用成本、信息决策等商务成本都会对商品成本构成上涨压力。同时，运输中断、政策性断供等因素也会形成商品流通量的减少。

作为商品消费前的最后一道环节，流通环节的成本上升没有下游环节可以吸收，将直接表现在最终商品价格上，因此对物价的影响是直接的，严重时就具有成本推动型通胀的特征。

一个明显的案例就是疫情期间海运价格对物价的影响。从2021年初到9月最高点，中国/东亚至北美西海岸海运价格上涨387.59%；中国/东亚至北美东海岸海运价格上涨311.07%，直接抬高了美国消费品价格，从中国进口较多的服装类商品CPI分项指数在5月以后持续在高位运行，5、6月分别为5.6%、4.9%，10月时仍达到4.3%。

同时，美国国内的运输成本上升也成为推升美国物价的重要原因。例如2021年10月，美国交通运输价格同比上升了18.7%，环比也大幅转正至2.0%（9月为–0.8%），对CPI环比增长的贡献率接近4成。

关税也可视为流通成本，加征关税就是增加流通成本。尤其是在美国高度依赖中国生产的工业品供给的情况下，加征的关税基本上都由美国的进口商和消费者承担了，更是造成美国物价上涨的重要原因。

运输中断、政策性断供等因素也会形成商品流通量的减少，将产生和供给冲击一样的效果。对于消费品来说，直接导致销售终端缺货，现实表现就是零售终端开始限售，出现黑市、物价直线上升却没有交易量。

交易成本和物流成本过高时，也会造成总需求下降，主要是影响了国际贸易、投资的正常开展。在一些法律和市场规则不完善的国家，交易成本很高，各个环节都要支付高昂的费用，信用成本更高。这些成本和风险都将减少人们对该国产品的总需求，导致该国经济增长缓慢。

特朗普开始的新贸易保护主义政策不仅导致关税上升，而且引发国际贸易和投资的风险上升且不可控，作为总需求的重要部分，净出口必然会受到影响。例如，2017年美国大豆对中国的出口金额达到123.6亿美元，2018年下降到31.5亿美元，2019年也仅恢复至79.9亿美元；美国半导体行业协会（SIA）的数据显示，对华实施"芯片禁令"后两个月内，美企已经因出口订单减少而遭受损失。有研究表明，如果美国继续限制对华芯片出口，其相关企业将会失去全球8%的市场份额和16%的收入；而美国整体对华出口则从2018年二季度的497.6亿美元的高点下滑至2020年一季度342.6亿美元，降幅达到31%。

在流通环节，交易成本和物流成本如果大规模持续上升，甚至出现长期的断供，不仅会影响需求，还将进一步减少供给。对于芯片、零部件等中间产品来说，影响的原理和我们在第二章分析的原材料遇到成本上升和供给冲击是一样的，同样会导致中间产品的有效供给量不能满足经济发展的需求，抬高可利用的中间产品的供给成本，降低企业的投资回报率，进而抑制总供给，削弱经济增长动力。

而当消费品遭遇流通供给冲击时，会导致供给萎缩，在人们的需求偏好和收入没有变化的情况下，只能通过涨价来实现新的均衡。如果出现大范围的流通供给冲击时，就会出现消费品物价全面上涨甚至断货的情形。而由于供应链的梗阻，厂商不能将更多的商品运至终端市场，因此也无法刺激供给增加，只能导致通胀和衰退的风险上升。

国际大循环受阻，加重通胀式衰退风险

我们都知道1929年出现了资本主义国家的全面经济危机，但很多人可能都没有意识到其中"关税战"所起的作用。一战结束时，美国平均关税低于20%，到1929年美国经济遭遇了需求不足的严重问题，为了将国外产品挡在海关之外，保护美国国内产业，国会通过了《斯穆特－霍利关税法》，再次大幅提高关税，最终美国平均税率达到57.3%。由此引发了一场惨烈的贸易战，贸易伙伴纷纷提高关税，到1933年，美国进口降低66%，出口降低了61%，全球贸易规模萎缩了大约三分之一。美国本身也遭遇重创，GDP跌幅一度达到30%，失业率达到20%以上。

历史的教训墨迹未干，但人类的非理性程度会让荒诞剧一再上演。疫情带来的运输成本暴涨、物流环节梗阻和零售业缺货，只是一个短期的流通供给冲击，但它放大甚至引爆了长期以来全球经济循环

中存在的负面长期因素。从美国发端的这一轮贸易保护主义思潮已经在全球经济体系中蔓延滋长，二战以后全球联手打造的低关税贸易体制正在受到威胁。

同样，各国根据自身的比较优势分别承担研发品牌、生产加工、资源提供等不同角色的全球供应链和分工体系已经受到严重破坏。很多国家都不得不建立自己的核心供应链，以确保关键产品不会受制于人，全球经济循环正在从国际大循环向区域循环甚至国内循环退化。资本裹足不前，贸易举棋不定，全球经济循环的成本和不确定性都在上升。根据联合国贸发会议数据，2020年全球外国直接投资（FDI）降至2005年以来的最低水平。

无论新冠病毒再出现怎样的变异，人类终究有迎来疫情消散、全球旅行秩序和物流逐步恢复正常的一天，但是那些同样破坏全球经济循环、增加交易成本、破坏全球分工的长期因素却难以消除——这些因素的影响比疫情更长、更大，而且还将不断增加全球通胀与经济衰退的风险。

第五章

垄断挑战竞争，放大通胀与衰退风险

第五章 垄断挑战竞争，放大通胀与衰退风险

市场经济的自由竞争是保持物价平稳、促进经济增长最重要的力量。

市场越接近于完全自由竞争，物价上涨的压力就越小，越有利于促进增长；反之，市场垄断行为越多，竞争压力越小，物价上涨压力就越大，经济增长动力就会被削弱。

如今，全球越来越多的行业呈现出垄断竞争或寡头垄断的局面，很多行业的头部企业通常占据某个行业市场份额的一半以上，个别行业一家寡头独占80%以上市场份额。全球经济这种垄断化、头部化的趋势，不仅是疫情冲击下全球物价迅速上涨的"土壤"，也是下一阶段造成经济衰退风险的重要力量。

第一节　影响价格变化的微观机制

价格形成的微观机制除了与供求关系和供求弹性有关，还与行业的竞争格局有重要关系。

影响价格变化的微观机制

各种价格的决定都是由供给和需求两方面力量博弈的结果，那只是一种笼统的说法，价格的形成和变化离不开市场格局所决定的微观机制。

根据竞争情况不同，市场分为完全竞争市场、垄断市场、寡头垄断市场和垄断竞争市场四种类型，每一类市场下的价格形成机制截然不同。

想象在一个小镇上卖面包的店铺，开始只有一家，它的产品就垄断了整个小镇的市场，店主可以自行制订理想的价格和产量，这就是完全垄断市场。

后来，镇上又开了一家面包店，和这家店生产同样的面包，形成两家店共同控制市场的局面，这就是寡头垄断市场。

如果进入的店铺很多，但是每家面包店做出来的面包都跟别人家的有一些差别，偏好这些差别的人可能会付出更多价钱，这就是垄断竞争市场。

第五章 垄断挑战竞争，放大通胀与衰退风险

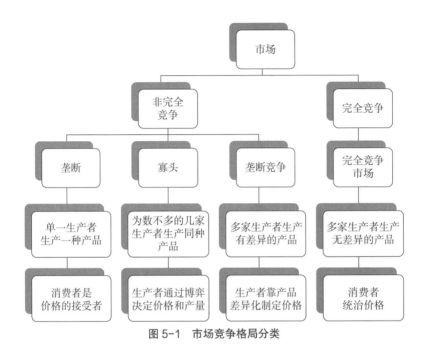

图 5-1 市场竞争格局分类

再后来，随着进入店铺越来越多，都生产同种的面包，价格逐渐下降到每个店铺的利润为零时，便达到了完全竞争市场状态。

在这些不同形态的市场中，消费者的地位会随着生产者竞争性的加强而提高：当市场上不存在竞争，也就是在垄断市场上，消费者没有任何话语权，生产者对于价格和产量大权在握，这个市场就是一个垄断厂商的地盘；当市场达到完全竞争状态时，可以说是消费者统治了这个市场，生产者只能服从于市场的安排，这个时候又轮到消费者做主。

在每一个环节，价格能够发生多大的变化，与其所处的市场形态（或者说经济程度）密切相关。如果每个环节都是完全竞争的，那么激烈的市场竞争就会把各个环节的价格压至最低；相反，如果每个环

节都是垄断的，那么厂商对价格的控制就可能使价格居高不下。

因此，要解释每一个环节上价格是如何形成的，还需要从每个环节所处的市场形态找原因，或者说从每个环节所面临的竞争程度、价格形成的微观机制找原因。

完全竞争涨价难

在中国的很多加工厂里，各种廉价的小商品每天大批量地运往世界各地，这些商品的生产厂商多如牛毛。赵刚的工厂就是这其中的一员，他们的产品和价格与其他厂家几乎没什么差别。

突然有一天，市场上对某种小商品需求增大了，价格一下涨了10%。市场自发的涨价乐坏了各生产厂商，为了不浪费这个好行情，赵老板一声令下，原来两班倒的工作制变成了三班接力，厂房里24小时机器轰鸣。几天时间内，生产量就增加了50%，看着大批往外运送的货物，他喜笑颜开，心里盘算着从此利润将有一个多大幅度的提升。

可是好景不长，第一批货抵达零售市场还没几天，客户便打电话要求重新议价，否则就改到别的厂家订货。随着要求重新定价的客户越来越多，赵刚的眉毛拧作了一团。

后来他发现隔壁工厂的张老板也面临着同样的问题。原来在市场涨价之后，大家都加足了马力生产，一夜间多产出的货物迅速填补了市场上的需求缺口，甚至还出现了过剩，东西就卖不出价了。于是，这些老板们又开始下令工厂减产，轰鸣的机器声渐渐弱了下来。

看着西下的夕阳，赵刚心生感慨，这一行的价钱就跟太阳的东升西落一样，仿佛有一种强大的力量在支配着，而其中的芸芸众生，只能是服从而已。

这就是完全竞争市场的典型代表。

完全竞争市场具备以下几个条件：市场上有众多的生产者和消费者，任何一个生产者或消费者都不能影响市场价格；企业生产的产品具有同质性，不存在差别。生产者进出市场，不受社会力量的限制。市场交易活动自由、公开，没有人为的限制。完全竞争市场中，由于买卖人数众多，买者和卖者都是价格的接受者，市场完全由"看不见的手"进行调节。

经济学中，完全竞争市场曾经备受推崇，被认为是最完美的一种市场形态。因为在完全市场经济下，供求不仅达到了均衡，而且由于竞争的关系，均衡价格还被压到了最低，各种资源实现了充分利用。故而，完全竞争市场被认为是最有效率的市场。

然而完全竞争市场也有其难以回避的缺点，比如常常由于信息不对称而放大价格和产量的波动，且生产者因为价格竞争、利润率太低，从而削弱了提升质量，甚至技术创新的动力。

首先，市场信息并不是经济理论所假设的那样是完美的，能够及时准确地传递到每一个市场参与者那里。于是总有一部分生产者，对于市场信号过于乐观或悲观，使供求缺口出现波动。

其次，即使市场信息传递很完美，但是由于完全竞争市场资源的进出都很容易，看到价格上涨、有利可图，必然会刺激企业扩大生产，也会吸引更多的生产者进入这个领域，使市场一下从供小于求转向供大于求；反之，价格下跌、出现亏损，产量又会大幅缩减……有些完全竞争产品产量调整速度很快，且产品的替代性较强，因此价格波动不明显，例如本节开头出现的日用小商品。而有些完全竞争产品则相反，生产周期长、替代性差，因此价格的波动就容易被放大，比较典型的就是农产品价格。

最后，因为完全竞争市场上生产者的规模都比较小，生产的还是同质产品，激烈的市场竞争使得生产者根本没有足够的资金去开展技术研发。当上游产品价格上涨时，让这些小规模生产者通过技术创新、设计创新、管理创新来消化吸收成本上涨压力，难度之大不难想象。由于完全竞争市场上的价格已经是均衡时的最低价格，生产者的利润空间非常小，在自身无法通过生产效率提高来消化成本时，生产者只有两种选择：涨价或者承受亏损（甚至破产）。可见完全竞争市场并不是传统经济学理论所描述的伊甸园，尤其是处于这个市场中的生产者，日子并不好过。

垄断竞争，既有价格压力又有创新动力

如果某中国消费者想要换一部新手机，基本上是在苹果、华为、荣耀、三星、小米、VIVO、OPPO等几个品牌中选择；汽车也一样，基本是在几十家汽车品牌中选择，这些大品牌加起来占据了80%以上的市场份额，都是典型的垄断竞争市场——有很多生产和销售有差别的同种产品的市场，它介于垄断和完全竞争之间，是比较有现实意义的一种市场形态。

在企业数量上，垄断竞争与完全竞争比较接近，都是有很多生产同质产品的厂商组成，带着强烈的竞争因素；不同的是各垄断竞争厂商出产的产品之间存在差别，这种差别不仅指同一产品在质量、构

造、外观、销售服务方面的差别,还包括商标、广告上的差别和以消费者的想象为基础的虚构的差别。每种带有自身特点的产品都是唯一的,因此每个厂商对自己的产品价格都有一定的垄断力量,从而使得市场中带有垄断的因素。生活中我们所使用的大部分产品,比如汽车、家电等行业,都已经是垄断竞争市场,有些食品饮料子行业、部分高档服装行业也已经是垄断竞争市场格局。

在垄断竞争市场中,品牌价值是产品价格的重要组成部分。消费者对产品品牌的认可度越高,愿意为品牌付出的钱越多,那么品牌在产品价格中的比重就越高,这也是苹果手机为什么能定高价的重要原因。

当垄断竞争市场上的一个厂商率先涨价以后,会面临两种情况,一种是生产集团内其他厂商也跟着涨到相同的水平,另一种是其他厂商价格保持不变。如果其他厂商跟着一起涨价,那所有厂商损失的消费量都是因为价格变化所致,其各自的市场份额不变;如果其他厂商保持原价,那么率先涨价的厂商会损失掉一些品牌忠诚度不高的顾客。

由于垄断竞争市场的产品具有比较强的可替代性,因此除非企业对顾客的品牌忠诚度非常有信心,否则一般情况下并不敢轻易涨价。例如在手机行业,尽管各家厂商都有自己配置高、价格高的旗舰机型,但实际上销量最大的还是 2000~3000 元的"腰部"价位机型,类似配置的手机各大厂商都不敢轻易涨价。

由于垄断竞争厂商总是面临着较大的竞争压力,不管是为了应对成本上涨,还是为了提高企业的市场份额和竞争优势,这些厂商不得不千方百计进行技术创新、设计创新、管理创新,提高劳动生产率,因此垄断竞争市场的技术进步相对于其他类型市场来说，是比较快的。对于国家来说，在资本密集和技术密集的行业，垄断竞争是一种比较有效促进增长的竞争格局。在市场竞争的推动下，中国的家电行业、汽车行业、手机行业的行业集中度都在逐渐提高，行业的创新能力也在不断增强。

正是由于垄断竞争市场的技术进步较快，劳动生产率提高较快，所以我们常常能够看到，在水、电、煤、运等上游产品价格纷纷上涨的情况下，家电、计算机、手机等产品的价格不仅没有大的变化，甚至从长期来看同等价位的产品拥有了越来越强的功能。

第二节　垄断放大通胀压力，削弱经济增长动力

垄断放大通胀压力

现实经济当中，除了国防、警察等公共产品和服务是由政府一家提供以外，恐怕很难找到纯粹的只由一个厂商提供产品和服务的"垄断"市场。人们在谈论垄断市场的时候，往往指的是寡头垄断市场。

寡头垄断市场由少数几家厂商控制整个市场，它兼具垄断和竞争的双重性质。一方面，市场上的厂商数量较少，且进入和退出壁垒较高，因而具有垄断的某些特权；另一方面，在市场中几家厂商占据的市场份额都较大，且生产的产品同质性常常较高，因而厂商之间也比较容易形成竞争。

第五章 垄断挑战竞争，放大通胀与衰退风险

传统产业中的一个案例就是，中国石油、中国石化和中国海油三大油企占据了国内油气生产和加工的绝大多数市场份额。油气生产环节中国石油、中国石化和中国海油三家市场占有率高达 94.4%；石油加工环节中，中国石油和中国石化瓜分了 82% 的市场份额[①]。零售市场中，两大集团（中国石油、中国石化）加油站数量约占 70%，具有明显的"寡头"特征。

在某些领域，一两家大企业就可以占据一个行业 90% 以上的市场份额。根据交通运输部披露的数据，2020 年 10 月，共有 8 个中国网约车平台月订单总量超过 100 万。其中，滴滴出行月订单量为 5.62 亿，同属于滴滴旗下的平台花小猪出行月订单量 320 万，两者订单量合计占总订单量的 90.58%。在外卖市场，2019 年 3 季度，美团和饿了么两家的份额就接近 98%。在移动支付市场上，2019 年支付宝和腾讯财付通合计份额达到了 94%，也具有明显的"寡头"特征，或者也可以说，头部企业占据了绝大部分市场份额，这些行业出现了严重的"头部化"现象。

在其他一些领域，市场份额的"二八现象"也很明显。例如，2018 年全球电子游戏行业的市场规模近 1 349 亿美元，排名前 25 的游戏公司总共贡献了 1 073 亿美元的营收，抢占了近 80% 的全球游戏市场，同比增长 16%；2019 年，排名前 50 的游戏公司占据了全球游戏市场份额的 85%。在短视频社交软件市场上，以抖音和快手构成的第一梯队占据了 56.7% 的中国市场份额，以抖音火山版、西瓜视频、微视等构成的第二梯队占据了 24.9% 的份额，6 家企业占据的市

---

① 赵文雯.寡头垄断市场中的垄断和竞争——以中国石油寡头垄断市场为例[J].魅力中国，2010（12）.

场份额达到81.6%。这种寡头垄断或者说头部化的行业竞争格局，一方面会影响这个行业的定价，另一方面也会对创新和增长产生阻碍。

在每个厂商对市场的影响都举足轻重的寡头垄断市场，如果一个厂商欲争取更大的市场份额而采取降价的策略，那另外的几家厂商可能也会采取竞相降价的方式来保住自己的市场份额，这样就会形成恶性竞争的局面，导致两败俱伤的结果。在这样的情况下，寡头厂商们自然会意识到与其恶性竞争，不如联合起来达成一致协议，把价格维持在较高水平上，这样每家厂商都能得到各自的利益。一旦寡头厂商结成联盟，他们对市场供给和价格的制订就有很强势的话语权。如果市场价格达不到他们预期的利润水平，这些寡头厂商们就会以减少供给为手段，迫使价格上涨。

几家寡头垄断厂商通过协议控制产量以提高价格，这被称之为卡特尔，是寡头厂商串谋以获取集体利益的一种形式。可以想象，在卡特尔的寡头垄断下，一旦遇到了成本上涨的情况，这些垄断企业技术创新的意愿会更低，提高价格来转移成本就成为自然的选择。故而，越是垄断程度高的行业，越容易形成物价上涨趋势；越是垄断程度高的经济体，越容易发生普遍的物价上涨，形成通货膨胀。

垄断削弱经济增长动力

什么样的产业格局更有利于经济增长？一般而言，完全竞争的市场格局没有行业"压制者"，容易出现创新。但过于激烈的竞争也会导致所有参与者都在生存线边缘挣扎，实际上缺少在创新上的资源投入能力。因此适度的竞争是保持产业活力，催生创新成果和新供给不断形成的理想状态——现代产业组织理论关注的焦点就是如何在保护市场竞争活力的同时充分利用"规模经济"。虽然完全竞争、过度竞争不一定是最佳的答案,但是任何行业一旦形成过度集中、有一定垄断能力的产业竞争格局,必然导致低效、浪费和进步缓慢。

从长期来看,如果一个经济体中过多的行业成为寡头垄断行业,必将减慢创新的速度,从而导致中小企业大批退出,经济增速下降,甚至衰退来临。

垄断会抑制创新。因为垄断企业拥有相对稳定的市场结构,自然缺乏足够的动力和能力去搞技术创新,即便面对上游成本的冲击,用涨价来应对自然比创新和效率提升更容易。垄断不但会抑制内部的创新动力,而且会抑制市场竞争者的创新,形成对创新者的逆向淘汰。硅谷地区新设公司数量下降的一个重要原因,就是以苹果、亚马逊、谷歌、Facebook、微软为代表的美国头部科技公司,通过收购将大量处在种子阶段的创新公司并入自己旗下,而对于那些不愿意被收购的目标,则通过照搬、模仿甚至抄袭他们的创新思路和功能,并辅之以自身强大的资本、数据、客户资源,将这些拒绝就范的小对手扼杀在成长阶段,这样的局面非常不利于创新的产生和新供给的涌现。

如果行业的利润和生产要素不断流向垄断企业,将会导致中小企业生存越发困难。一旦形成垄断地位,企业往往就不在通过技术、服务、客户体验的竞争来分出胜负,而是单纯比拼资本数量,比拼资源的垄断,包括传统的自然资源、技术垄断,甚至对流量、数据等软资源的垄断。

垄断企业对中小企业的挤压并不止于此。例如,很多头部平台型企业,如大型电商企业、生活服务企业、网约车企业、网络文学、网络视频平台等已经成为大量中小企业和个人开展经营的平台和管道。平台企业滥用垄断地位，挤压中小企业的现象非常普遍。例如，在生活服务平台上，餐厅等开始抱怨平台提成费用过高。有餐饮企业的数据显示，在某生活服务平台上，平台会每单外卖扣点21%，骑手配送扣点10%，支付手续费扣去0.4%，再算上每份优惠活动商家承担80%的优惠成本，一份原价40元的单子，到手往往只有20多元，有时平台还会要求商家加大优惠力度，或者对在两个平台同时上线经营的餐厅提高抽成比例，导致商家利润进一步下降。在电商平台上，卖家为流量支付的费用也越来越高，线下经营中"商家为房东打工"的现象正在线上重演。在某大型电商平台上经营的商家曾表示，一年上亿的营业额最终利润只有一两百万，重要原因就是在平台上购买流量的费用过高，然而如果不为此付费，自己的电商店铺和产品就根本不会被消费者看到。

第三节　经济头部化放大全球通胀与衰退风险

垄断和寡占市场的进一步发展，就是行业的头部化，其对竞争和创新的抑制，也在放大通胀和经济衰退的风险。

垄断与全球经济"头部化"的新因素

在市场经济条件下，一定程度的垄断竞争，以及大小企业分化是正常的。因为越成功的企业,其盈利越多,越有能力从事研发、推广、并购等活动,从而获得的资源更多,市场份额更大。但一般来说,即便最终有可能形成垄断,也需要漫长的时间积累。不过近些年全球各国经济的垄断形成和经济"头部化"现象有加快的趋势。

首先,经济一体化和全球统一大市场催生超大型的头部企业。在各国甚至各省之间存在一定的贸易壁垒时,往往会形成"诸侯割据"的竞争态势,例如在工业化早期的欧洲国家,往往都有各自比较完整的工业体系。在中国改革开放初期,电视机等家电行业往往是各省都有自己的电视机厂占据本地的市场,外省的产品较难进入。在全球或者全国大市场基本形成以后,领先企业可以在整个市场范围内很快形成自己的市场规模,一旦形成一定的规模优势,其平均成本就会降低到中小规模企业无法竞争的水平,进而不断挤压腰部企业、尾部中小企业的市场份额。

其次是资本的助推作用。在中国市场,自从支付宝和微信支付、滴滴和快的通过补贴大战为新产品开路之后,靠融资"烧钱"来抢占市场份额、耗死对手的做法已经成为很多新产业的惯用套路。在2014年爆发的滴滴对"烧钱"大战中,在5个月的时间内滴滴补贴了约14亿元,快的补贴了约10亿元,两家全年补贴估计约40亿元,最终两家网约车平台公司合并形成了更大的头部企业。2017年,美团和饿了么两家外卖平台也展开了补贴大战。据统计,美团为价格补贴投入42亿元,获得60%的市场份额,饿了么投入30亿元,获得30%的市场份额。资本助推的另一个表现是,一些已经占据头部地位的企业,利用其资金、数据、客户、流量等优势,不断跨界进入新领域。例如,腾讯、阿里巴巴利用其在社交软件业务、电商业务积累的客户、数据、流量和资本优势,在进入支付、游戏、音视频等领域时,相比其他白手起家的创业公司具有明显优势,更容易形成跨行业、跨领域的头部企业。

最后,互联网经济加剧赢家通吃的头部化趋势。在传统经济中,只有供电、供水等少数行业因为巨大的初期投资而具备了自然垄断特征,制造业形成垄断往往需要几十年的积累。然而新经济中,互联网"零边际成本"的特性使得在竞争中具备一定优势的企业很容易快速扩张,一步领先,步步领先,最终形成"赢家通吃"的格局。在传统农业、制造业和服务业,由于财富的创造模式离不开土地、自然资源、劳动力等传统生产要素,其生产组织方式、盈利实现方式也要求企业的生产规模具有一定的边界。而互联网时代的信息产业、文化娱乐产业、知识产业等"软产业",其财富的源泉主要是资本和人的创造能力,不再受土地、自然资源等条件限制,因而很容易集中大量的资本、人才、数据等"软资源",完全突破了传统的管理规模边界限制,营业收入和盈利能力的增长速度远远高于传统企业,从而加剧了头部化现象。

2020年以来,中国已经把反垄断、防止资本无序扩张作为政策,国务院反垄断委员会印发并实施《关于平台经济领域的反垄断指南》,这对遏制某些行业的垄断行为,防止经济的进一步"头部化"会产生一定积极作用。

垄断与经济"头部化"放大全球通胀与衰退风险

近年来全球物价波动加大、经济增长动力减缓的原因之一,就是

第五章 垄断挑战竞争，放大通胀与衰退风险

产业竞争格局出现了恶化的迹象。无论是在美、日、欧等发达经济体，还是在中国这样的新兴市场经济国家，各个行业的头部化迹象都越来越明显，中小企业的处境都变得越来越艰难。

根据日本东京商工调查公司2020年做的一项调查，2019年日本全国负债1 000万日元以上的企业破产数量同比增长1.8%，达到8 383家，这是自2008年国际金融危机以来出现的最严重情况。破产企业约90%是员工不足10人的小微企业。[①]

美国中小企业则受到疫情和贸易摩擦的双重打击。《经济学人》一篇题为《美股繁荣背后，美国中小企业挣扎求生》的文章指出，尽管美股表现火热，但企业复苏的情况参差不齐，一些行业和小企业仍然处于水火之中。疫情加重了中小企业的生存负担，让很多中小企业主对前途感到悲观。2020年10月，麦肯锡咨询公司的一项调查指出，超过半数的欧洲中小企业（目前中小企业为三分之二的欧洲人提供就业岗位）对它们在未来12个月的生存状况感到担忧。[②]

事实上，疫情和贸易摩擦只不过是表面因素，在疫情和贸易摩擦之前，全球各国早出现了市场份额向头部企业集中、生产要素向头部企业流动，资本市场追捧头部企业的趋势，"腰部"企业被头部企业挤压，"尾部"中小企业经营环境恶化……

硅谷地区乃至整个加州的每年新设公司数量在2014年前后已经开始掉头向下，硅谷地区在2014年全部新设公司数量达到1 415家，整个加州达到5 086家，之后就逐步下行，到2020年，硅谷地区已

---

① 商务部网站. 日本中小企业破产数量增加 [EB/OL]. (2020-01-22) [2021-12-1]. http://www.mofcom.gov.cn/article/i/dxfw/cj/202001/20200102932911.shtml

② 参考消息. 麦肯锡预测：未来一年，欧洲过半中小企业或将倒闭，2020（10）.

经降至 292 家，整个加州已经降至 851 家。

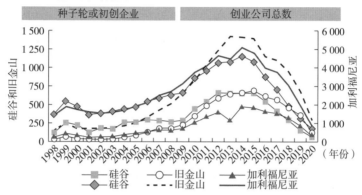

图 5-2　2014 年以后硅谷地区新设公司数量逐步下降

数据来源：Silicon Valley Indicators 网站。

垄断企业就像一棵棵大树遮住了绝大部分的阳光，让树下的灌木、藤类植物和小草难以生长。例如，在疫情暴发之前，从中国 A 股上市公司 2019 年年报数据来看，在沪深两市 4 000 余家上市公司中，沪深 300 成分股公司就贡献了 60% 的营业收入和 80% 的净利润；上证 50 指数的 50 家成分股公司则贡献了上证 A 股 43.5% 的总营收和 49.5% 的净利润。国泰君安证券研究所的一份报告显示，2019 年第二季度，中证 100、中证 200、中证 500、中证 1000 指数的净利润增长率（整体法）分别为 12.47%、5.14%、-12.54% 和 -10.57%，整个中国经济的利润正在向大企业、头部企业集中，而中小企业往往处于微利甚至亏损状态。

20 世纪 80 年代，面对长期高烧不退的通胀与经济衰退压力，美国、英国等各国政府都曾把反垄断作为重振经济的有力武器，并最终激发了经济的活力！如今，面对全球日益加大的通胀和衰退风险，很多经济体对垄断企业反而更加依赖——如果不能加大反垄断力度，下决心重塑市场的微观机制，这一轮全球通胀与衰退的压力还会进一步放大。

第六章

通胀式衰退的外部因素和自我强化

第六章　通胀式衰退的外部因素和自我强化

生产与流通，货币发行与需求增长，竞争格局与微观机制，这些都是影响物价增长，周期性造成通胀和衰退的现实原因。但是无论是价格变化还是经济增长，都有其自身的趋势性，一旦趋势形成，通胀本身就成为物价继续上涨的理由，而经济衰退本身就是继续衰退的动力。

第一节　重读科尔奈：我们会再次面临"短缺经济"吗？

2021年10月18日，著名经济学家、短缺经济学创始人雅诺什·科尔奈去世，享年93岁。他的去世让人们重新回忆起那个物资和商品短缺的年代，甚至重新思考疫情冲击下及疫情过后的全球商品过剩和短缺问题。

20世纪80年代，当时还在匈牙利的科尔奈创立了"短缺经济学"。短缺经济是指资源、产品、服务的供给不能满足需求的一种经济现象。在短缺经济下，供给受限，供给曲线基本不动，但日益膨胀的需求却会不断推着需求曲线向右移动，从而一步步推高价格。

中国1989年的"价格闯关"，就是在物资短缺的情况下放开价格而引起的物价迅速上涨。由于供给短缺，当需求增加的时候，没有足够的商品来满足消费者，价格就会迅速上涨。

俄罗斯在1992年也曾放开物价，彼时同样处于短缺经济阶段，放开90%的消费品价格和80%的生产资料价格让物价指数迅即飙升，当年CPI指数高达2 508.8%。

1996年末期以来，伴随着中国的快速工业化进程，中国总体上由过去的"短缺经济"变为"过剩经济"，大部分工业品存在着或多或少的过剩产能，并在市场"无形之手"指挥下自发地调节自身的产能利用率。然而，受传统的计划经济思想影响，我们分别在2004年、2007年、2010年、2016年等不同阶段，都曾用行政计划手段对过剩产能进行过干预，其中以2016年以来的"去产能"时间最长。

在过剩经济的状态下，需求增加时，物价并不会上涨，因为原本过剩的生产力会迅速弥补需求缺口，达到市场均衡，当供给增加过快的时候，反而会因为供过于求而出现物价下跌。

1770年，英国年产煤600万吨，铁5万吨，到1861年工业革命之后，煤产量上升至年产5 700万吨，铁年产380万吨[①]。源源不断的

---

① 斯塔夫里阿诺斯. 全球通史（下）[M]. 董书慧，王昶，徐正源译，北京：北京大学出版社，2005.

产出使工业原材料的价格不断下降。运河的开凿和大型轮船的使用也使运输费用降低到原来的五分之一以下。同时，各种电气化工业设备被运用到生产中，原来需要人工炼制的钢铁在一系列机械操作之后便可以完成，人工成本大幅下降。这一时期，英国的物价水平相对比较稳定，甚至下降，经济获得了快速发展。

在过剩经济下，生产能力并没有得到充分利用，一旦消费者需求增加，生产者就可以通过提高产量来满足消费者需求，供求达到平衡，价格自然会处于稳定状态。因此，过剩经济下的通胀往往是由结构性需求变动引起的，一般不会持久。

1996年以后，中国逐步进入过剩经济时代，市场结构也从卖方市场转变为买方市场。这之后发生的几次通货膨胀，虽然有货币超发因素、原材料成本推动因素、工资成本推动因素，以及流通环节等各种推动力，但是由于有巨大的过剩产能作为对冲，中国的几轮物价上涨本质上主要都是结构性的"食品通胀"，若从核心CPI来看，价格的起伏并不明显。

2001~2010年，以扣除粮食价格和50%房价因素计算的核心CPI一直在-0.85~1.25的范围内波动，变动幅度为2.10%。而同期中国CPI的波动非常剧烈，在2008年2月CPI到达高点8.7%，2009年7月，又低至-1.8%，变动幅度高达10.5%，是核心CPI的5倍。可见，剔除掉因为供给周期波动而造成的食品价格上涨之后，中国的核心CPI指数相对比较稳定，充分说明过剩经济下的通货膨胀其实并不可怕。

2016年以后，随着市场化的兼并收购，以及行政化的去产能、环保标准提高等变化，中国经济的产能过剩状态开始变化，最明显的标志就是市场集中度的提升和产能利用率的提高。在过剩产能大幅减少，行业集中度迅速提高，很多行业变为寡头垄断的背景下，企业间的竞争抑制涨价冲动的能力减弱，过剩产能对超发货币、成本冲击的吸收和对冲能力也不如以前。

2021年夏秋之际中国出现的煤炭价格暴涨，已经预演了这种情况。未来是不是会重新出现科尔奈短缺经济学中的情形——"供给曲线基本不动，但日益膨胀的需求却会不断推着需求曲线向右移动"呢？

第二节　土地、税收与环保成本的增长及其影响

谈到成本推动型通胀，我们一般想到的都是原材料成本供给冲击、工资成本供给冲击，对于这两类供给冲击的影响机制，我们已经在前面做了论述。

除了原材料成本和工资成本，企业融资成本的增加也不可小觑。例如在中国，大部分企业以向银行贷款的直接融资为主，因此如果企业的融资成本过多，也会冲击物价和经济增长。

截止到2020年12月，中国金融机构境内人民币贷款余额为172.14万亿元，扣除居民贷款之后为108.96万亿。若贷款成本上调1%，那么企业就要多付出1.10万亿元的利息。2020年中国原油进口5.4亿吨，按照2020年12月31日原油（WTI）价格48.4美元/桶，当天人民币兑美元汇率中间价6.52计算，这1.10万亿元的资金成本相当于原油进口金额的88%！2020年全年劳动力成本（全国职工工资总额）为16.41万亿，那么融资成本上调1%亦相当于劳动力总成

本上升 6.7%。

实际上，原材料、劳动力、资本都是经济增长所需要的要素，原材料、劳动力和资金价格的上涨，不仅将导致价格上涨，还将导致产出的减少，即下图中成本上涨推动供给曲线向左移动，由 AS_0 变成 AS_1、AS_2 时，与需求曲线的焦点分别是 E_0、E_1 和 E_2，其决定的价格分别是 P_0、P_1 和 P_2，逐渐走高，而产出分别是 Y_0、Y_1 和 Y_2 逐渐减少。

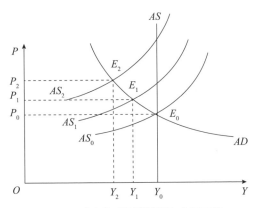

图 6-1 成本推动通货膨胀和产出下降

除了原材料、劳动力、融资成本外，还有一些实际上非常重要的成本因素，不论对物价，还是对经济增长，都会产生重要影响。

比如地租成本。2009~2019 年，珠三角工业用地的平均价格从 673 元/平方米上涨到 1 511 元/平方米，涨幅达到 125%，地租在生产成本中所占的比重越来越大。除了影响价格，在中国土地调控还成为影响调节经济增长的重要政策手段。

又比如税收。2009 年 7 月国家税务总局大幅调高了白酒消费税的税基（即计税价格），其中茅台、五粮液、剑南春等知名高端品牌的计税价格被核定为各自销售公司对外销售价格的 60%~70%。消息一出，白酒市场价格出现了普涨。税收还是影响企业投资的重要指标，税率越低，企业预期的税后利润率就越高，投资积极性就高；税率越高，企业预期的税后利润率就越低，投资积极性就低。2020年疫情以来，中国政府致力于推动对中小企业的减税降费，但也有的国家政府由于发放疫情补贴造成财政赤字的扩大，未来必然加税，这必然会成为推动通胀、加大经济衰退的重要因素。

再比如环保。随着人们对环境保护的重视程度越来越高，环保标准的提升对企业生产成本的影响也越来越大，特别是对一些高污染企业。2011年1月18日原中华人民共和国环境保护部（现为中华人民共和国生态环境部）批准了《稀土工业污染物排放标准》（下称《标准》），并从2011年10月1日起实施。据业内人士估计，稀土企业要达到新的环保标准的话，生产成本要增加一倍[1]。2019年的调研发现，大型钢铁企业达到最新环境标准的吨钢环保成本约为130~150元，有的甚至高达180元。[2]虽然这些环保成本都是为了提高全国人民生活质量所必须支付的，但是在研判影响物价和增长的因素时，也要客观地评估。

上述不同类型的成本影响物价的方式和背后的逻辑各不相同，其中原材料成本冲击最容易消化，因为来自最上端的原材料价格上涨可以在整个产业链中分摊消化。而劳动力成本、资金成本、地租成本、环保成本只能由每个企业自己承担，所以其对价格的冲击和经济增长

---

[1] 东方早报.疯涨稀土将遭遇价格指导生产成本或提高一倍[EB/OL].（2011-05-16）[2021-12-1].http://finance.sina.com.cn/stock/hyyj/20110516/07519846022.shtml.
[2] 蒋洪强，张伟，陈鹏.制造业环保成本上升是阵痛也是高质量发展必然要求[J].中国环境报，2019（2）.

的影响要远远大于原材料成本。

第三节　预期："自我实现的预言"

预期既影响经济增长，也影响物价变化；不论是悲观预期，还是乐观预期，一旦形成，都是经济行为的放大器。

我们先以通胀预期为例，看一则小故事。

从前有个地方以种植棉花为生，并且产品主要销往外地，是全国有名的棉产区。由于外地需求不断增加，当地棉价也水涨船高。农场主看到棉价连年上涨就纷纷扩大生产规模，结果没几年棉花的价格就出现了大幅度下滑，导致很多农场主破产。

后来有一个农场主故意把破产、减产的信息通过媒体散播出去。不久，来当地收棉花的外地商人突然增加，本来积压卖不出去的棉花一下子又成了抢手货。农场主们看到价格有上涨的势头，也不再着急把棉花卖出去，而是等着价格涨到更高时再卖。于是，一方面是源源不断前来收购棉花的外商，另一方面是惜售的农场主，使棉花需求迅速大于供给，棉价不断被推高。

故事里的棉花价格为什么一开始下跌，后来又上涨？

用经济学的语言来解释，就是两种不同的价格预期形式——"适应性预期"和"理性预期"在起作用。

最初的时候，棉花价格一直在涨，农场主根据过去的经验判断未来棉价还会继续上升。在棉价上涨预期的刺激下，农场主扩大生产，结果引起供过于求，价格不涨反跌。人们这种基于过去的经验来对未来进行预测，并随着经验的变化，不断改进自己的预测结果的行为，在经济学里称为"适应性预期"。在适应性预期下，人们的行为总是被动地适应着环境，价格预期成为一个不断试错的过程：先预测价格上涨，结果引起价格下跌；于是又预测价格下跌，反而造成价格上涨。

后来这些农场主总结出规律，故意把棉农大批破产的消息散播出去，消费者预期棉布价格上涨，纷纷抢购棉布引起棉布价格上涨，并推高棉花价格；棉花供应商眼见有利可图，加大了棉花的收购量；农场主看到棉花紧俏，纷纷采取囤积策略。结果是，消费者、棉纺织厂、棉花收购商、农场主的价格上涨预期一一兑现，棉布、棉花出现了轮番上涨的局面。

在后一种情况下，人们还是根据价格预期来采取行动，但由于大部分人的预期都趋向一致，因此社会行为的结果指向了原来的预期结果。此时，价格预期不再是被动的、适应性的，而是具有了主动性，能够自我加强、自我实现。这就是经济学上所说的"理性预期"下的价格形成机制。

理性预期学派认为，每个人都会尽全力收集准确的信息，因此社会所形成的信息集不仅是完全的也是完美的，人们对通胀的预期会自动趋于一致，从而通胀预期总是能够自我实现。

预期对价格的影响到底是"适应性的"还是"理性的"，关键在于有多大的群体形成了一致的预期。在前面的故事中，一开始只有农场主形成了棉花价格上涨的预期，结果预期是"适应性的"，棉价不涨反跌。后来农场主们总结了规律，包括消费者、棉纺厂、收购商、农场主在内的整个市场都形成了棉价上涨的预期,结果预期就变成了"理性的",棉布、棉花价格轮番上涨。

2021年开始的这一轮全球通胀,目前还处于第一阶段,人们对未来物价是会长期上涨还是会短期回落存在着巨大的分歧。如果美国通胀再持续几个月,一旦形成更强的一致通胀预期,2022的通胀不但不会快速回落,恐怕还会自我强化。在中国,一旦CPI突破3%,也很容易进入自我实现的通胀循环中。

对经济增长的预期也一样。目前,一旦美联储为了抵抗通胀而不得不"缩表"、加息,进而刺破美国股市长期积累的泡沫,美股持续下跌必然引发人们对经济衰退的预期。面对经济衰退预期,企业的理性做法是减少投资,居民的理性做法是减少消费,为即将到来的衰退阶段准备好更加充裕的现金储备。结果,预期造成总需求下降,加速经济衰退的到来。

第二篇

观察通胀与衰退的经济指标

第七章

通胀诱惑与经济衰退

第七章　通胀诱惑与经济衰退

2020 年新冠肺炎疫情暴发后,美联储实行史无前例的量化宽松政策,推出数万亿美元财政刺激计划;而在 2021 年一度连续几个月对高涨的 CPI 物价置之不理,在月度 CPI 上涨 5.4%,PPI 涨幅达到 7.3% 高位时,美联储仍行动迟缓,表面上是持"通胀暂时论",背后实际上是醉心于各种"通胀诱惑"。比如,通胀能促进短期的经济复苏和增长、增加就业、企业因资金利率水平较低而更易获得盈利、股市指数不断创下新高、房价也开始攀升等。然而通胀带来短期皆大欢喜的画面,也许很快就会被随之而来的经济乱象,甚至经济衰退所代替。

第一节　通胀的诱惑

在通货膨胀发展到失控之前,它往往都会带来产出增加、就业改善的良性后果，而政府的债务被悄悄地"减记"，获得的铸币税也在暗暗地增加……

通胀的产出诱惑

在供给–需求的理论模型上，由于厂商一般最先感知价格上涨，所以他们会先增加产量，向上倾斜的供给曲线便向右移动，而当消费者感到物价上涨并因此对消费行为做出调整时，往往有一段时滞。因而在通胀初期，对企业主而言，工人工资的增长赶不上产品销售价格的上涨，因此获利增加。于是，企业主很可能开始增加投资、扩大招聘，由此形成投资、就业、工资、消费都总体扩大的经济繁荣景象——在此期间，通胀对工人收入等的负效应都被就业和产出的增加对冲掉了。

2021年初，持续的需求刺激和疫情冲击的缓和，让美国和欧洲各国都享受了一段物价温和上涨的时期，经济加快复苏，需求在回归，CPI在不知不觉中升温，企业家对未来的预期相对平稳且偏向积极，这既可以促进产出增加，也会营造工人对名义工资增长所产生的"货币幻觉"。在温和通胀的产出诱惑下，2021年第一、二季度，美国GDP按年率实际增长分别达6.3%和6.7%，复苏势头强劲，失业率从上年末的6.7%下了一个台阶，到6%左右。但同时，由于供给收缩，物流延迟，物价上涨能量持续积累，很快CPI在4月超过4%，5月登上5%，并在此后一直维持在高位。

德国的CPI和PPI自2021年年初就步步登高，其中PPI自1月的0.9%直升至9月的14.2%，为20世纪70年代以来德国仅有的一次，

CPI 自 1% 升至 4.5%，达到 28 年来的最高点。在通胀的产出诱惑下，德国经济在 2021 年也在第二、三季度走出疫情冲击的阴霾，与疫情影响的 2020 年同比分别增长 9.8% 和 2.5%。英国原本长期低于 1% 的物价涨幅，在 2021 年也迅速拉高，8 月达到 9 年来的最高点 3.2%，与此相伴随的是英国经济不仅在 2021 年第二季度恢复正增长，而且恢复的强度远远超过市场预期。

物价上涨与扩大就业的替代关系

20 世纪 50 年代，新西兰经济学家菲利普斯就对通胀与就业的关系进行了描述，得出了失业率和货币工资变动率之间交替关系的曲线，即"菲利普斯曲线"。当失业率较低时，货币工资增长率较高（相应的通胀率较高，如图中的 B 位置）；当失业率较高时，货币工资增长率较低（相应的通胀率较低，如图中的 A 位置）。与刺激经济增长类似，温和通胀之所以能够扩大就业也主要依靠人们的"货币幻觉"。当市场上工资上涨时，总会刺激部分失业者重新上岗，从而降低失业率。

社会上总是存在一些因为摩擦性失业、结构性失业、自愿失业等原因而没有工作的人，当看到工资上涨时，就会刺激这部分人去参加工作，从而降低失业率。同时，由于工资上涨会造成企业成本上升，进一步抬高物价，因此通货膨胀率也会随之上升。在图 7–1 中表现为从 A 点到 B 点的运动。因此从短期来看，要降低失业率、增加就业，就要以更高的通胀水平为代价；反之，降低通胀率的政策必然会影响就业。

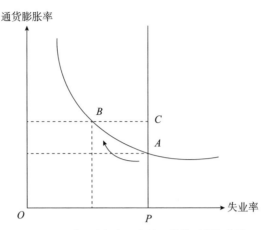

图 7-1 反映通胀与失业率关系的菲利普斯曲线

2021年上半年的多数时间，美联储一直声称通胀只是暂时因素推动的，如上年的低基数、以往油价上涨对能源消费价格的传导、经济重新开放后的支出反弹，以及一些行业的供应瓶颈等。事实上，在通胀和就业的天平之间，美联储在该阶段更关注的是就业，"短暂的通胀"与低利率其实非常符合美国的国家利益。比如在CPI高涨至5%以上的过程中，美国的失业率确实已经下降。2021年10月，美国就业人口增加35.9万人，总数达1.54亿人，而失业人口减少25.5万人，至740万人，失业率降到疫情以来的最低点4.6%。

不过，通货膨胀与失业率的上述替代关系并不会一直存续下去。随着通胀率的提高，工人们会从"货币幻觉"中清醒，逐渐意识到尽管自己的名义工资增加了，但实际工资并没有增加，因为名义高工资而就业的人有部分会要求更高的工资，也有部分会退出劳动力市场，造成失业率上升。在图7-1中表现为从B到C的过程，因此从长期来看，失业率与通货膨胀率无关，菲利普斯曲线的长期曲线是一条直线。

比如 2021 年 10 月，美国 CPI 环比上涨 0.9%，吞掉了 0.4% 的平均时薪涨幅，美国工人的实际平均时薪反而减少了 0.5%。这种情况持续一段时间之后，因名义工资而带来的就业意愿自然会重新回到原有的水平。

不仅如此，新冠肺炎疫情暴发后，由于联邦和州政府较长时间向低收入者和家庭、社区发放补贴，一部分人领到的补贴并不比他（她）在工作时所得工资少多少，因而不愿再重返工作岗位。这种工作意愿的降低，造成了失业与岗位空缺共存的问题，美国劳工部的报告显示，到 2021 年 7 月美国共有 1 090 万个职位空缺，连续第五个月创下历史新高[1]。面对通货膨胀、失业与职位空缺同时存在的局面，美联储用容忍通胀来换取较低失业率的"算盘"显然不能再打下去了。

通货膨胀与就业的替代关系同样出现在欧洲。比如在德国，随着 CPI 的节节上涨，德国的失业率从 2020 年底的 4.1% 开始逐月改善，到 2021 年 9 月失业率降到 3.4%，失业人数下降到 144 万人[2]。欧元区的其他国家虽然就业情况改善程度不如德国，但是欧元区总体失业水平也从 2021 年年初的 8.1% 降至 8 月份的 7.4%，其中西班牙、意大利等失业率水平远高于其他国家，也从一定程度上影响了欧元区的失业率下降。从欧元区的通货膨胀和失业率替代关系看，仅仅靠牺牲物价来提高就业的作用也是有限的，就业问题的解决本质上还是靠经济增长创造更多的岗位。

---

[1] 美国劳工部 2021 年 9 月报告，8 月份有 430 万人辞职。
[2] 德国联邦统计局 2021 年 9 月公布，www.destatis.de。

全球通胀与衰退

政府以较小的代价获得铸币税

在美国纽约曼哈顿的第六大道旁,有一块数字时刻在跳动的大公告牌——"美国国债钟"(US Debt Clock),它实时播报着美国政府债务总额和每个美国家庭平均负担数。

疫情封锁期间,街上行人少了很多,但国债钟一刻未停,而且数字刷新滚动的速度更快了。据美国国会预算办公室(CBO)公布的数据,2020财年[①]和2021财年美国财政赤字分别达到3.13万亿美元和2.77万亿美元,是美国历史上最高的两个记录,也是自第二次世界大战以来相对于经济规模的最大赤字额。

到2020年底,美国政府债务与GDP之比已经从前几年略高于100%的水平,扩大到了128%。到2021年10月底,"国债钟"显示美国政府债务已经突破28.9万亿美元,比疫情前的2020年2月增加了5.6万亿美元。

在如此高的债务负担下,美国执行的低利率(实际利率为负)、容忍通胀的政策,让美国政府作为全球最大的债务人,占尽了债权人的便宜。至于这么高的债务如何偿还呢?除了留给未来,通胀自然成为帮政府"减记"部分债务的无声手段。货币当局作为货币的发行者,完全以政府信用为基础发钞,并不与黄金等价物挂钩,所以每一次货币增发都会给政府带来真实的财富,获得铸币税收益,而美国超量的货币发行不但向本国居民征收铸币税,而且可以向全世界征收巨额的国际铸币税。

---

① 上一年10月1日至当年9月30日。

尽管发货币对政府有如此巨大的好处，但历史上真正放纵货币滥发的政府非常少见，因为一旦导致通胀失控，就会扰乱经济运行，造成社会不稳，并可能威胁执政党的任期或地位，因此各国政府对过量货币所引发的各种通胀风险也总是有所忌惮。当美国 CPI 月率通胀达到 40 年所未有的 6% 以上，通货膨胀已经影响到美国人生活和社会秩序的时候，美联储的货币政策重心转向治理通胀将是必然行动，只不过其紧缩力度、先后顺序，以及如何兼顾充分就业目标仍然颇费思量。

物价上涨与技术进步

一般而言，温和通胀发生时，经济表现还算平稳，企业处于盈利相对宽松的有利环境，企业家会感觉未来的商业环境比较稳定可控，此时着眼于长远的企业家，往往会加快新技术、新产品的研发；企业为了扩大市场占有份额，也会在通胀初期顶住原材料等成本上涨压力，通过自身技术创新、管理创新或产品结构调整等消化吸收成本压力，因此通胀也可能是行业重新洗牌的契机。

在 2020 年以来的全球通货膨胀萌发阶段，各国企业家的精力还没有受到原料涨价、劳动力成本冲击、物流成本冲击等因素的困扰，主要是疫情加速了新业态、新技术、新产业的萌发和应用。例如，中国的直播带货早已成为节假日及促销期间的商家必备；斯里兰卡的茶商网上拍卖新茶；韩国人推出了智能化无人快递收发服务"迷你移动邮局"；津巴布韦首都也用上了生鲜 APP；居家办公、线上会议、网络课堂、在线会诊、远程医疗、无人机监测巡视等都得到更普遍应用；

短视频替代了电影，博物馆、展览馆、美术馆甚至动物园，都开启了"云游云展"；分散在世界各地的音乐家用远程交响乐继续其华丽演出，共同录制曲目通过 YouTube 向全世界播放；线上支付、线上娱乐更是成为常态……而 2021 年以来，随着通货膨胀的传导，不同行业、不同生产环节的企业都感受到了来自原材料、人工成本、物流成本的剧烈冲击，更多地采用新技术成为抵御通胀、化解压力的主要手段。

在疫情冲击加通胀压力的趋势下，全球各国的人工智能、区块链＋、5G＋、大数据、无人驾驶等技术应用快速推广。这样的技术进步积累，不论是以模仿为主导还是创新为主导，点滴成功源源不断汇聚成内源性的增长因素。在新供给经济学的增长模型中，技术进步是经济增长的内生变量，不仅可以提高全要素生产率化解通胀压力，还可以促进新供给的扩张，抵御经济衰退风险。

第二节　应对通胀的代价

就算能够抵制通胀的诱惑，各国政府往往也难以承受干预通胀的代价。一旦通胀率不断走高，就到了两害相权的时候。

应对通胀的代价

正是因为通货膨胀的上述潜在利益，有些国家的决策者才对通货膨胀不再是一味地抵触，反而若隐若现地向它暗送秋波。美国普度大学经济学家唐·帕尔伯格曾说过："抑制通胀的最大障碍在于，大致来说，人们私心里还是喜爱一定程度的通货膨胀的。"① 而美国著名经济学家、新凯恩斯主义代表人物之一、美国第一个诺贝尔经济学奖获得者保罗·萨缪尔森，更直接把通货膨胀比作经济的润滑油，"处于轻微的通货膨胀中，工业之轮开始得到良好的润滑油，私人投资活跃，就业机会增多，历史上的情况便是如此。"

麻省理工学院的两位经济学教授鲁迪格·多恩布什和斯坦利·费希尔在研究考查了 20 世纪 70、80 年代许多国家的通胀表现后提出，通货膨胀之所以总是存在，有两个基本的原因：第一，通货膨胀是一国公共财政不可分割的一部分（包括政府因此获得铸币税等）；第二，通货膨胀之所以一直存在，是因为阻止它的发生太难或成本太高了②。20 世纪 70 年代末 80 年代初，刚上任美联储主席的保罗·沃尔克以连续加息、控制货币供应量等强力手腕驯服放浪的 CPI 时，他不仅要面对国会议员充满怀疑、敌意的提问和弹劾威胁，还要面对农民、住宅建筑工人以及一些团体组织对加息的抗议和对美联储总部大楼的围堵攻击，因为高利率使他们都难以为继或停工了③。

温和通胀总体有益，但通胀超过了一定程度就会对经济、社会及居民生活产生严重干扰和伤害。由于价格信号失真，恶性通胀会使企业无法判断价格的高涨有多大程度是基于真实的消费需求，难以做出适当的生产或销售决策，导致产业链上下游紊乱；通胀一旦失控，不

---

① 许梦博.被物价支配的经济史［M］.北京：人民邮电出版社，2009：29.
② 鲁迪格·多恩布什等，NBER Working Papers Series（No. 3896）：Moderate Inflation. Nov. 1991.
③ 保罗·沃尔克，克里斯蒂娜·哈珀著.坚定不移［M］.徐忠等译.北京：中信出版社，2019.

全球通胀与衰退

只是货币信用受损问题，还会引发实物抢购风潮，或是资金向实物资产大转移，扰乱整个经济运行，甚至酿成社会事件或造成政局不稳。本质上，通胀最终是对中低收入者储蓄的一种税，对负债者（包括政府）一定程度的债务免除，起到了劫贫济富的效果。因为通胀拉大了贫富差距，所以也成为民众的"痛苦指数"。

除了恶性通胀的以上危害，与通货膨胀相对立的通货紧缩状况，也是全球各个经济体都力图回避的一幕。在通缩状态下，人们会更倾向于保存货币而不是去消费，生产活动和投资趋于收缩或停滞。最近30年来，日本仅有两年CPI年率涨幅超过2%，其余均在零上下徘徊或为负值，如此长时间的通缩，自然伴随着日本经济的长期低增长。

历史上美国政府遏制通胀的纪录也值得警惕，因为几乎每次紧缩都让增长速度显著放慢，甚至让经济陷入衰退。在股市连续多年上涨累积了巨大的泡沫、房地产市场的平均价格也早已超过次贷危机之前的关键时点，美联储应对通胀的措施如果刺破了这两大泡沫，就有可能使美国经济陷入长期衰退的风险。

美国因供给冲击而同时面临通胀风险与衰退压力是20世纪70年代，由于中东原油供给锐减，国际油价自1970年初的2美元/桶大幅上升至1980年的最高点39.5美元/桶，当时的工业对于原油的依赖性比今天大，油价大涨叠加此前持续的低利率和宽财政，美国因此陷入持续十余年的大滞胀，直到1983年通胀才回到5%以下。因此美国前总统里根曾说："恶性通胀像鳄鱼一样凶残，像强盗一样令人心惊肉跳，像杀手一样致命。"

第七章 通胀诱惑与经济衰退

这次 CPI 的红线划在哪里

既然恶性通胀如此可怕，而温和通胀又如此有诱惑力，那么各国越过温和通胀的那条红线又该划在哪里呢？

从那些货币政策实行"通胀目标制"的国家所制定的通胀目标入手考察，也许能够为理解通胀红线提供一定的帮助。通货膨胀目标制是指中央银行直接以通货膨胀为目标并对外公布该目标的货币政策制度。在通胀目标制下，传统的货币政策体系发生了重大变化，在政策工具与最终目标之间不再设立中间目标，货币政策的决策依据主要依靠定期对通货膨胀的预测。执行通胀目标制的国家，其中央银行公布的通胀目标往往是综合考虑了本国经济增长、就业、物价水平等情况后的最优结果。因此，从这些国家的通胀目标中，我们可以获得关于理想的通胀率的重要信息。

尽管通胀目标是建立在货币政策不能永久影响增长和就业等"真实"变量的前提下的，但这一框架使决策者能够更好地应对经济表现的周期性波动。让人可信的货币政策可以稳定通胀，并使央行能够在经济疲软或危急时刻降低利率，从这个意义上说，聚焦通胀目标并没有忽视增长。

自 1990 年新西兰首先引入通胀目标制后，很多发达国家和发展中国家先后采用了这一较为透明、可预期的机制，包括美国、澳大利亚、加拿大、英国、韩国、匈牙利、以色列、巴西、波兰、南非等。

从其中一些主要国家的目标比较中可以发现，实施通胀目标制的国家基本上都以 CPI 作为通货膨胀度量指标，并且锁定的通胀率目标值都在 0 以上。这从一个侧面反映出相对于通货紧缩，各国政府对温

161

和的通胀有着天然的偏爱。其次，不同国家偏爱的温和通胀程度存在着差异，发达国家的通胀目标一般在1%~3%左右，而新兴市场国家则大多数介于3%~6%之间。而且，新兴市场国家设定的通胀目标波动区间也相对更宽，比如巴西的通胀目标值为3.75%，允许的波动区间在2.25%~5.25%之间；南非不设通胀目标值，直接设定中期波动区间为3%~6%。

表7-1 执行通货膨胀目标制的国家/地区比较[①]

国家	目标度量	目标值（%）	波动区间（%）
美国	PCE	2	1~3
澳大利亚	CPI	无	2~3
巴西	CPI	3.75	+/-1.5
加拿大	CPI	2	1~3
韩国	CPI	2	+/- 0.5
墨西哥	CPI	3	+/- 1
新西兰	CPI	2	1~3
南非	CPI	无	3~6
欧元区	CPI	2	1~3
瑞典	CPIF	2	+/-1
英国	CPI	2	+/-1
俄罗斯	CPI	4	+/- 1.5
印尼	CPI	3	+/- 1

数据来源：作者根据各国央行官网信息整理，截止时间2021年8月；各国通胀目标会随时间而调整。

[①] 肖曼君.通货膨胀目标制的国际比较研究［M］.湖南：湖南大学出版社，2007：60-62.

美联储紧盯的是个人消费支出物价指数（PCE），目标值为年率变动 2%，同时关注核心 PCE、CPI、PPI 及就业等主要指标。而这一轮美国 CPI 连续数月居 5% 以上，PCE 也升到 4.4%，美联储才出手缩减购债，其意图是在通胀目标制的波动范围 1%~3% 内，放任一段时期通胀超过目标区间，以弥补以往通胀率过低的"不足"。

在不少国家的历史上，"温和通胀"是个相对的概念，人们对温和通胀的度量也是随着时势而变的，特别是 20 世纪 70~80 年代全球高通胀及滞胀时期以来。那时，对于墨西哥、哥伦比亚、希腊、埃及、智利这些国家来说，只要将通胀连续三年保持在 15%~30%，就算是适度的通胀，能压到个位数肯定可算是政府和央行很出色的抗通胀表现[①]。

从理论上看，学者们并没有就温和通胀的界限达成一致意见，而从实际上看，也不存在所谓的"3% 的 CPI 是温和通胀警戒线"的国际统一惯例。真实情况是，理想的通货膨胀率因为所在国的经济发展水平、消费习惯等差异而存在不同，一般来说，发展中国家温和通胀率的界限要略高于发达国家。

对于中国老百姓来说，温和通胀的定义被锁定在了 CPI 在 0%~3% 之间。这与工业化和城镇化前期阶段，中国一直享受土地、资本（包括大量外资流入）、劳动力等要素的充分供给有关，与享受入世后的全球化红利有关，也与多年来政府、研究者和媒体的熏陶有关。

根据笔者 20 多年来研究宏观经济、金融市场和货币政策的经验，以往在中国，只要 CPI 接近或超过 3%，就会触动政府、市场和公

---

① 鲁迪格·多恩布什和斯坦利·费舍尔，NBER Working Papers Series（No. 3896）：Moderate Inflation. Nov., 1991.

众敏感的神经。进入21世纪以来，中国共经历了三次通货膨胀——2004年、2007~2008年，2010~2011年，每次基本都是CPI突破了3%以后，宏观政策开始收紧，货币紧缩随后降临。可见3%这条线确实是判断中国是否进入通货膨胀通道的一个重要标准。

自2005年以来，中国政府有9年将物价控制目标定在3%、3%左右或3%以内，有3年定在3.5%左右，少数年份在4%[1]。本轮国际通胀掀起波澜时，中国CPI到11月份只有2.3%，而10月份PPI最高却达到13.5%，这种前所未有的上游工业通胀，一旦传导到下游消费品，其表现会是怎样一种形式呢？

不寻常的通胀式衰退

经济衰退（recession）的常规定义是经济活动的显著下降，表征是连续两个季度的经济增速下滑，数据反映在国内生产总值和月度指标上，如GDP下降、失业率上升。经济衰退时，普遍的供给过剩造成产品销售不畅，企业盈利萎缩，失业率则开始上升，居民收入增速也随之下滑，银行压缩信贷投放力度，或对部分企业断贷，又会导致工商企业停业、破产和清算，严重时企业债务违约形成骨牌效应，进而导致整个信用体系紊乱。

1974年，经济学界对当时美国经济是否陷入衰退存在广泛争论，时任美国劳工统计局局长的Julius Shisken首次提出了关于衰退的定量化定义[2]，它包含持续时间、深度（振幅）和扩散（范围）三个视

---

[1] 作者根据各年度国务院总理提交全国两会的政府工作报告整理。
[2] 刊发于《纽约时报》。

角，具体为：

- 实际国民生产总值（GNP）连续两个季度下降；
- 实际国民生产总值下降 1.5%；
- 工业生产下滑超过六个月；
- 非农就业人数减少 15%；
- 失业率上升 2 个百分点达到至少 6% 的水平；
- 半年内超过 75% 的行业工作机会减少，并且这种情况持续六个月或更长时间。

各国一般都把经济衰退认定为，在整体经济中经济活动显著下降持续几个月以上，通常可以从实际 GDP、实际收入、就业、工业生产和批发－零售销售中观察。按照上述指标衡量，自 20 世纪 60 年代以来，美国共有九次衰退，其中最严重的是 1970 年代的滞胀和 2008~2009 年的次贷危机，2020 年受疫情冲击是最近的一次，时间相对短暂。

在 1970 年代美国滞胀时期，恰是日本经济蒸蒸日上的时候，到 1990 年代后，日本进入长期衰退的 30 年——2020 年日本平均工资为 38 515 美元，在近 30 年里仅增长了 4.4%[①]，而同期美国平均工资增长 47.7%，英国增长 44.2%。

不把衰退狭义地理解为负增长或者一个绝对数字，可能更有利于比较各国经济的周期表现。现在，对于成熟的发达国家来说，低增长

---

① OECD 官网。

已成为常态，增速跌至 1% 以下将意味着无法提供充分就业的衰退，而对于一些发展中国家，经济处在快速成长阶段或具有较快增长的潜力，一旦其经济增速出现持续下滑，其影响也类似于"衰退"。例如，2019 年全球经济和中国经济都已呈增速下行趋势，疫情之后再下台阶，中国社科院李扬将此情形称为"新型长期衰退"，因为我们过去都没有遇到过①。

尽管 2021 年各国出现普遍的经济增速反弹，但是为应对前所未有的通胀所必须采取的政策紧缩行动已经开始。2021 年 8 月底，韩国在发达国家中率先加息 25 个基点，随后新西兰七年来首次加息，10 月底加拿大央行宣布立即停止量化宽松，巴西为了抑制超过 10% 的通胀率在 2021 年前十个月内六次加息共计 575 个基点，将基准利率提升到 7.75%，俄罗斯为了控制已经高到 8% 以上的通货膨胀率，疫后已经六次加息共 325 个基点……随着各国量化宽松的退出和紧缩的开始，伴随着各种长期累积的供给冲击，经济增速的普遍持续下滑在所难免，不排除某些国家很快陷入结构性衰退——这种通胀叠加衰退的局面是前所未有过的，已经让一些国家陷入混乱：以土耳其为例，该国 2019 年就已经进入低增长和高通胀叠加的局面，面对疫情冲击，2020 年上半年大幅降息刺激经济，下半年大幅加息控制通胀，2021 年又开始降息刺激经济，结果现在不但通胀水平高达两位数，经济增长秩序混乱，而且土耳其里拉对美元汇率比一年前贬损约 30%——土耳其的"通胀式衰退"已经为其他国家敲响了警钟。

---

① 见财经网，2020 年 4 月 10 日李扬在"疫情下的全球经济信心指数"发布线上的演讲。

第八章

消费者物价指数与核心通胀率

第八章 消费者物价指数与核心通胀率

物价变化总是结构性的变化，而不是所有产品和服务价格的等比例变化；经济增长也一样，不同产业的增长和衰退周期当然是不同步的。不仅如此，决定不同结构的物价变化和经济增长的原因也千差万别：政府决策部门通过观察物价和各种增长指标来确定总供给和总需求的关系，从而决定政策的调控方向，这需要过滤掉能源和食品的特殊供给周期影响；企业更关心产品的出厂价格、原材料的成本价格变化，这不仅需要 PPI，而且需要行业分类的价格变化指标和反映行业景气的增长指标；而居住成本、食品、日用消费品的价格变化以及就业和工资水平的变化，恐怕是家庭和消费者更关注的指标，因为这些指标不仅决定居民的收入，也决定这些收入的购买力。

第一节　物价分析的国际语言

CPI 成为物价分析的国际语言

CPI（Consumer Price Index），中文名字叫作消费者物价指数，虽然 CPI 只是反映商品和服务价格变化的指标之一，但却是当前各国最常用的物价指标。对家庭而言，收入如果跑不过 CPI，意味着消费水平的降低；对企业而言，CPI 常常与市场销售状况息息相关；对政府而言，CPI 过高影响社会稳定；对股市投资者而言，CPI 大幅向上，往往意味着股市掉头向下……可见，CPI 已成为居民、企业、政府和投资者心中衡量通胀的信号灯。

1812 年，英国学者杨格（Arthur Young）首次提出使用加权平均法计算物价指数，为指数理论的建立和真正意义上的 CPI 指数诞生奠定了基础。此后，人们对物价指数的研究不断深入，并形成了两种编制 CPI 的理论框架：生活费用指数（Cost-of-Living Index，CLI）理论和固定篮子指数（Fixed-Basket Index）理论。

1962 年，在第十届国际劳动统计学家大会上，各方经过讨论，最后决定采用具有更广泛意义的消费者价格指数（Consumer Price Index，CPI）来统称以上两个概念。于是，一个有趣的现象出现了：尽管都以消费者价格指数（CPI）命名，但不同国家却分别遵从了两种不同的理论。

生活费用指数理论以经济学中的效用理论为基础，反映了价格水平变化下人们消费行为的变化，因此更贴近现实生活，但由于效用（或福利）水平、消费者偏好等主观性概念难以测量，使得生活费用指数理论在实际运用中存在很大的困难。在实践中，除了美国、荷兰、瑞典等少数国家采用生活费用指数理论外，包括中国在内的大多数国家都使用固定篮子指数理论。

但是在 CPI 理论付诸实践的过程中，即便是那些以生活费用理论作为 CPI 理论基础的国家，实际操作中仍沿用了固定篮子理论的套路。美国劳工统计局（BLS）在其方法手册中就明确指出："生活费用指数在操作上难以实施，因为要保持生活标准不变，必须以某种方式估算生活标准，但实践中还没有一个公式可以用来直接计算生活费用。"这样看来，无论名义上顶着"生活费用指数"还是"固定篮子指数"的理论帽子，实际上全球绝大多数国家物价指数的编制都采取了"固定篮子指数"的操作思路。

2003 年 12 月举行的第十七届国际劳动统计学家大会通过了《关于消费者物价指数的决议》，认定 CPI 被称作"生活费用指数（CLI）"；固定篮子价格指数，或另一种适宜的设计，可用来估算生活费用指数。在此基础上，国际货币基金组织、国际劳工组织（ILO）、欧盟统计局等国际组织联合制定了《消费者物价指数手册：理论与实践（2004）》，指导全球各国政府进行 CPI 指数的编制工作。以后手册不断更新，目前已至2020版[1]。各国的共同参与使 CPI 成为国际经济分析的通行语言。不过，由于各国的国情及具体编制方式仍

---

[1] The International Labor Organization, Consumer Price Index Manual–Concepts and Methods［EB/OL］. 2020. https:// www. ilo. org.

有较大差异，这在一定程度上影响了 CPI 的国际可比性。

CPI 篮子如何反映住房和服务支出

可供居民消费的商品有千千万，其中又存在着厂商、地域、品牌和质量的差别，CPI 篮子商品的入选标准和各自权重，实际上还有一套国际标准。

按 2003 年国际上《关于消费者物价指数的决议》规定，"CPI 是用于衡量家庭为了消费而获取、使用或支付的商品和服务总体价格水平在一段时间内的变化。其目的是衡量消费价格随时间而发生的变动情况。这可通过衡量一个质量和特点保持不变的固定商品和服务篮子的购买成本来实现。篮子中所选取的商品和服务应是家庭在一年内或其他特定时期中的代表性支出项目。"

欧盟统计局、IMF 等多个国际组织联合制定的《消费者物价指数手册：理论与实践（2020）》将消费支出分为 12 大类，包括：

01- 食品和非酒精饮料；

02- 酒精饮料、烟草和麻醉品；

03- 服装和鞋类；

04- 住房、水、电、煤气和其他燃料；

05- 家具、家用设备和家庭日常维护；

06- 卫生保健；

07- 交通；

08- 通信；

09- 娱乐和文化；

10- 教育；

11- 餐馆和酒店；

12- 杂项商品和服务。

实践中各国在大类划分上与此类似，但美国、加拿大、俄罗斯、印度等国自行采用各自的分类体系[①]。

从上述规定可以明显看出，首先，入选 CPI 篮子的商品和服务必须要以消费为目的，那些个人购买的与商业经营有关的商品和服务应当从 CPI 统计中排除。譬如，某个企业主买了两台电脑，一台给儿子用，另外一台作为企业的办公用品，那在 CPI 统计时，只有给儿子买的那台电脑才算消费，才进入统计样本。

此外，CPI 篮子商品考察的是一年内或其他特定时期内的消费支出水平。也就是说，CPI 反映的对象应该是当期消费的商品和服务的价格变动。这一点很好理解，但也引发了"房价是否应该纳入 CPI 统计"这类重大争议。

不光是房子，我们生活中有很多可以长期使用的耐用消费品。在实际 CPI 统计当中，这类耐用商品被分为两类进行处理：一类是价值相对较小、折旧期相对较短的商品，被归入"耐用消费品"，直接计入当年消费，如家电、汽车等；另一类价值较大、折旧期较长的商品，则被计入"固定资产"，例如居民用于自住的房子，在大多数国家的实际操作中被计入了投资而非消费。

---

① 刘向耘，高宏. CPI 编制的国际比较 [D]. 央行中国金融论坛，2016（59）.

如果住房不计为消费，而居住成本在我们的生活消费中却是实实在在存在着，而且在某些时段可能占比还不小，那么，CPI 统计该如何反映人们居住成本的变化？按照 1993 年联合国等制定的国民经济核算体系（SNA）的解释，个人的住房消费，当住房用于租住时，以租金计入承租人的住房消费支出；如果用于自住，则比照相应市场（租金）价格，以虚拟房租的形式计入房屋所有人的居住成本。可见，房价虽然没有被直接纳入 CPI 统计，但是可以通过影响房租等方式间接影响 CPI。

除去食品、衣着等日常商品消费外，我们还会一个月理一次发，一年做一次体检，带孩子去迪士尼乐园游玩，去餐馆开生日派对等。因此，进入 CPI 篮子的不仅有商品，还有服务，这也是 CPI 区别于生产者价格指数 PPI 的一大差异。

在中国，CPI 统计的衣食住行等八大类商品和服务中，医疗保健、教育、文化娱乐都属于服务消费的内容，疫情期间，受冲击持续时间最长的就是餐饮、娱乐等服务消费。

食品和居住的权重，各国 CPI 千差万别

编制 CPI 的初衷是为了反映一段时期内人们消费支出成本的变化，因此各类商品在居民消费支出中的占比，自然就成了 CPI 篮子商品权重的制定标准。如果一国居民食品支出占总消费的 40%，那么 CPI 中食品项的权重就会居高。各国居民消费支出的结构差异非常大，因此不同国家 CPI 篮子商品的权重也是千差万别。

从各国历史的经验数据来看，随着一国经济由贫弱转向富裕，老

百姓的消费结构将不断由生存型消费向发展型消费升级，消费支出的大头往往先由食品转向家用电器，再转向居住交通，最后转向教育、娱乐、健康等服务性、享受性消费。这种消费水平和消费结构的变化，自然要求 CPI 权重与时俱进、适时调整。

19 世纪德国统计学家恩格尔根据居民消费结构变化总结出一条规律：一个家庭的收入越少，家庭总支出中用来购买食物的支出所占的比例就越大；随着家庭收入的增加，家庭总支出中用来购买食物的支出比例则会下降，这就是著名的"恩格尔定律"。而食品支出占居民消费支出的比重，则被人们称为"恩格尔系数"。

消费支出结构的变动也不难理解。假设一个低收入者只吃包子，当他每月只有 100 块钱的时候，为了生存他有可能会拿出 90 块钱来买 90 个包子吃，这样他的恩格尔系数就是 0.9；当他每个月赚了 1 000 块钱的时候，可能他会多吃几个包子，但无论如何一个月吃不下 1 000 个，假设他每个月花在吃方面的开销增加到 270 块钱，于是恩格尔系数下降到了 0.27。剩余的钱他可以去买衣物、家用电器、电子设备等，也可以享受旅游等其他休闲服务。随着收入越来越多，他的恩格尔系数还会继续下降。

各国经济发展水平差异显著，有的拿粮食去做生物燃料，有的刚刚解决温饱，而近 30 年来网络经济、平台经济的兴盛和发展，加剧了各国之间和不同群体之间的收入差距。一般而言，发达国家的恩格尔系数往往要小于发展中国家。比如拿中国和美国相比，2009 年中国百姓的食品消费支出占比高达 38.9%，而美国仅为 6.8%，相差 30

多个百分点[①]。到2019年，中国居民恩格尔系数降为28.2%[②]，美国保持在7%~8%的水平。

表8-1　各国消费支出结构与CPI权重对比

国家	年份	人均GDP（美元）	消费支出结构		CPI权重（2019）	
			食品、非酒精饮料类	住房、水、电、天然气类	食品、非酒精饮料类	住房、水、电、天然气类
发达国家						
美国	2017/2018	62 641	6.41	19.02	7.2	36.8
日本	2017/2018	39 287	15.32	25.11	19.3	27.6
德国	2017/2018	48 196	10.64	23.55	9.7	32.5
荷兰	2017/2018	52 978	11.41	24.11	11.4	26.7
澳大利亚	2017/2018	57 305	9.31	22.96	10.7	16.4
加拿大	2018	46 125	9.04	24.10	11.3	24.9
发展中国家						
墨西哥	2017/2018	9 698	24.34	17.56	25.8	19.6
中国	2019	10 276	28.2	23.4	29.4	22.4

注：表中，国外消费支出结构数据来自《国际统计年鉴2019》，国外CPI权重数据来自OECD数据库（OECD.Stat），为2019年数据；中国居民人均消费支出数据来自国家统计局，其中食品项为"食品烟酒"，CPI权重为测算。

除了与经济发展水平密切相关外，各国消费支出结构也会受到生活习惯、文化传统、政策干预的影响。有人这么形容世上最享受的事

---

① 中国数据根据《中国统计年鉴2010》计算得到，美国数据来自《国际统计年鉴2010》。
② 中国国家统计局. 2019年国民经济和社会发展统计公报［R］.［2020-2-28］. http://www.stats.gov.cn/tjsj/zxfb/202002/t20200228_1728913.html

情——住英国房子，用中国厨师，娶日本女人，拿美国工资。虽然有些诙谐的味道，却道出了各国生活状态、文化的不同及其对消费的影响。同样是发达国家，德国人自有住房比例就比较低，仅为40%左右，由于租房需求旺盛导致租金较高，所以德国老百姓用于住房的支出比重高于美国，而美国的自有住房较高，接近70%。印度人食品支出很高，捷克人在烟酒方面开支较大，英国人则在娱乐、文化和教育方面支出颇高，这些均影响该国的居民消费支出结构。

可见，经济发展程度和居民消费习惯决定了居民消费支出结构的差异，进一步决定了各国CPI权重构成。

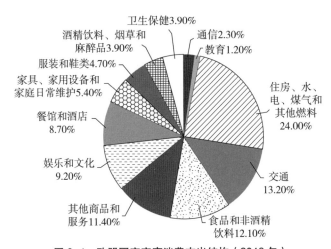

图8-1 欧盟国家家庭消费支出结构（2018年）

资料来源：欧盟统计局。

各国的CPI权重设计力图准确反映居民消费支出结构。人均收入水平较高的发达国家，恩格尔系数往往比发展中国家要低。不过，受文化传统差异的影响，有着悠久饮食文化的中国、日本与各自同等发展水平的国家相比，食品在CPI中的权重明显要大一些。如日本和美国经济发展程度相当，但日本的食品权重达 19%，比美国高出 10 多个百分点，与墨西哥、智利等发展中国家相当。印度 CPI 中食品权重高达 45.86%[①]，相当于中国 1990 年代的发展水平。中国的 CPI 构成中，2020 年食品权重大约在 28.2% 至 29.5% 之间，居住权重在 20% 至 22.5% 之间。

第二节　中国 CPI 是怎样炼成的？

中国人说，民以食为天，食品权重在中国 CPI 中的占比一直不可小觑，单单是猪肉价格的波动，就常常掩盖总供给与总需求的真实关系。

中国 CPI 是怎样炼成的？

CPI 不只用于衡量通胀或通缩，还用于国民经济核算，用于调整指数化的工资、养老金和福利支出等，它也因此成为一个备受世人关注的明星指数。各国政府为确保 CPI 数据的准确性、连续性，投入了大量的人力、物力和财力进行信息采集、汇总和维护，并通常按时公布于众。

中国目前的 CPI 调查涉及八大类商品和服务——食品烟酒、衣着、居住、生活用品及服务、交通通信、教育文化娱乐、医疗保健、

---

① Government of India. Consumer Price Index: Changes in the Revised Series 2015 [EB/OL]. https:// mospi.gov.in/

其他用品及服务，共 268 个基本分类，覆盖约 700 种商品和服务项目，采用抽样调查方法抽选确定调查网点，按"定人、定点、定时"的原则，直接派人到调查网点或从互联网采集原始价格。价格采集由三四千名专职物价调查员执行，他们从全国 31 个省（区、市）的约500 个市县、近 10 万家价格调查点采集价格数据，包括商场（店）、超市、农贸市场、服务网点和互联网电商等，具体的采价过程也是个复杂的工程。

小王是一名北京的专职价格采集员，每个月他都要负责完成 20 多个采价点、200 多种规格商品的采价任务。像这样的调查点，全国有近 10 万个，既有城市也有农村，既有闹市区也有非闹市区，既有百货商店也有农贸市场，还有专业性商店。大中城市的采价点多一些，小城市和县相对较少。对于那些与居民生活密切相关、价格变动比较频繁的商品，如粮食、猪牛羊肉、蔬菜等，至少每五天采集一次价格，以保证 CPI 能够及时准确地反映市场价格的变动情况[1]；对于服装鞋帽、耐用消费品、交通通信工具等，每月调查 2~3 次价格；对于水、电等政府定价项目，每月调查核实一次价格。

小王的价格采集工作严格遵守"定点、定时、定人"直接采价的原则：到选定的调查点采价，保障价格资料来源的稳定性和可比性；在固定的日子和时间采价，保证基期价格和报告期价格在时间上具有可比性；在一定时期内由固定人员采价，以避免因调查人员的频繁变动而产生人为价格调查误差。

小王现场采集商品价格后立即输入采价器，由程序自动对价格进

---

[1] 国家统计局网站：www.stats.gov.cn。

行审核,并直接发送到国家统计局的数据管理平台。这套系统还可以同时将采价地点上报。如果商品价格出现异常波动,则需要进一步输入文字备注说明。调查总队的管理人员在第一时间从国家统计局的数据管理平台查看当天的价格数据,并对价格数据报送时间、地点及修改情况进行监测,对 CPI 价格采集工作进行全程规范管理。

考虑到各地居民消费的饮食习惯和消费水平存在一定的差异,各省市具体的代表规格品由各地确定后报国家统计局审定。如在北京,主食选择的是馒头、火烧和大饼等规格品,但在贵阳应该选择米粉、卷粉和宽粉等居民食用较多的规格品。

采价员在督导员的督导下完成数据收集以后,被调查县市在每月月底前将价格资料通过网络报送省级调查总队,经过审核后由调查总队在下月 6 日前上报国家统计局。国家统计局城市司消费价格处对数据进行逻辑审核和抽查,若发现内在关系存在问题或与市场走势不一致,再向省、市一级级倒查。调查市的统计部门根据国家统计局制定的《流通和消费价格统计调查制度》,结合当地居民消费的实际情况计算本市的 CPI;各调查总队根据所辖市的 CPI 数据,按人口和消费水平加权汇总本省的 CPI;国家统计局根据各省的 CPI 数据,按人口和消费水平加权汇总全国的 CPI。

中国食品价格动一动,CPI 指数抖三抖

2019 年第四季度至 2020 年第一季度,中国 CPI 连续六个月超过 3%,最高达到 5.4%,但是中国的宏观决策部门并没有采用紧缩的手段来应对"通胀",因为虽然 CPI 超过了 3% 的警戒线,甚至达到了

5%的相对高点，但其实主要推手只是食品（特别是猪肉）价格的上涨，其对CPI上升的贡献在70%以上，而以猪肉为代表的食品价格的上涨并不意味着整个经济的总需求过剩，甚至也不意味着食品本身需求的过剩，因为居民对食品的需求本身是刚性的，食品价格的上涨主要是食品自身的供给周期决定的。

中国的决策部门如此冷静地面对食品通胀，一来说明他们越来越成熟，二来中国的经济学者也功不可没。回溯到2010年，彼时的决策者就没有2019年这么淡定。2010年10月，受全球粮价全面上涨影响，中国CPI同比涨幅达到4.4%；2010年末、2011年初，蔬菜通胀成为主导中国CPI的主要因素；2011年6月，生猪进入生产周期低谷带动猪肉价格强劲上涨，6月仅猪肉对CPI上涨的贡献度超过两成。几乎同样5%左右，主要由食品供给周期造成的通货膨胀，2010年、2011年中国的宏观决策部门就动用了严厉的总量紧缩手段，结果造成货币供应量不足，以及结构性的融资难、融资贵等问题。

同样因为猪肉的供给周期波动而误导宏观决策的事情，还发生在2007~2008年。2007年下半年到2008年上半年掀起的那次通货膨胀，主要是由猪肉价格大幅上涨引起的，其次是食用植物油。2007年7月到2008年第一季度，猪肉价格月同比上涨幅度平均达71%，食用油涨幅高达40%。彼时中国猪肉消费占全部肉类消费的平均比重为三分之二，猪肉消费占食品支出的比重在9%左右[①]，根据食品类在CPI中的比重，可以大致推算出猪肉占CPI的权重约为3%，2007年7月到2008年第一季度光是由于猪肉价格上涨就已导致中国CPI涨幅超

---

① 猪肉等CPI二级科目的权重官方未公布，此数据为根据2008年食品类支出占总消费支出比例估算。

过 2%，而不区分"猪通胀"与总量通胀的宏观紧缩政策，不但严重打压了很多周期性行业，而且叠加上 2008 年全球金融危机的影响，加大了经济的阶段性下行压力。

再往前追溯，在 2004 年的中国通胀中，由于食品价格上涨 9.9%，粮食上涨 26.4%，肉禽及其制品上涨 17.6%，蛋上涨 20.15%，造成 CPI 上涨幅度达 3.9%，食品价格上涨也是那次微型通胀的主要原因。

因此有人说，"中国食品价格动一动，CPI 指数抖三抖"，这虽然是戏言，但其实并不为过。在中国 CPI 中食品占主导，并不是因为中国人喜爱美食的缘故，主要还是因为总体生活水平相对较低，居民不得不花费大量的支出在食品上。随着中国居民生活水平的提高，食品在 CPI 中的权重已由 20 世纪 80 年代的 60% 左右下降到目前的 29% 左右，不过与西方发达国家 10% 以下的食品消费占比相比，中国的食品价格对 CPI 指数的影响，仍然是偏大的。

20 世纪 90 年代以来，中国出现了五次明显的通胀，分别是在 1993~1995 年、2004 年、2007~2008 年、2010~2011 年、2019 年，在每一轮通胀中，食品价格对 CPI 的贡献都在 70% 以上。同样幅度的食品价格上涨，由于发展中国家 CPI 中食品的权重要大于发达国家，其引发的 CPI 的波动幅度较发达国家更为明显。比如，由于食品在中国的 CPI 权重占比高达三成左右，而美国 CPI 中食品占比不足一成，所以食品价格上涨对中国 CPI 的影响要明显大于美国等发达国家。

改革开放以来，由于中国经济发展和人民生活水平的提高，中国的恩格尔系数不断降低。1980 年，中国城镇、农村居民加权平均恩格尔系数为 60.8%，到 2010 年恩格尔系数降至 36.7%，2020 年进一步降至 30.2%。与此相对应，中国 CPI 中的食品占比也从 20 世纪 80 年代的 60% 左右，下调到 2006 年的 33.6% 左右，2011 年约为 31%，目前大约占比 29% 左右。

随着食品在 CPI 中权重降低，中国的 CPI 受食品价格波动的冲击越来越弱，每一轮通胀周期的峰值也逐渐缩小，从 1990 年代 CPI 峰值高达 20%，到 2000 年以后中国 CPI 峰值在 6% 左右——CPI 中食品权重不断下调，在很大程度上熨平了中国 CPI 的波动。

即便如此，中国的 CPI 变化受食品价格的影响仍然很大。2019 年至 2020 年初，猪肉价格快速上涨带动了物价指数，到 2020 年 1 月 CPI 上涨 5.4%，其中食品价格上涨 20.6%，拉高 CPI 达 4.1 个百分点。2021 年第二季度以来，猪肉价格的暴跌又成了中国 CPI 的主要降温剂，7 月食品价格下降 3.7%；猪肉价格当月下降 43.5%，直接拖低 CPI 约 1.05 个百分点，结果是中国的当月 CPI 同比只上涨 1.0%。

第三节　宏观决策之核心通胀指标

宏观决策之核心通胀指标

看来，仅仅把 CPI 作为通胀的检验员，的确有些差强人意：仅仅盯住 CPI，有时会低估居民消费支出成本，有时则放大通胀恐惧；各国消费支出结构的不同导致商品价格权重不同，这进一步增加了各国 CPI 比较的难度；只间接反映房价的 CPI，在房地产价格飞快上涨的年代，尤其难以真实反映居民实际生活费用的变化；食品、能源价格的剧烈波动属性以及较高的权重占比，使得CPI在短期内很容易受这两者的左右而上下起舞，央行若为此频频采取行动，则过急过密的货币政策调整本身有时反而会放大经济的波动。

因此，在编制发布居民消费价格指数的基础上，为了让指数在不同地区之间可比，专家们又设计了居民消费价格空间指数；为了适应特定人口群体，印度、美国、中国香港地区等还编制面向不同目标人群的CPI；为了避免食品等的短期波动对指数影响过大，许多国家推出了剔除食品和/或能源等商品而测量核心通货膨胀（或通货紧缩）的核心CPI（Core-CPI或Underlying CPI）。

核心通货膨胀（Core Inflation）是指剔除暂时性因素影响的潜在通货膨胀（Underlying Inflation），用来反映价格变动的一般趋势。它是大多数中央银行关注的重要指标，一般用整体通货膨胀指标扣除一些价格容易波动的项目来衡量，扣除项目通常包括食品、能源、间接税、住房抵押贷款成本（一般以住房抵押贷款利率表示）等，最常见的是剔除食品和能源。

核心通胀概念最早出现于20世纪70年代初。美联储发现，受食品、能源、抵押贷款利率等价格变动影响，美国CPI、PPI等整体价格指数经常出现短期的大幅波动，并在不同程度上干扰了政府和央行对通胀真实走势的判断。如果政策对短期的价格波动进行调整，实体经济往往会做出过度反应。为消除整体价格指数的短期"噪音"，为政策提供更可靠的决策依据，迫切需要一个能反映通胀长期或普遍变化趋势的指标。1972年美国在《总统经济报告》中率先提出了扣除抵押贷款利息和食品后的CPI。

第八章 消费者物价指数与核心通胀率

1973年，第四次中东战争爆发，石油出口国为制裁美国、荷兰等国，联手削减石油出口量，国际油价在短短6个月内暴涨了3倍（由每桶3美元上涨至12美元），突如其来的石油危机推动主要国家物价全面上涨，而控制物价的紧缩政策又带来了经济停滞，导致西方各国全面陷入"滞胀"。面对发达国家普遍出现的"经济停滞、高赤字、高失业率、高通胀"现象，前期盛行的凯恩斯主义显得捉襟见肘、束手无策，于是，以主张减少政府干预的供给学派、理性预期学派为代表的"新自由主义"开始盛行。供给学派认为，"滞胀"的根源在于凯恩斯主义政策对总供给的破坏。

此时，美国政府逐渐认识到，不能只是根据观测到的物价指数制定经济政策，如果价格上涨主要由供给方面的成本冲击引起，那么受需求拉动的影响较小，要想反映真实的需求情况，应该将供给因素剥离。因此，过滤掉短期价格噪音和成本冲击因素成为设计核心CPI的直接动因。从1978年起，美国劳工统计局（BLS）开始公布剔除食品和能源的CPI月度数据。

从20世纪80年代起，对核心通货膨胀的探讨开始在学术界展开。1981年美国埃克斯坦教授（Otto Eckstein）从宏观经济学的"均衡"概念出发，提出了"核心通货膨胀"这一术语。不过直到现在，学者们对于应该如何定义"核心通货膨胀"仍存在争议。

在学术研讨的初期，学者们主要是从理论上探讨应如何定义核心通货膨胀。例如Eckstein（1981）、Quah和Vahey（1995）定义的核心通货膨胀就是从通货膨胀中扣除对实际产出没有中长期影响的成分，具有明显的弗里德曼货币数量论基础，强调的是货币中性。

Bryan 和 Cecchetti（1994）则将核心通货膨胀率视为潜在通胀的一个良好预测指标，将其定义为价格变化中与长期通货膨胀预期一致的成分。1996 年 Romer 提出的核心通货膨胀率是在产出等于自然率产出水平而且没有供给冲击条件下的通胀[①]。

也就是从 20 世纪 90 年代开始，大多数国家的中央银行将稳定物价作为实施货币政策的主要目标，如新西兰、加拿大、澳大利亚、韩国、英国、日本、瑞士等国家相继采用通货膨胀目标制（inflation targeting），而通货膨胀目标通常由核心 CPI 来度量，核心 CPI 对决策者有了越来越强的政策意义，投资者也不能不重视这个指标。

各国设计核心 CPI 时常用的一类方法是统计法中的扣除法（也称剔除法）。扣除法是指将那些容易受供给因素冲击、短期波动频繁的分项指数从 CPI 中扣除。这种方法的优点是计算简单、便于理解，是目前世界各国在计算核心 CPI 时采用的主要方法，缺点是某些扣除项有可能蕴含着通胀的长期趋势性信息。

剔除法中常用的指数包括以下几类：CPI-X，其中 X 指某个或几个被排除的项目，这些项目可在每月公布的通胀率中找到；RPI-X，指在商品零售价格中去除按揭贷款；RPI-Y，指在日常消费价格指数中去除了 VAT（增值税）税收、保险税、运输和航空乘客的印花税；PCE，即个人消费支出价格指数，美联储关心 PCE 和核心 PCE。PCEx-FE，即剔除了食品和能源的核心 PCE，PCEx-E 即剔除了能源的核心 PCE。

---

① 谭本艳. 我国核心通货膨胀问题研究 [D]. 华中科技大学博士学位论文，2009.

修剪均值法（trimmed mean，也称截尾均值法、截尾平均法）也属于统计方法的范畴。这种方法是在每个测量期间，从 CPI 篮子中扣除当期价格变动较大和较小的分项指数后得到核心 CPI。在修剪均值法下，核心 CPI 篮子商品的种类、权重在不同时期有可能是不一样的。

加权中位数法（median mean）和平滑技术法（smoothing technigques）是统计法中的另外两种。加权中位数法是将所有的分项指数按照变动幅度进行排序，选取处于中位数的分项指数变动率作为核心通货膨胀率。平滑技术法通过采用统计上的季节调整或滤波过滤等手段，消除或减少价格指数的短期波动后剩下的长期波动率，即为核心通货膨胀。

除统计法外，学者们又根据自己对核心通货膨胀的定义，提出了一系列基于计量经济学模型的测算方法，主要包括动态因子指数模型、结构向量自回归模型（SVAR）、多变量的结构时间序列模型等。

如前所说，目前各国最常见的核心 CPI 是剔除食品和能源价格后得到的，如美国、欧盟等，中国也采用这一方式。此外，法国除食品和能源外，还剔除了税收和政府管制价格；加拿大剔除了食品、能源和间接税；日本剔除了包括间接税、鲜菜价格等八大波动项；秘鲁剔除食品、水果、蔬菜、市内交通等 9 项后得到核心 CPI。

虽然各国的核心 CPI 剔除的范围不同，得出了不同的核心 CPI 指数，但归根结底都反映了一个实质：核心 CPI 是剔除短期易受供给影响或政策调控的那部分商品的价格后，可以相对真实地反映总需求与总供给的对比关系。

表 8-2 各国核心 CPI 剔除因素比较

国家	剔除因素
新加坡	私人交通和居住支出
智利	价格下跌最大的 20% 的商品项及价格上涨最大的 8% 的商品项
哥伦比亚	农产品、公共服务及交通费
西班牙	能源、未经加工食品、抵押利息
葡萄牙	未经加工食品及能源
荷兰	水果、蔬菜和能源
爱尔兰	抵押贷款支出和能源
以色列	政府控制价格的商品、居住、水果、蔬菜
芬兰	居住、间接税和政府补贴
比利时	能源、土豆、水果、蔬菜
希腊	食品和燃料
加拿大	食品、能源和间接税
英国	RPI 剔除抵押贷款利息支出
澳大利亚	抵押利息支付和政府控制价格
新西兰	抵押利息支付和政府控制价格
波兰	官方管制和大幅波动价格项目
泰国	生鲜食品、能源
美国	食品、能源
秘鲁	九个波动项目（食品、水果、蔬菜、城市交通等）
瑞典	住房抵押利息和税收补贴影响
法国	税收、能源、食品和管制价格
日本	新鲜食品
德国	间接税
欧盟	未加工食品、能源

资料来源：各国及欧盟统计局官网；《滕泰透视通胀》（2011 年）。

公布核心 CPI 之后的中国货币政策

2010 年的一天，笔者任某金融机构副总裁兼首席经济学家时，出差途中接到了国务院办公厅秘书局打来的电话，说总理询问我们发布的"民生核心 CPI"事宜。彼时国家还没有公布官方的核心 CPI，但我带领的研究机构已经开始定期向机构客户发布我们自行编制的"民生核心 CPI 指数"。最高决策层的关注，表明当时编制中国的核心 CPI 指数的迫切性，同年笔者在《中国证券报》就此发表题为《认清通胀特点 尽快推出核心 CPI》的文章并提出，既尊重 CPI 构成，又避免政策被 CPI 误导的办法是，在"十二五"期间，尽快推出并定期公布中国的核心 CPI[①]。

事实上，据了解，国家统计局从 2001 年起就开展核心 CPI 测算工作，但初期并未对外公开。最初几年的数据显示，相对于 CPI 来说，剔除了食品和能源后的核心 CPI 变化较为平缓。笔者通过对 2001 年 9 月至 2010 年九年的数据进行测算也发现，期间民生核心 CPI 变动幅度只有 2.10%（0.85~1.25），而同期 CPI 的波动幅度达 10.5%，是核心 CPI 的 5 倍。若货币政策仅仅依据 CPI 波动频繁"踩刹车"或"踩油门"，很可能被供给周期造成的食品价格波动所误导。

中国国家统计局从 2013 年开始公布官方编制的核心通货膨胀，用 10 年的 CPI 月度环比历史数据，剔除季节因素、随机变动的不规则因素，测算出了经季节调整的月环比指数，并且在剔除食品和能源项目后得到核心 CPI 月环比的值。自从中国统计局编制、发布核心

---

① 滕泰.认清通胀特点 尽快推出核心 CPI［N］.中国证券报，2010，12（A03）.

通货膨胀以来，该指标运行平缓而稳定。巧合的是，自2013年以来，中国央行的货币政策相对稳定，很少再跟着CPI的波动时而紧缩、时而宽松，基本上算是中性货币政策——显然，有了核心CPI，中国的宏观决策就更有定力，因为核心CPI剔除了食品、能源等特殊供给因素的影响而更加稳定，更能够反映总供给和总需求的关系。不过，尽管决策者更关心核心CPI，但居民仍然更关心CPI，因为CPI关系到他们钱包的购买能力。

第四节　房价纳入通胀指标，还是货币政策目标？

2000年以后，中国住房价格经历了约20年的持续上涨，如今一线城市新房售价动辄数百万甚至一千万一套，新市民、年轻人的住房负担明显加重。但与房价的高涨形成鲜明对比的是，以衡量居民生活负担动态变化为重要目标之一的CPI却波澜不惊，因为房价没有直接包含在消费物价指数当中。

由于无法真实反映住房价格变化对居民生活的困扰，中国CPI数据的准确性和真实性一度受到社会公众、学者，乃至相关决策部门的质疑。尽管官方统计部门多次声明，按照国际上制定的国民经济核算体系（SNA）核算要求，居民购买住房应视作投资而非消费，住房价格纳入CPI统计将失去与世界其他各国的可比性，但是众人之惑并未因官方的声明而完全打消。

现行CPI统计中居住消费一般包括建房及装修材料、水电气燃料、房租、自有住房等，除自有住房这一关键项目外，其他几项并不存在多少争议。目前，国际上常用的对CPI中自有住房的处理方法有四种：使用成本法、等价房租法、支出法和获得法。

表8-3　不同国家在CPI测算中对自有住房的处理方法

名称	原理	使用国家
使用成本法	计算初期住房购买的成本以及一年内的使用成本，包括实际成本和虚拟成本两部分。	加拿大、英国等
等价房租法	利用出租房屋结构类似的市场租金替代自有住房消费的价格，但由于市场出租房屋存在使用时间长、质量差等特征，容易出现自有住房（虚拟）租金低估的嫌疑。该方法与SNA核算体系中自有住房的处理方法一致。	美国、德国、日本等
支出法	度量与自有住房相关的现金支出，只反映自有住房的实际支出而不反映虚拟成本。	一般不采用
获得法	将住房购买与家电、汽车等耐用消费品一样，房屋总价一次性计入当期消费。	美国（1983年以前）、澳大利亚、新西兰

资料来源：王军平、王华研，《关于CPI中住房消费问题的探究》，《中国统计》，2008.11

中国CPI中居住一项的权重现在已经提高到了22%左右。自有住房消费与美国、英国、德国、日本类似，以虚拟房租形式计算，包括购房贷款利率、物业费、各种房屋维修费等。

单纯从居住的权重上看，低者如澳大利亚，仅占10%左右，而美国则高达42%左右；从时间跨度上比较，各国CPI中居住权重的变化也没有较一致的规律，有上升也有下降；即使是对居住消费项的统计看似更科学、严谨的发达国家，CPI与房地产价格的走势仍然存在巨大的差别，这也是各国CPI不太可比的原因之一。

CPI与房价走势出现背离的根本原因在于，房地产从属性上被划入了投资品而非消费品。根据通货膨胀的定义，资产价格并不在CPI考察范围之内。而中央银行的通货膨胀管理是否应该关注包括房地产、股票等资产价格的变动，在学术界尚存很大争议。

房价虽不直接进入CPI，但伴随着房地产价格的大幅上升，房价对通胀预期的影响越来越大，而通胀预期（货币的购买力赶不上通胀率，货币形态的财富储藏赶不上实物资产形态的财富）反过来也通过改变居民的投资、储蓄和消费行为，进一步推动房价上涨。因此，有一类学者认为宏观经济当局应当对房地产价格进行适当干预，这种干预在高通胀阶段尤其需要，以避免房地产价格过快上涨并通过改变通胀预期，进而导致"通胀预期－房地产价格"螺旋上涨或者"通胀预期－真实通胀"螺旋上涨的不利局面。

从货币流动的过程来说，中央银行所发行的货币并不是完全流入实体经济。货币流动性如雪域之水从源头奔涌而下，房地产市场、股票市场、银行体系和其他资产市场就像长江沿岸的沼泽、湖泊、水库一样，吸纳了上游的货币流量。在某段时期，如果房地产和股票市场等资产收益更高，就很可能出现资产价格上涨而实体经济的价格水平保持稳定的现象。随着越来越多的货币涌入房地产市场，房价就会甩开CPI独自走高。此时，由于CPI低位运行，害怕流动性紧缩会给经济增长和就业带来不利冲击的中央银行，往往对此采取谨慎观望态度，眼睁睁看着资产价格泡沫形成、变大。

当泡沫越吹越大之后，总会有一部分相对谨慎的投资者率先撤出市场，落袋为安，或转向实体经济、其他市场寻求投资机会。此时，加上低利率环境的刺激，实体经济相对平稳的供求关系可能被打破，通货膨胀压力开始显现。中央银行一旦看到CPI往上走过警戒线，便会启动加息、提高存款准备金率等紧缩性货币政策，誓将通货膨胀扼杀在摇篮里。然而，紧缩性货币政策会使原本资金开始流出的资产市场雪上加霜，资金撤离的结果必然是资产价格泡沫破灭，并有可能拖累整个金融体系异常波动，或导致经济陷入危机。

为了避免漠视房价、股市泡沫而使货币政策错失时机，越来越多的人开始思考资产价格变动是否应该纳入以CPI为主的通胀管理的问题。一些学者提出建议：应该在CPI之外考虑资产价格，形成一个新的通货膨胀参照指数。

不过，这一建议要真正实施困难重重。由于股市、房价的变动与一般商品价格的变动存在本质的区别，若将两类价格揉在一个指数里进行考察，那么新的指数很可能由房价和股价来主导。如果货币政策以这样的指数为目标，就会变得很不稳定。所以现实中的CPI或者政策均没有明确纳入住房等资产价格的变动。

美联储前主席伯南克就认为，中央银行几乎不可能知道资产价格变动是由经济的基本面引起的，还是由非基本面引起的，或者是由二者同时引起的。他在1999年与哥特勒合作的论文中提出："（央行）货币政策是否应对资产价格变动作出反应，取决于这种价格变动是否给宏观经济产生通胀或通缩的压力。"① 前欧洲央行首席经济学家易辛曾列举了资产价格不宜列入货币政策的几个理由，其中首要一个就是，没有可靠的实证模型来估算资产价格的"合理值"。

现实中，尽管绝大多数中央银行都意识到了货币政策应该考虑资产价格的变动，在房价不断上涨的年代，漠视房价的CPI也的确低估

---

① Bernanke, Ben S and Gertler, et al. Monetary Policy and Asset Volality [J]. Federal Reserve Bank of Kansas City Economic Review, Forth Quarter, 1999, 84(4), pp17-52.

了居民的生活成本，但这并不意味着要把资产价格纳入物价指数中。

人民银行前行长周小川 2020 年提出，传统的通胀度量面临几个方面的不足和挑战，其中之一是较少包含资产价格会带来失真。在笔者 2011 年出版的《透视通胀》一书中碰巧提前发表了对这个问题的观点：该修订的不是通胀指标，更不是让通胀指标包含资产价格，而是货币政策的目标——既要关注通胀指标，也要关注资产市场的价格指标；对消费者也一样，既要关注 CPI，也要关注房价，而不是把二者混为一谈。

第九章

PPI 与 CPI 分叉演绎通胀式衰退

第九章 PPI 与 CPI 分叉演绎通胀式衰退

消费者价格指数（CPI）反映下游消费端的价格水平；而生产者价格指数（PPI）反映上游生产领域的价格，如原材料和中间投入品。正常情况下 PPI 与 CPI 亦步亦趋，但自 2021 年以来，很多国家的 PPI 和 CPI 出现了比较大的差异，有的甚至出现了巨大的分叉，这不仅意味着上游生产和下游消费品领域的差异，通常还意味着不同行业的冷暖，并有可能演绎出"通胀式衰退"的风险。

第一节 各国 PPI 同步走高，全球工业通胀成真

2020 年下半年起，由于疫情造成的供给冲击和刺激政策带来的需求扩张，国际大宗商品价格强劲反弹，带动各国 PPI 步调全面同步走高。

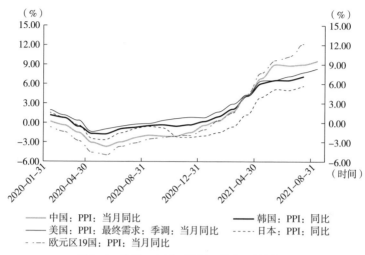

图 9-1　美国、中国、欧盟、日本、韩国 PPI

资料来源：同花顺。

2020年以来，各国的 CPI 走势迥异，但为什么 PPI 走势却高度趋同呢？这是本轮全球通胀的特色，还是一直以来各国 PPI 就走势相似呢？

我们把 2000~2010 年中国、美国、德国、法国、英国、欧盟 27 国、日本、韩国等国的 PPI 指数放在同一个坐标系，发现这 10 年各国 PPI 走势上同样高度趋同。

其中，各国 PPI 同步性变化最明显的莫过于 2008~2009 年。2008 年，在金融危机和紧缩性宏观调控政策的双重打击下，中国的 PPI 指数从 8 月 10.06% 的高位一路下滑到 2009 年 7 月 -8.2% 的谷底，一年时间下降了超过 18 个百分点。同一时期，美国、德国、日本、韩国等国的 PPI 指数也经历了与中国极为相似的"过山车"情形。以美国为例，2008 年 7 月美国的 PPI 指数开始下滑，从 9.8% 跌至 2009 年 7 月的 -6.6%，下降幅度达到 16.4 个百分点，仅比中国小 1.6 个百分点。

第九章 PPI 与 CPI 分叉演绎通胀式衰退

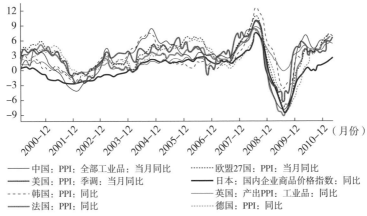

图 9-2　各国 PPI 波动具有显著趋同性

资料来源：Wind

各国的 PPI 波动具有明显的趋同性，甚至中国作为新兴市场与美日欧等老牌发达国家相比，PPI 不仅在方向上具有同步性，而且波动的幅度也大致相当。这是为什么呢？

其实，发达国家与新兴市场国家在产业结构上的最大差别在于前者服务业占 GDP 的比重远大于后者，比如 2019 年美国服务业占 GDP 的比重高达 77.3%，英国、法国均超 70%，而中国 GDP 中服务业占比为 54.5%，印度仅为 49.3%[①]。各国的 CPI 统计都包括了服务价格，但大多数国家的 PPI 统计没有覆盖服务业内容，这使得各国经济的结构性差异基本上不会在 PPI 中显现。

另一方面，各国原材料价格都与全球大宗商品价格高度联动，而各国 PPI 主要以工业品为统计对象，因此，各国 PPI 才呈现出了基本一致的走势。

---

① 世界银行数据库，中国国家统计局. 2020 年度统计公报［R/OL］.（2021-2-28）［2021-12-1］. http://www.tjcn.org/tjgb/00zg/36540.html

2021年，从各国CPI走势差异上看还不能说全球通胀已经形成，但是从各国PPI表现来看，全球工业通胀已经是不争的事实。

第二节　PPI不仅是工业通胀率，也是经济景气指标

生产者价格指数（PPI）不仅是工业通胀率，可以前瞻性地透视出库存和投资的变化，成为经济景气的领先指标。

PPI低位反转，经济复苏、行业普遍获利

PPI不仅仅是价格指标，也是典型的经济景气指标。每一轮PPI从低位反转，各行业都会经历一段盈利普遍增长的好时光。库存回补、企业盈利普遍好转，甚至投资增速也开始扩张。

从图9-1可以看出，这一轮全球PPI低位反转是从2020年五六月份开始的，那其实是全球经济从疫情冲击下复苏的开始，PPI是最灵敏的经济复苏领先指标之一。

每一次PPI指数拐头向上时，很可能就是全球经济补库存周期的开始——下游需求开始复苏，生产企业就会主动补库存，推动原材料、燃料等购进价格上涨，进而推动PPI上行。

例如，2009年7月，PPI指数达到了-8.22%的低点，到9月不再创新低，回升至-7.86%。在补库存阶段，原材料库存的上升则要

第九章 PPI与CPI分叉演绎通胀式衰退

早于产成品库存。此时虽然原材料库存先回升，但产成品库存指数仍然在向更低位运行，PMI库存指数也无法做出整个经济补库存即将开始的预判，但PPI指数已经发出了预警信号。接下来PPI指数不断走高，到2009年10月产成品库存指数开始从43的低点向上攀升，验证了补库存判断的正确。

在PPI上升初期，上下游价格上涨都相对比较温和，PPI上升意味着企业出厂价格走高，由于"货币幻觉"的作用，劳动力成本变动一般来说要相对滞后一些，这个时候企业的日子过得比较舒心。由于原材料库存的上升会早于产成品库存上升，因而在PPI上升的初期，上游资源类企业销售收入及利润增长显著。

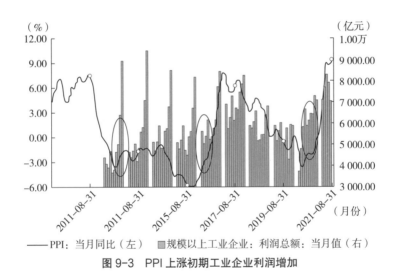

图9-3　PPI上涨初期工业企业利润增加

数据来源：国家统计局。

疫情发生后，中国经济也经历了由去库存到补库存的周期变化，从PPI指数5月底部反转可做出去库存结束、补库存周期开始的预判。2020年下半年开始，全球大宗商品价格轮番上涨，首先反映到了国内原材料等上游行业和企业的盈利上。在 2020 年下半年，当餐饮、娱乐等服务业仍在疫情中苦苦挣扎时，PPI 整体的降幅正不断收窄，上游行业的盈利已经持续改善。由于带动 PPI 回升的动力全部来自生产资料，特别是黑色金属、煤炭开采、有色金属、石油及化学制品等行业利润恢复最为显著。

如果是需求拉动的经济复苏，PPI 低位反转通常还会成为固定资产投资增速的领先指标，因为当原有的生产规模不能满足需求时，企业就会扩大投资。

PPI 上涨与 CPI 下降，上游通胀、下游通缩

从长期来看，PPI 与 CPI 的波动方向具有一致性，且 PPI 的波动幅度显著大于 CPI 的波动幅度。但 PPI 反应生产市场供求关系，CPI 反应消费市场供求关系，二者虽然长期趋势一致，但在短期走势上却不存在必然的领先、滞后或同步关系。在需求因素主导的物价上涨中，PPI 与 CPI 走势会表现出同步性；在供给冲击造成的物价上涨中，取决于中间环节的传导，PPI 与 CPI 之间有时候会步调不一致。

历史上 PPI 上行与 CPI 下行组合出现的可能性较小，而且持续时间一般不会太长。2015 年以来，中国 PPI 与 CPI 走势出现较为明显的分化，更主要是因为供给冲击。2020 年以来，中国 PPI 与 CPI 的分化也来自供给冲击——因为上游补库存周期、房地产和基本建设投资增速较快，而下游消费复苏低于预期，也在很大程度上压低了 CPI 的上涨，从而造成了"PPI 上涨 +CPI 下降"这种特别的组合。

PPI 上行意味着生产企业产品出厂价格上涨，销售单位商品带来

的企业盈利将增加。如果同期出现 CPI 下行则表明下游消费低迷——上游通胀、下游通缩，此时政府通常执行积极的财政、货币政策，这是稳消费政策最好的时间窗口，但是这样的时间窗口一般不会太长。

从历史上看，中国 CPI 滞后于 PPI 的情况不多，1999 年 12 月~2000 年 8 月、2002 年 11 月~2003 年 3 月、2009 年 11 月~2010 年 5 月，中国 CPI 都滞后于 PPI 增速，但由于 PPI 向 CPI 的传导作用，5~8 个月以后，必然推动 CPI 上行。

2020 年以来的这一次中国经济"上游通胀、下游通缩"的情况持续的时间比历史上任何一次都要长，其背后的结构性原因值得高度重视。PPI 率先低位反转通常是需求复苏的拉动，但是 2020 年的这一次底部复苏却主要不是需求复苏，至少不是中国的需求复苏拉动——全球矿山、货运因为疫情中断而造成供给不足，同时欧美大量发钞刺激消费，造成欧美消费迅速复苏——也就是说，"海外的需求复苏 + 海外的供给冲击"是全球 PPI 底部反转的主要原因，而中国的消费依旧低迷。

PPI 持续上涨，下游行业利润受到挤压

如前文所示，PPI 大幅度攀升而 CPI 并未跟随上，主要是源于中下游厂商的竞争、产能利用率提高，以及不同产业环节对上游涨价的消化吸收等，也受到居民收入增速持续下滑的影响。中国居民人均可支配收入，从 2010~2019 年实际增幅由 10.4% 降至 5.8%，2021 年前三季度，在上年基数较低的情况下继续恢复性增长，两年平均实际增长 5.1%；社会消费品零售总额增长也由 2010 年的 14.8% 降至 2019 年的 8%，2021 年前三季度相比于 2019 年增长也为 8%。在疫情冲击

之后，国内政策重点放在了供给侧的恢复，而对需求侧缺乏强有力的财政支持，修复一直较为缓慢。

在这样的背景下，随着PPI的持续上升，上游企业的盈利能力继续扩张，而下游的盈利能力开始受挤压。2021年上半年，中国规模以上工业企业利润同比增长66.9%（以2019年同期数为基数，采用几何平均方法计算，两年平均增长20.6%），在PPI中占比较高的采矿业、原材料制造业利润同比分别增长1.33倍、1.83倍，明显高于工业整体水平，而处在下游的汽车、电子设备、医药、服装等制造业产品出厂价还在下降，盈利状况落后于工业平均水平。

2021年9月，国内PPI与CPI同比涨幅"剪刀差"达到10个百分点，为21世纪以来的最高值。

如果下游行业能够吸收上游行业PPI的上涨，并可以通过提高自身产品出厂价格进一步向其他环节传导成本上涨压力，则长期来看该行业的盈利能力和盈利水平是相对比较稳定的。而那些无论上游产品价格如何变动，自身PPI指数始终在低位徘徊的行业，要保持稳定的盈利水平，只能通过管理创新、技术创新等努力内部消化，否则，行业利润率难逃下滑局面。

我们可以用"PPI传导系数[①]"来测度某行业能否将上游行业的PPI上涨顺畅地传导至下游。如果PPI传导系数>1，且呈不断上升趋势，表明中下游行业产品出厂价格涨幅超过上游产品价格涨幅，中、下游行业不但可以消化掉上游原材料涨价，并且可以加价销售，盈利能力增强；反之，若PPI传导系数<1，则表明中下游出厂价涨幅低

---

① 滕泰．滕泰透视通胀［M］．中国人民大学出版社，2011（10）．

于上游，对企业经营利润带来冲击，行业盈利能力减弱。

在中国，除了化工等某些有垄断地位、规模优势、专有技术的中游行业和少数下游行业寡头之外，大部分中下游产业的 PPI 传导系数都小于 1。由于普遍存在过度竞争状况，同类产品生产者或服务提供者众多，价格战持久且惨烈，因此没有涨价和转移成本的能力，利润率下滑便成为现实——如果 CPI 滞后于 PPI 持续时间较长，上游行业不断挤占了下游行业的部分盈利空间，可能就会使更多中小企业盈利缩减，甚至退出市场。

第三节　从 PPI 与 CPI 的不同组合，研判经济周期

如果将 PPI 与 CPI 走势结合起来分析，往往可以透过其反映的投资和消费价格变化，提前判断经济周期的波动方向。

PPI 与 CPI 同涨，经济从复苏到过热

从 PPI 反映的投资环节看，PPI 上行表明下游需求旺盛、导致企业投资意愿强烈，拉动上游产品出厂价上涨，反过来继续刺激工业投资保持旺盛态势，经济有过热的风险。从 CPI 反映的消费环节看，CPI 上涨表明消费增速出现扩张。

1992 年底到 1993 年底、2004 年、2008 年，中国经济均呈现出

投资、消费齐旺盛的经济格局，PPI 与 CPI 共同上涨且幅度较大，反映的是宏观经济正处于复苏甚至趋向过热的阶段。

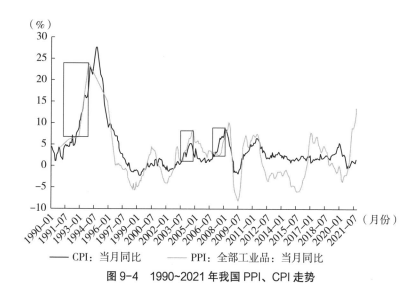

图 9-4　1990~2021 年我国 PPI、CPI 走势

1992 年，在邓小平南巡讲话精神的推动下，中国经济进入一个快速增长的新阶段，当年 GDP 增速达到 14.2%，固定资产投资完成额同比增速达到 44.40%。1993 年更是快马加鞭，GDP 增速达到 13.5%，固定资产投资完成额同比增速达到 61.80%。那两年 CPI 与 PPI 走势高度同步，联袂上行，的确出现了 GDP 增速与通胀齐飞的景象。1992 年 12 月，CPI 指数已经达到 8.8%，之后便一路上行，到 1993 年 12 月达到 18.8% 的过热水平。而 PPI 在 1992 年底已经达到 6.8%，到 1993 年 12 月达到 24%，之后 PPI 基本见顶，而 CPI 仍惯性上冲至 1994 年 10 月的 27.7% 方才止步。

2003~2004 年，CPI 与 PPI 也有一段同步上涨的时间，CPI 从 2003 年 6 月的 0.34 开始上行，到 2004 年 9 月达到 5.19 见顶，而 PPI

第九章 PPI与CPI分叉演绎通胀式衰退

从2003年9月的1.37开始上涨，到2004年10月的8.43止步。这两年的经济背景是，2003年中国出现了SARS疫情，但未能阻挡经济的强劲增长势头。当年GDP增速达10%，固定资产投资完成额增速达到23.8%，2004年固定资产投资完成额增速继续维持在23%的过热状态，当年GDP增速达到10.1%。

2007~2008年，是全球金融危机之前的一段时间。中国经济表现良好，2007年GDP实现了14.2%的高增长，CPI有所上行，年底达到6.51%，宏观调控方面已经实施了稳中适度从紧的货币政策；到2008年上半年GDP仍实现了10.9%的增长速度，宏观调控继续加码，年初提出"防止经济增长由偏快转为过热、防止价格由结构性上涨演变为明显通货膨胀"的"双防"目标，但到年中次贷危机逐步深化，汶川地震等灾害给经济造成影响，宏观政策调整为"把保持经济平稳较快发展、控制物价过快上涨作为宏观调控的首要任务"，即"一保一控"。这段时间里CPI也和PPI同步上行了一段，CPI从2007年1月的2.17%上涨到2008年2月的8.74%，PPI从2007年8月的2.56上涨到2008年8月的10.06，同步上行时间约有5个月。到2008年11月9日，国务院常务会议宣布对宏观经济政策进行重大调整，财政政策从"稳健"转为"积极"，货币政策从"从紧"转为"适度宽松"，同时公布了此后两年总额达4万亿元的庞大投资计划。

PPI下行，CPI上行，衰退式通胀

所以，当PPI指数掉头向下时，很可能就是企业去库存的开始。在去库存阶段，原材料库存的下降要晚于产成品库存，例如：2008~

2009年国际金融危机期间，中国PMI工业产成品库存指数大幅下滑，工业企业加速去库存拉动同期的PPI指数也急剧下挫。

若PPI持续下降而CPI持续上行，则经济有陷入衰退式通胀的风险。例如日本经济在2017年10月到2018年2月，PPI从3.5下降到2.0，而CPI从0.2上涨到1.5，GDP增速也从2.5%下降到1.5%。尽管从CPI看还没有达到通货膨胀的程度，但是企业去库存与消费低迷相结合导致的经济增速下滑已经出现。

中国经济也经历过这样的阶段。在1993年12月到1994年11月这段时间里，就出现了PPI下行而CPI上行，经济增速下行与通货膨胀并存的情况。在1993年12月，CPI和PPI已经分别上涨到了18%和24%的高位，投资过热的现象已经非常明显。其实，在1993年下半年管理层已经出台了财政政策和货币政策"双紧"的调控措施，开始为经济降温。1993年12月以后，PPI开始掉头向下，而CPI仍然凭借惯性上冲，1994年11月达到27%的高点才止步，这一阶段GDP增速也从14.1%下降到12%。

到2021年10月以后，随着PPI的持续高位运行，中国下游消费品的价格已经有所反应。2021年11月，被视为大众消费品的涪陵榨菜宣布部分产品提价，国内瓜子、食用盐、食醋、豆奶、速冻食品等纷纷开始涨价。

2022年，预计中国的PPI会跟随全球步伐而有所下行，但是PPI向下游的传导压力一旦突破了很多下游企业的承受临界点，有可能带来CPI的上涨，一旦突破3%的警戒线就会叠加预期因素形成自我强化——在投资增速下滑、消费不振的情况下，一方面面临新的经济下行压力，一方面又要面对物价上涨，这对中国的宏观决策将是一个新的挑战。

第九章　PPI 与 CPI 分叉演绎通胀式衰退

PPI 与 CPI 同跌，经济下行

PPI 与 CPI 下行的状况同时出现时，表明宏观经济中的消费及投资均呈现低迷态势，经济增速逐步下行，严重者甚至有经济衰退风险。

在 1993~1994 年的调控过程中，PPI 从 1993 年 11 月开始下行，CPI 则从 1994 年 12 月开始下行，当时 GDP 还处在 12% 左右的较高增速区间。之后就进入了 PPI 和 CPI 双双下行的经济减速阶段，直到 1998 年 10 月，PPI 在 -5.7% 的位置见底，而 CPI 继续下行至 1999 年 6 月，在 -2.1% 的位置见底。这一段 PPI 和 CPI 双双下行的过程中，GDP 增速从 12% 降至 7.9%，基本实现了"软着陆"。

2008 年下半年中国 PPI 指数从 10.06% 的高点开始掉头向下，一直下行至 2009 年 7 月的 -8.22%，CPI 则一直下行至 2009 年 7 月的 -1.81% 才见底，由于美国次贷危机和全球金融风暴影响，经济陷入阶段性衰退。

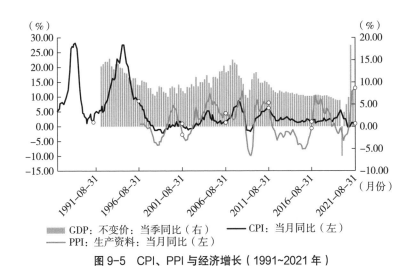

图 9-5　CPI、PPI 与经济增长（1991~2021 年）

资料来源：中国国家统计局。

小知识：各国 PPI 构成的差异

生产者价格指数（PPI）旨在衡量商品在不同生产阶段的价格变化，包括企业作为中间投入的原材料、燃料、动力购进价格和工业品第一次出售时的出厂价格，反映的是工业生产环节的价格水平。

1867~1890 年，加拿大应用简单平均法编制了 89 种商品的"批发商品价格指数（WPI）"，之所以如此得名，是因为涵盖的都是进入零售环节之前的商品。

1902 年美国用此法编制了第一个"产业商品指数"（涵盖 1890~1901 年），包括大约 250 种商品价格，接着该指数被进一步扩展，用于考察美国参议院提出的关税法案对国内外农业和制造业产品价格的影响。

1903 年，英国贸易局向议会提交了欧洲第一个批发物价指数，二战后，许多国家为测度商品在生产环节的价格变化，纷纷开始编制商品批发价格。

1970 年，欧洲统计局开始了一项系统计划，鼓励成员国收集工业产品的出厂价格。根据这些价格编制的指数，便是后来被称为生产者价格指数的 PPI。在 20 世纪 70~80 年代，随着编制方法制度的改进，许多国家纷纷用 PPI 替代 WPI。PPI 与 WPI 的主要区别在于，一般而言 PPI 并没有将流通环节的价格计算在内，但 WPI 包含了商品从出厂到终端消费市场的流通费用。

为编制各国统一、可比较的 PPI，1979 年，联合国统计办公室颁布了《工业产品生产者价格指数手册》（*Manualon Producers Price*

Indices for Industrial Goods），为各国制定和计算 PPI 提供了指导原则。尽管各国都以联合国颁布的《工业产品生产者价格指数手册》为指导，但在具体的 PPI 编制中，统计口径上会存在一定的差异。

一般而言，生产一种商品要经历三个阶段，以服装为例，首先是原始阶段，此时购进原材料——棉花，未做任何加工；二是中间阶段，棉花被纺织为布匹，有待服装厂进一步加工；三是完成阶段，布匹被做成服装可以直接进入消费市场。也就是说 PPI 的考察对象涵盖了投入品和产成品两部分：投入品价格反映生产者购入原材料、中间品和生产性服务的价格，产成品价格反映生产者提供的产品和服务的价格。

大多数国家将原材料等投入品价格和产出品出厂价格一起囊括到生产者价格指数中，有些国家仅包含了产出品的出厂价格；有些国家的 PPI 统计覆盖三大产业，有些国家仅统计工业品价格；有的国家只计算国内市场出售的价格（如英国、德国），而部分国家还包括销往国外的产品价格。比较美国、中国、欧盟和日本的 PPI 统计口径，中国一般所说的 PPI 实际指工业品出厂价格，欧洲一些国家的 PPI 多指原材料价格指数，德国指国内采矿业、制造业、能源和供水企业内销的工业产品的价格变动，而日本的 PPI 指数中出口产品离岸价占比相当高。

美国的 PPI 统计口径较为特殊，包含了工业品和一部分服务的投入品和产出品价格，由最终需求商品（包括食品和能源，占总权重的 33%）、贸易服务（占 20%）、运输和仓储服务（占 4%）等六项组成[1]。为了提高 PPI 指数的测算精度，美国按照规模和重要性对采样项

---

[1] 见 Trading Economics 官网。

目赋以权重，该权重每5年更换一次。

英国生产者价格反映的是英国工厂出售和购买（也称总产出和总投入）的商品价格变动情况，包括产出价格系列、投入价格系列、进口价格指数（月度）、出口价格指数（月度）四项。英国的生产者价格调查为月度调查，调查企业约4 000家，覆盖6 700多种商品。除PPI外，英国统计局还每季度发布服务业生产者价格指数（SPPI）。[①]

表9-1 世界主要国家PPI统计比较

项目 国家	频率	调查企业数	商品价格数	变基频率
法国	月度/季度	4 200	24 000	5年
德国	月度	6 800	10 100	5年
英国	月度	4 000	6 750	年度
日本	月度	1 950	4 259	5年
韩国	月度	1 900	896	5年
美国	月度	34 000	119 000	5年
中国	月度	40 000	2 0000	5年

资料来源：中国数据来自中国国家统计局，德国数据来自2019年8月德国统计局出版的 *PPI Methodical Guide*，其他国家数据来自各国统计部门。

中国生产者价格指数其实是一个较为庞大的体系，分为工业生产者价格统计和农业生产价格统计两块，不包括第三产业的服务价格。其中工业生产者价格指数按照生产要素流向划分，又可以分为"工业生产者购进价格指数PPIRM"和"工业生产者出厂价格指数PPI"。一般而言，提到中国的生产者价格指数就是特指工业品出厂价格指数

---

① 资料来源：英国统计局网站 http://www.ons.gov.uk。

（PPI）这一狭义的概念，反映工业品第一次出售时的出厂价格变化，不包含税费及运费；按产成品的用途它又可以进一步划分为PPI生产资料和PPI生活资料。

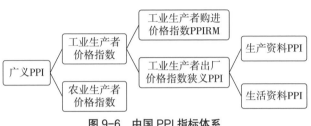

图9-6 中国PPI指标体系

编制生产者价格指数对中国国民经济核算、宏观经济预测和物价监测等发挥了重要作用。中国工业生产企业大大小小以数百万计，编制全部工业产品价格指数并不可行也没有必要，通行的办法就是找出有代表性的企业和产品篮子，并赋予一定权数。

在选择调查企业方面，中国采取了重点调查和典型调查相结合的办法。根据代表性原则，抽选年主营业务收入2 000万元以上的企业作为调查对象。经国家统计局审定，可酌情补充部分年主营业务收入2 000万元以下的企业。

在选择代表性产品方面，中国主要遵循了以下原则：对国计民生影响大、销售产值大的产品，生产较为稳定的产品，有发展前景的产品，具有地方特色的产品。在全部工业中所占比重大的行业，其代表产品也相对较多。

中国工业生产者出厂价格的调查范围目前覆盖4万多家工业企业，涵盖40个工业行业大类，666个工业行业小类。根据中国工业企业产品的实际销售情况，选用了4 000多种产品作为代表产品，并将其划分为1 300多个基本分类。工业生产者购进价格调查项目，由上述出厂调查目录中的大部分产品和部分农副产品两部分组成，涵盖9大类，800多个基本分类[①]。被调查产品和覆盖范围均有较强的代表性，以保证PPI指数对实体经济反映的可靠性。

---

① 参考中国国家统计局官网月度数据发布，以及《工业生产者价格统计报表制度（2021）》。

第十章

物价与增长指标的综合应用

第十章　物价与增长指标的综合应用

CPI、核心 CPI、PPI 等价格指数，虽然各有所长，但毕竟只是从价格变化上来反映经济运行状况。价格信息虽然重要，但是经济的增长或衰退还是更多体现在数量的变化上，只有把价格指标与数量指标结合起来，才能更准确地把握经济和物价的运行趋势，前瞻性地发现并客观判断通货膨胀或经济衰退的风险。

第一节　增加值能否准确反映增长

GDP、工业增加值、行业景气指数中，既含有各种产品和服务的数量信息，又含有各种产品和服务的价格信息。

GDP 的构成与影响因素

我们都知道，GDP 是衡量一个经济体在一段时间内创造财富总量的指标，它并不是所有交易额的加总，而是各行业创造增加值的总和。GDP 可以用生产法、收入法和支出法三种方法来计算，用生产法计算 GDP，就是用总产出减去中间投入，而收入法和支出法的计算公式则可以表示为：

（收入法）增加值 = 劳动者报酬 + 固定资产折旧 + 生产税净额 + 营业盈余

（支出法）增加值 = 总消费 + 总投资 + 出口 − 进口

由于无论是总产出、中间投入，还是劳动者报酬、固定资产折旧以及总消费、总投资和净出口，都是用当时的价格来计算的，因此在 GDP 中既含有各种产品和服务的数量信息，又含有各种产品和服务的价格信息，由此就导致各期 GDP 之间的不可比。

例如，某国 2019 年的 GDP 是 1 亿元，产品价格是 100 元，中间投入价格是 90 元，到了 2021 年，GDP 达到 1.1 亿元，产品价格涨到 105 元，中间投入价格涨到 100 元，我们能简单说这个国家的经济规模或者生产能力增长了 10% 吗？

由此我们可以看出，GDP 增速实际上既包含了单位时间内生产的产品和服务数量变化的因素，也包含了产品和服务价格变化的因素。单位时间内生产的产品和服务数量变化，是由资本、劳动、土地等要素投入数量变化、技术水平变化，以及管理等制度因素的变化导致的，代表了一个经济体实际的经济发展水平的变化，因此剔除价格变化因素的增长率被称为"实际增长率"。

这段时间内产品和服务价格变化则是由货币发行数量、上游原材料价格、劳动力价格、消费者收入水平、消费者对通货膨胀的预期等因素导致的，由价格因素导致的经济产出水平变化并不能代表一个经济体实际的经济发展水平变化，因此经常被称为"名义增长率"。

我们还需要注意到的是，GDP 的统计有其范围限制，并不是将发生在一个经济体范围内的所有经济活动都统计在内了。例如，如果一位女士从事家政服务员的工作，为其雇主提供打扫卫生、整理家务、买菜做饭的工作，她创造的增加值会被统计在 GDP 范围内，但如果这位女士只在自己家从事同样的劳动，那么她所创造的增加值并不会被统计进入 GDP。也就是说，人们创造财富的活动有的进入市场，有的不进入市场，GDP 只计算了进入交易的产品和服务增加值，而忽视了未进入交易的生产和服务。

有些时候，政府会通过调整 GDP 核算来让经济指标更加符合现实情况。例如，从 2017 年 7 月起，国务院同意实施《中国国民经济核算体系（2016）》，2016 年核算体系调整了研究与开发支出的处理方法，将能为所有者带来经济利益的研究与开发支出不再作为中间投入，而是作为固定资本形成计入国内生产总值。

还有一种情况是，尽管产品和服务的数量没有增加，仅仅是交易增加了，也会导致 GDP 的增长。在一个国家从计划经济向市场经济转型的过程中，有不少 GDP 并不是经济活动所创造的财富增加，而是市场化造成的更多经济活动进入市场所造成的。

行业指数的变动及驱动因素

我们在研究行业景气时总是离不开各行业的指数。指数的一个作用是将价格变化抽象化,例如将基期的价格设定为 100,以后的价格变化均在 100 上下波动,很容易看出变化的幅度;指数的另一个作用是将某类商品不同细分品种的价格综合化,例如国际钢材价格指数就是在全球选择了 39 个钢材市场,这些钢材市场分布在美国中西部、德国、中国南方港口城市,在这些市场上采集 5 种有代表性的钢铁产品:热轧卷板、冷轧卷板、热镀锌板、螺纹钢、型材的市场交易价格,然后将这些产品价格根据其在北美、西欧和亚洲市场的消费份额加权后得出国际(全球)钢材价格指数,该指数以 1994 年 4 月当时的加权平均价格为基准,确定指数为 100,每周发布一次[①]。这种抽象化、综合化的行业价格指数主要反映行业产品的价格变化。

还有一类行业指数是用相关上市公司市值加权总和的变化来反映行业的景气程度,例如费城半导体指数(SOX)是由 30 家涉及半导体的设计、分销、制造和销售的上市公司组成的市值加权指数。而光伏经理人指数则是从 A 股、港股和美股 3 大市场中选取了光伏产业链上涵盖电池组件、硅料硅片、逆变器、设备辅料、EPC(Engineering Procurement Construction,意即工程总承包)、运营六个环节中最具代表性的 40 家上市公司,剔除各上市公司所在市场的大盘涨跌因素,并在调整三地市场估值差异后按市值加权,构成了一个全行业指数和两个一级行业指数(中上游制造业指数和下游电站指数)以及六个细

---

① 参见百度百科词条:钢材价格指数。

分行业指数,旨在尽可能准确地还原光伏各细分行业中企业的真实超额收益,反映了电池组件、硅料硅片、逆变器、设备辅料、EPC、运营这六个光伏细分行业各自的景气程度。

推动行业价格指数和景气指数变化的,可能是以下三种力量:

第一种推动价格变化的力量是周期性的需求变化。例如原油指数波动就受到中国、美国等主要经济体需求波动的影响。从 2002 年底到 2008 年 7 月,受中国经济持续强劲增长的推动,原油价格指数从 22 点一路上升至 144 点左右,随着美国次贷危机演化为全球金融危机,中国等原油主要进口国的需求大幅下降,原油价格指数从 140 点以上快速下跌至 40 点左右。之后在中国经济复苏的推动下,原油价格再度走出低谷,从 40 点攀升至 110 点左右,并在 110 点到 80 点之间震荡。2014 年中以后,中国经济增速开始放缓,同时美国由于国内页岩油产量增加,对国际原油的需求也在下降,于是在 2014 年原油价格指数经历了从 110 点到 50 点以下的快速下跌,到 2016 年一度跌至 30 点左右。2016 年以后的原油价格逐步反弹走强,则主要是因为欧佩克等原油生产国控制供给,以及美国部分页岩油产能因价格过低退出市场导致的。而 2020 年 4 月新冠肺炎疫情在全球爆发以后,原油价格出现的非理性暴跌(一度出现了跌破 −37 点的极端情况)和之后的逐步反弹又主要是由需求因素主导的:疫情一度导致全球主要国家经济都出现"急冻",引发了人们对经济前景的高度恐慌,原油需求量快速下降;之后随着疫情逐渐得到控制,尤其是中国在实现"清零"之后,制造业迅速复工复产,对能源的需求也快速恢复,导致原油价格逐步走高。

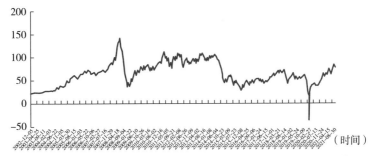

图 10-1 美原油指数（2002 年 12 月 5 日~2021 年 8 月 30 日）

资料来源：纽约商品交易所（NYMEX）。

第二种推动价格变化的力量是新需求增长所带来的"风口"。例如费城半导体指数（SOX）在 2020 年 3 月之后出现了一轮快速上涨的走势，其成分股中，芯片制造设备应用材料涨幅达 120%，光刻机生产商 ASML 涨幅为 113%，芯片生产商英伟达的股价涨幅高达 140%。费城半导体指数表现优异的根本原因还是人工智能、新能源、无人驾驶等新技术、新产业发展推动芯片需求高速增长，使得半导体行业进入持续高景气阶段。

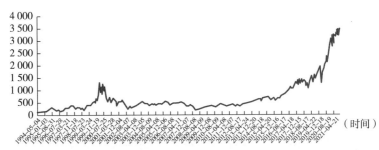

图 10-2 费城半导体指数（1994 年 5 月 4 日~2021 年 4 月 21 日）

注：1993 年 12 月 1 日 =200。

资料来源：费城交易所。

第三种是供给结构、供给效率调整带来的价格长期变化。例如中国煤炭价格指数中的优质动力煤指数 2012 年以后的运行可以分为四段，第一段是 2016 年 8 月以前，由于长期的供给过剩导致的价格一路走低；第二段是 2016 年 8 月以后，由于中国大力实施"去产能"行动，关闭了大量低效煤矿，改变了煤炭供给结构，动力煤指数开始上行，从最低的 130 点上升至 160 点左右；第三段是 2016 年 11 月以后保持比较平稳的运行；第四段是 2020 年 5 月以后，由于进口煤炭减少、推进"双碳战略"导致本土煤矿产能被进一步压减等原因再次改变了煤炭的供给结构，导致动力煤价格再度大涨，2021 年 3 月以后一度从 157 点上升至 356 点。

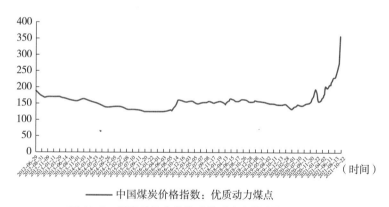

—— 中国煤炭价格指数：优质动力煤点

图 10-3　供给结构变化推动优质动力煤价格指数上涨

资料来源：中国煤炭市场网。

工业增加值：价格与产量的变奏

工业增加值是衡量工业部门创造财富总量的最常用指标。它的计算原理和国内生产总值（GDP）是一致的，有生产法和收入法两种计算方式，一般用生产法来计算，即用工业总产值减去中间投入，再加上本期应缴增值税，就得到工业增加值。

在改革开放前很长一段时间里，中国的统计部门、工业部门和相关企业都用工业总产值来反映工业企业和部门的财富创造数量，这种做法固然简便，但存在一个很大的问题，就是将产业链上不同环节创造的价值重复计算了。例如在机械产业链上，每一个环节都会计算自己之前的所有环节创造的价值，那么铁矿石采掘、冶炼、钢材铸造轧制、零件加工等环节的价值都会被重复计算甚至是多次重复计算，必然导致整体工业部门的产值虚高。

工业增加值只计算本环节创造的增量价值，这就避免了对之前环节的重复计算，提高了工业部门统计数据的真实程度。但是和GDP统计原理一样，工业增加值也包含了实际产量变化和价格变化两方面的因素，而价格变化可能会掩盖产量变化。例如2020年7月、8月，中国钢材产量的增速已经跌至负增长区间并不断下降，7月为–6.60%，8月为–10.10%，但由于钢材价格以40%以上的幅度上涨，导致中国黑色金属冶炼及压延加工业的工业增加值变动明显小于钢材产量的变化，7月、8月降幅分别仅为–2.6%和–5.3%。有色金属行业也发生了类似的情形，9月、10月10种有色金属产量已经出现–1.6%和–2.6%的负增长，但有色金属行业的工业增加值仍然实现了1.2%的正增长或保持零增长。

还有一种情况需要考虑，就是当中间产品价格大幅上涨，涨幅明显超过产品价格涨幅时，将会导致工业增加值增速下降甚至出现负增长，例如铁矿石价格上涨幅度明显高于钢材价格涨幅时，就会出现这样的情形。比如2020年8月以后，中国钢材产量仍在以10%以上的速度增长,但是由于钢材价格涨幅为负或者较小,而铁矿石价格涨幅达到30%以上,导致黑色金属冶炼和压延业的工业增加值出现负增长。

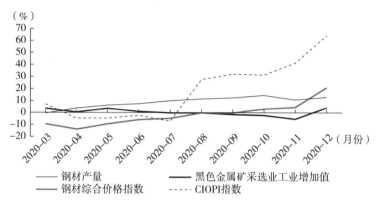

图10-4 铁矿石价格涨幅明显超过钢材价格涨幅,导致工业增加值负增长
资料来源:国家统计局、Choice数据。

表10-1 铁矿石价格涨幅明显超过钢材价格涨幅,
导致工业增加值负增长

时间	钢材产量:当月同比(%)	黑色金属矿采选业工业增加值:当月同比(%)	钢材综合价格指数:当月同比(%)	CIOPI指数:当月同比(%)
2020-08	11.3	0	-0.24	27.87
2020-09	12.3	-1.4	-0.09	31.72
2020-10	14.2	-2.2	2.88	31.58
2020-11	10.8	-5.3	4.52	41.48

资料来源:国家统计局、Choice数据。

第二节 消费与新增资本形成指标

观察社会消费品零售总额、固定资产投资完成额等指标,并与物价指标结合,可以发现宏观经济波动的变化细节。

社会消费品零售总额

社会商品零售总额是衡量全社会消费总量的指标,它的定义是指单位(企业、个体户)通过交易售给个人、社会集团,非生产、非经营用的实物商品金额,以及提供餐饮服务所取得的收入金额。社会消费品零售总额包括实物商品网上零售额,但不包括非实物商品网上零售额。这里所说的社会集团,既包括机关、社会团体、部队、学校,也包括企事业单位,但这些社会集团购买商品的目的不是用来生产经营,只能是用来最终消费。

这里要注意的是,社会消费品零售总额包含的主要是实物商品的销售额,无论是线下还是线上,都不包含服务(如医疗卫生、美发健身、文化娱乐)或非实物商品(如虚拟商品、电子游戏等)的零售额。

如果观察CPI上行期间社会消费品零售总额的变化可以发现,社会消费品零售总额的同比增速往往先于CPI开始上行,然后二者有相当长时间是同步增长,而社会消费品零售总额增速见顶往往要晚于CPI见顶的时间。

第十章 物价与增长指标的综合应用

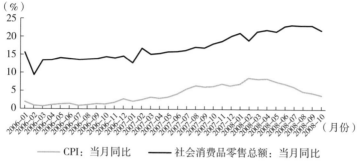

图 10-5　CPI 上行期间的社会消费品零售总额同比增速

资料来源：国家统计局。

而在 CPI 下行期间，社会消费品零售总额往往要晚于 CPI 开始下降的时间，而基本与 CPI 同步见底。

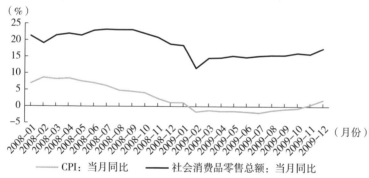

图 10-6　CPI 下行期间的社会消费品零售总额同比增速

资料来源：国家统计局。

固定资产投资与新增资本形成

投资对经济发展具有非常重要的作用，其最终结果是形成新增资本，在每年新增的 GDP 中，新增的固定资本形成总额，就是投资对经济增长的贡献率。在中国的统计工作中，用全社会固定资产投资来

227

衡量整体的投资规模，这一指标是以货币形式表现的在一定时期内全社会建造和购置固定资产的工作量，以及与此有关费用的总称。

固定资产投资按照建设项目的性质，可以分为新建、扩建、改建和技术改造、单纯建造生活设施、迁建、恢复、单纯购置等项目；根据构成可以分为建筑工程、安装工程、设备工器具购置和其他费用。

但在经济研究工作中，一般主要关注基础设施投资、房地产投资、制造业投资和民间固定资产投资等几个项目，这是因为：基础设施投资的资金来源主要是政府财政投资，该项投资也是政府通过财政政策调节总需求的重要抓手，对宏观经济的影响力较强；房地产行业是中国的重要支柱产业，2020年房地产业对国民经济的贡献率为7.34%，房地产&建筑业综合增加值占GDP比重达14.5%，因此房地产投资的增速、见顶、见底等信号对判断经济形势有很强的参考作用；制造业投资是形成制造业新增资本的主要来源，其变动也是下一期制造业供给变化的主要原因，因此跟踪制造业投资增速变化对判断工业增加值变化有重要意义；而民间固定资产投资的特点是主要由市场主体根据价格、成本、利润等市场信号自主决定，因此对于判断市场主体的真实投资意愿，从而判断经济内生增长动力有重要的参考价值。

过去中国的房地产投资增速与CPI有一致性，这是因为在CPI上行过程中，经济处于从复苏到繁荣的状态，在利润和价格信号的引导下，企业会自发扩大投资。由于房地产开发企业以民营企业为主，就会导致房地产开发投资增速快于固定资产投资增速。当CPI上行至过热区间时，宏观调控部门会动用土地政策、信贷政策和货币政策来为过热的经济降温，这时首当其冲的就是房地产开发企业，因此房地产开发投资会出现快速下降。

第十章 物价与增长指标的综合应用

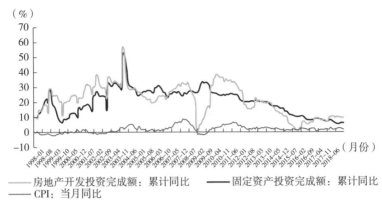

——房地产开发投资完成额：累计同比　　——固定资产投资完成额：累计同比
——CPI：当月同比

图 10-7　固定资产投资增速、房地产开发投资增速和 CPI 变动

资料来源：国家统计局。

而当中国的 CPI 下降至低谷时，我们又会发现固定资产投资增速达到高点。这其实是由固定资产投资，特别是基础设施投资在中国宏观调控中所扮演的特殊角色决定的，即当经济增速下行至过冷区间时，宏观调控部门会通过实施积极的财政政策和宽松的货币政策来刺激增长，这时增长最快的就是固定资产投资尤其是基础设施投资。

需要注意的是，从国民经济核算的角度，资本形成总额是 GDP 的重要组成部分，但全社会固定资产投资完成额并不等于资本形成总额，二者之间的差额就是存货。即

资本形成总额 = 固定资本形成总额 + 存货变动

存货变动是指期末的存货价值减去期初的存货价值。对于真实的经济增长来说，存货如果出现大幅增长，有可能是供给结构老化，导致产品销售放慢，形成的存货增加了；也可能是原材料等存货的价格大幅上升，导致存货的货币价值随之上升。

第三节　PMI指数家族所反映的库存与景气周期

PMI（采购经理人指数）是通过向企业经营人员进行问卷调查，获取其对企业当前经营状况及经济前景的预期，并进行汇总后得出的一系列经济指标。制造业采购经理调查指标体系包括生产、新订单、新出口订单、在手订单、产成品库存、采购量、进口、主要原材料购进价格、出厂价格、原材料库存、从业人员、供应商配送时间、生产经营活动预期等13个分类指数。其中生产指数、新订单指数、原材料库存指数、从业人员指数和供应商配送时间指数等5个分项指数构成制造业PMI指数。

PMI指数最简单的使用方法是观察其指标值，PMI高于50%时，反映经济总体较上月扩张；低于50%，则反映经济总体较上月收缩。

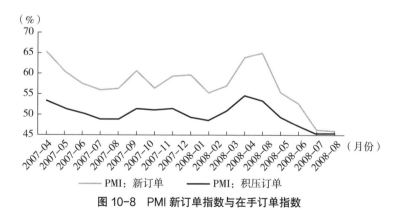

图10-8　PMI新订单指数与在手订单指数

资料来源：国家统计局。

同时我们也可以根据PMI指标的分项值对经济趋势做更深入的观察和预测。例如通过在手订单和新订单指数，可以判断下游需求的景气状况，作为消费情况的先行指标；

通过出口订单指数的变化，可以观察和预测出口需求的景气状况，作为出口情况的先行指标。

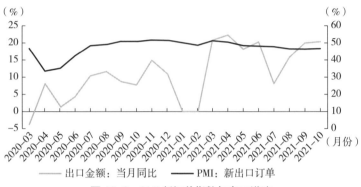

图 10-9　PMI 新订单指数与出口增速

资料来源：海关总署、国家统计局。

产成品库存指数和原材料库存指数可以作为行业库存周期的先行指标，具体而言指标意义见下表：

表 10-2　产成品库存指数和原材料库存指数不同表现的周期含义

周期	指数表征	周期含义
主动去库存	产成品库存指数下行，原材料库存指数也下行	企业不仅减缓了采购的速度（原材料库存下降），企业还在降价处理自己仓库里的库存（产成品库存也在下降）
主动补库存	当产成品库存指数上行，原材料库存指数也上行	企业不仅加快了采购速度（原材料库存上升），企业还在不断地往仓库里补库存（产成品库存也在上升），一般只有在需求高并且企业预期未来需求也会高的时候，企业才会这么做

续表

周期	指数表征	周期含义
被动去库存	产成品库存指数下行,原材料库存指数上行	企业在加快采购的速度(原材料库存上升),同时企业仓库里的产成品在不断售出(产成品库存下降),这意味着需求不错,企业也在慢慢地加大原材料购置准备好生产应对需求
被动补库存	产成品库存指数上行,原材料库存指数下行	企业已经在减缓采购的力度了(原材料库存下降),同时企业因生产的惯性,产成品库存还在累积(产成品库存上升)。需求不高的时候,企业才会出现这种状况,库存卖不动,只能堆积在仓库里,同时也减少采购,原材料库存下降

资料来源:李奇霖(2021)①。

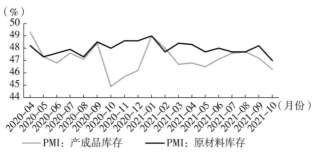

图 10-10 PMI 产成品库存和原材料库存指数

资料来源:国家统计局。

第四节 货币总量指标与价格

乔治·索罗斯曾说:"信贷工具的伸缩与扩张是全球经济不稳定的源泉。"那么,如何观察货币总量指标所引领的信贷伸缩与扩张呢?

---

① 李奇霖. PMI 分析手册[EB/OL]. "奇霖宏观"公众号, 2021(3).

第十章 物价与增长指标的综合应用

货币指标：M1、M2与社会融资规模

M1、M2是货币供应量的两个层次，其中M1被称为狭义货币，其统计范围是

M1=现金+企业活期存款+机关团体部队存款+农村存款+其他存款（个人持有的信用卡类存款）

而M2被称为广义货币，是在M1的基础上更加扩展，其统计范围为：

M2=M1+城乡居民储蓄存款+企业机关存款中具有定期性质的存款+信托类存款+其他存款（自筹基建资金存款）

对货币供应量做这样的划分，主要是因为不同形式和性质的货币供应量，其流动性不同，也就是作为流通手段和支付手段的方便程度不同。流动性越高，形成购买力的能力越强，流通性越低，形成购买力的能力越弱。

因此当货币从M2转为M1时，往往意味着人们有了消费的现实需求，或者企业有了投资的需求，或者是投资者有了增加证券投资的需求，具体是哪一种需求增加，还需要配合其他的指标来研判。

例如有研究显示，M1的运行走势与资产价格有一定的正相关性；还有人认为M1-M2增速差是非金融企业经营活跃度的重要体现：M1-M2增速差扩大，代表企业对经济增长前景乐观，准备补库存或者扩大资本开支，因而选择将存款活期化，活期存款占比提高；相反，如果M1更多向M2转换，会使得M1-M2增速差收窄，就说

明企业对经济前景的预期比较悲观,等等。

社会融资总额是中国人民银行从 2011 年开始公布、2016 年正式纳入统计的一个特有的金融指标,它将实体部门获取融资的统计范围从传统的银行信贷扩大到整个社会融资,包括表内贷款、表外融资、直接融资和其他方式融资四大类,其中又可以分为 12 个细分项。

从整体来看,央行公布的社会融资规模数据包括新增和存量两个维度,其中当月新增规模数据反映了实体经济对贷款的需求程度和金融机构的放款意愿,是判断总供给和投资需求的先行指标。而社会融资规模存量的变化——主要是同比增速——则可以看出整体融资增速的变化,其拐点对于预判整体经济增速有一定的意义。这些变化关系的根源就是知名投资家乔治·索罗斯所指出的"信贷工具的伸缩与扩张是全球经济不稳定的源泉。"

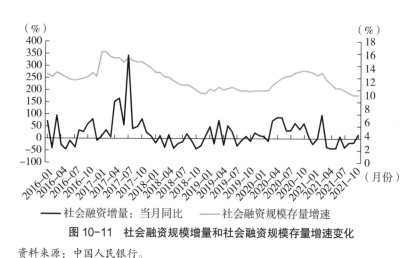

图 10-11　社会融资规模增量和社会融资规模存量增速变化

资料来源:中国人民银行。

在社会融资规模的细分项中,企业部门的中长期贷款反映了实体部门对投资资金的真实需求,其规模变化对宏观经济运行的反映程度较高。也有研究人员指出，表外融资中的"信托贷款"和"委托贷款"期限也相对偏长，也常被企业部门用来购置设备和建设工程，所以习惯把这三项加总起来考察①。

居民部门的中长期贷款主要是住房贷款，与房地产的销售形势、调控政策有密切的关系，而居民的短期贷款主要是消费贷款和信用卡贷款，与社会消费品零售总额的变化有比较强的正相关。

GDP 平减指数：冷僻但更广义的价格

中国国家统计局新闻发言人在一次记者会上曾这样建议："在经济学上，或者在我们实际工作中，判断是否出现通货膨胀或者通货紧缩，最好是用 GDP 平减指数来衡量，因为 GDP 平减指数是反映全社会所有产品和劳务价格变动的情况。"②

实际上，除了统计学者和专业分析师，一般民众很少提起或用到这个指标。一方面是因为 GDP 数据按季度公布，频率较慢，远不如 CPI 高频，另外它显得有点儿专业，涉及 GDP 核算。

GDP 平减指数（GDP Deflator），又称 GDP 缩减指数、GDP 折算指数，是指没有剔除物价变动前的 GDP（现价 GDP）增长与剔除物价后的 GDP（即不变价 GDP）增长之比。可用公式表示为：

---

① 李奇霖. 金融数据分析手册 [EB/OL]. 中国首席经济学家论坛，2021（3）. http://www.chinacef.cn/index.php/index/article/article_id/7808
② 见国家统计局官网 2016 年 10 月份国民经济运行情况新闻发布会答记者问（stats.gov.cn）

GDP 平减指数＝GDP 现价发展速度/GDP 不变价发展速度 ×100＝（当季现价 GDP/上年同期现价 GDP）/（当季不变价 GDP/上年同期不变价 GDP）×100

其中：现价 GDP 是各行业现价增加值的总和，不变价 GDP 是各行业不变价增加值总和。而且，当期现价增加值/上年同期现价增加值＝（当期不变价增加值/上年同期不变价增加值）× 平减指数/100

例如，2008 年中国名义 GDP 为 314 045.4 亿元，以 2005 年为基准的 2008 年实际 GDP 为 260 812.9 亿元，那么 2008 年 GDP 平减指数为 314 045.4/260 812.9≈1.2，可以理解为 2005~2008 年期间，中国物价水平累计上涨 20% 左右。与同期以 CPI 衡量的物价上涨 12.6% 相比，GDP 平减指数高出了 7.4 个百分点，原因在于统计口径上，除居民消费价格水平外，GDP 平减指数还反映了包括生产、投资在内的全社会价格总水平的变动。

2015 年 10 月，中国央行做出降准、降息决定，其主要理由是，当时全国物价整体水平较低：9 月份 CPI 同比上涨 1.6%，前三季度 GDP 平减指数为 –0.3%，且 9 月 PPI 同比下降 5.9%。

从上面的例子可以看出，GDP 平减指数与 CPI 指数走向会有差异，两种物价指数还有一些区别与联系：从生产角度看，GDP 是国民经济各行业增加值的总和，因此，GDP 平减指数包含了国民经济各部门综合价格水平的变动情况。它比单纯以某一个价格指数，如商品零售价格指数、CPI 指数反映的价格水平更加广泛而全面，基本上代表了整个社会价格变动的总水平。

需要注意的是，虽然 GDP 平减指数涵盖内容最广，但该指数与

CPI、PPI 之间却不是全集与子集的关系，GDP 平减指数反映的是国内生产的所有物品与劳务的价格，而消费者价格指数 CPI 却没有限定商品的生产国界。例如：中国从德国进口一款奔驰汽车在市场上销售，这就属于 CPI 的范畴但不属于 GDP 平减指数。

由于 GDP 平减指数综合反映了各行业的价格变动，因此每个具体领域的价格指数就成为该指数核算的计算依据。此外，GDP 平减指数还可以衍生出某个具体行业的平减指数，应用领域更加广泛。如房地产增加值平减指数可以视为居民消费价格指数、房屋销售价格指数与建筑安装工程价格指数以某种形式的加权平均价格，可以综合反映房地产行业中的价格变化情况。

正因为 GDP 平减指数反映物价总水平的综合性，也被理论界公认为是最贴近通货膨胀定义的指标，少数发达国家，如美国、日本政府在评估物价趋势时极为看重该指数。但现在也有一些国家并不公布 GDP 平减指数。

GDP 平减指数与 CPI、PPI 的差别还体现在，GDP 平减指数反映了全面的价格，却掩盖了特定人群所关注的物价结构信息。简单来说，老百姓一般关注的是消费物价 CPI 的变动，那些靠领取社会救济的低收入居民可能会对食品价格的涨跌非常关注；而企业经营者除了关注 CPI 以外，还关心原材料价格的涨跌（即原料分项指数）、生产者价格的变动（即 PPI）等；对于政府管理部门而言，则需要监测更具体的结构物价指标，才能及时针对经济运行中的问题和矛盾做出政策调整。

另一方面，在测算过程中，GDP 平减指数的实际 GDP 核算需要依赖于 CPI、PPI、固定资产价格指数等数据的支持。这样，如果 CPI、PPI 指数的采集编制存有瑕疵或偏差，则 GDP 平减指数的准确性更难以保证。

由此可以看出，GDP 平减指数有其独特的功能，但也存在一定的局限性，将它与 CPI、PPI 这些物价指数同时运用，相互参照比对，各取所需，可以扬长避短，充分发挥各物价指标的指示功能，提高物价预测的准确度。

第五节　运用之妙，存乎一心：经济指标的组合使用

多重指标透视通胀与衰退

价格指标包括了 GDP 平减指数、CPI 指数、PPI 指数、商品零售价格指数、固定资产投资价格指数、房地产（住宅销售）价格指数、重要生产资料市场价格等。增长指标则包括了 GDP 及增速、各行业产值、增加值、固定资产投资总额和增长速度、全社会消费品零售总额和增速、进出口总额和增速，等等。就业和货币政策的指标，主要是调查失业率、M1、M2 等货币供应量指标、利率指标等，还有些反映预期的指标，主要包括企业家信心指数、PMI（采购经理人指数）等。

每一种物价指标在设计之初都会受到设计方法、使用范围、经济发展阶段、计算能力等因素的限制，这就决定了该指标很难同时"取悦"所有的使用者，而是在某一方面起独到的作用。我们在判断经济形势时，要抓住最能表征当前阶段经济主要矛盾的特征指标，同时关

注其他重要变量的趋势，辅之以其他验证性指标，就可以对经济形势得出比较客观准确的判断了。

例如，2004年上半年，投资过热是当时中国经济的主要矛盾。2003年，中国就已经出现了地方政府主导的投资热潮，全社会固定资产投资名义增长26.7%，扣除价格因素后实际增长24.5%，经济过热的苗头已经出现。到2004年第一季度，投资继续快速上行，全社会固定资产投资同比增长43%，比上年同期加快15.2个百分点。固定资产投资价格指数用来反映固定资产投资额的价格变动趋势，在计算方法上消除了现价的影响，可以真实体现投资的规模和结构。从固定资产投资价格指数指标来看，进入2004年以后也是继续上行，从2003年第四季度的4.1%上升至2004年第一季度的7.5%。

2004年第一季度，消费需求尚未启动，社会消费品零售总额1.3万亿元，同比增长10.7%。扣除价格因素，实际增长9.2%，与2003年同期大体持平。但这时CPI已经蠢蠢欲动，2003年12月就已经达到3.19%，2004年第一季度略有回落，1月、2月、3月分别为3.17%、2.09%和3.04%。

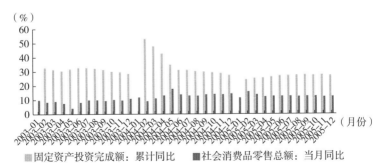

图10-12　2003~2005年固定资产投资完成额累计同比增速与社会消费品零售总额当月同比增速

资料来源：国家统计局。

这时 PPI 指数表现要强于 CPI 指数，1 月、2 月、3 月分别为 3.47%、3.54%、3.99%。当时人民银行的分析判断是，"从价格的传导过程看，目前我国的价格上涨具有明显的初级产品高于中间产品、中间产品又高于最终产品的特征，通货膨胀压力很大。"

2004 年 4 月，宏观调控政策密集出台：4 月 26 日，国务院授权发改委宣布，对钢铁、电解铝、水泥、房地产开发行业建设项目的资本金比例进行调整；4 月 27 日，国务院发文决定在全国开展钢铁、电解铝、水泥、党政机关办公楼和培训中心、城市快速轨道交通等固定资产投资项目清理；4 月 28 日，央行提高商业银行的存款准备金率和实行差别存款准备金制度，提高存款准备金率 0.5 个点，对不同地区实行差别准备金政策；4 月 29 日，国务院以明电形式发布通知，明确对土地市场秩序进行治理整顿；同日，国务院还严肃查处了江苏铁本钢铁公司违规建设项目，要求各地区各部门切实维护国家宏观调控的统一性、权威性和有效性。

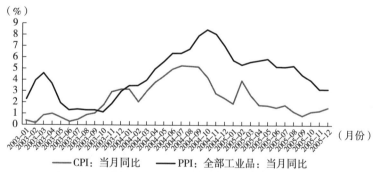

图 10-13 2003~2005 年 CPI 增速与 PPI 增速（当月同比）

资料来源：国家统计局。

到 2004 年第二季度，随着一些宏观调控措施逐步落实，投资增速开始放缓，但是消费开始趋旺。固定资产投资增速回落。上半年，全社会固定资产投资同比增长 28.6%，同比回落 2.5 个百分点，比一季度回落 14.4 个百分点。固定资产价格指数也由第一季度的 7.5 下降至第二季度的 6.10。上半年社会消费品零售总额同比增长 12.8%，剔除价格因素，实际增长 10.2%。其中第一季度增长 10.7%，第二季度增长 14.9%。4 月、5 月和 6 月分别增长 13.2%、17.8% 和 13.9%。

从价格指数来看，2004 年第二季度 PPI 继续上行，4 月、5 月、6 月分别为 5.01%、5.70% 和 6.40%；上游向下游传导的特征更为明显，6 月工业企业原材料购进价格指数同比涨幅达到 11.8%，同时 PPI 向 CPI 的传导也更为显著，第二季度三个月分别为 3.80%、4.37% 和 4.97%。能源原材料的价格上涨明显，6 月份原油上涨 20.9%，汽油上涨 13.2%，柴油上涨 20.6%，煤油上涨 18.1%；原煤出厂价格比 2003 年同月上涨 18.2%。钢材价格在 4 月和 5 月连续两个月下降后出现明显回升。

第三季度是 2004 年通胀压力达到高峰的一个季度，7 月出现了当年 CPI 的最高点 5.27%，随后开始缓慢下行，8 月和 9 月 CPI 分别为 5.25% 和 5.19%，仍处于相对高位。从社会消费品零售总额来看，消费需求也从高位缓慢震荡回落，7 月、8 月和 9 月同比增速分别为 13.20%、13.10% 和 14.00%。

从前三个季度的情况来看，一方面，投资过热引发的上游原材料、燃料和动力价格上涨拉动价格上涨的因素不容忽视。原材料、燃料、动力价格购进指数（PPIRM）反映了工业企业通过各种形式购进的原材料、燃料、动力价格水平的变动趋势。如果说 PPI 反映了企业的收入，那么该购进价格指数就体现了企业的生产成本。可以与PPI一起来透视企业的盈利能力。将PPIRM、食品CPI和CPI指数放在一起观察它们的走势，就可以明显地看出食品和原材料、燃料、动力价格对CPI的拉动作用。另一方面，食品价格推动CPI上涨也很明显：前三季度，食品价格上涨10.9%，其中粮食价格上涨28.4%，居住价格上涨4.4%，烟酒日用品和娱乐教育文化用品及服务价格分别上涨1.3%和1%，而衣着、家庭设备用品及服务、医疗保健及个人用品、交通和通信等商品和服务价格则略有下降。

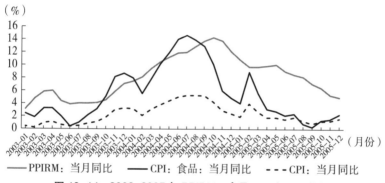

图10-14 2003~2005年PPIRM、食品CPI和CPI指数

资料来源：国家统计局。

2004年10月，CPI指数还在4.27%，11月就已经下降至2.85%，这一轮通胀压力上行就基本结束了。但是从GDP增速来看，2004年下半年出现了一轮回落，当年第二季度GDP增速为11.6%，第三季度就下降至9.8%，第四季度下降至8.8%，宏观调控政策短期取得了明显的成效。

第十章 物价与增长指标的综合应用

经济指标的权重调节与可比性

在实际操作中，各国都根据本国消费水平和结构变化来定期调整CPI权数。消费模式正在经历快速变化的国家，CPI权数更新较快。另有一些发达经济体，由于重视数据准确性，权数更新频率也较高，如英国、法国、澳大利亚、瑞士、瑞典、挪威等国每年更新，美国、新西兰每两年或三年更换一次；德国、日本、韩国、丹麦、南非、巴西等每五年更换一次。少数国家因特殊原因权数更新周期长一些，如印度，编制发布CPI时间仅10年左右，以往以批发物价指数（WPI）作为通胀参考，2014年印度央行才宣布通胀参考转为盯住CPI，其权数7年尚未变动。

中国CPI调整遵循"五年一大调，一年一小调"的原则，最近一次的大调在2021年1月，食品权重继续下调。据国家统计局人士透露，这次调整后的新基期权数中，食品烟酒、衣着、教育文化娱乐、其他用品及服务权数约比上轮分别下降1.2、1.7、0.5和0.4个百分点，居住、交通通信、医疗保健权数约比上轮分别上升2.1、0.9和0.9个百分点，生活用品及服务权数变动不大。[1]

中国统计数据中一个值得注意的现象就是统计对象因为不符合统计口径而发生的"调进调出"的变动对结果的影响非常显著。例如，工业企业主营业务收入（累计值）指标，2018年12月为1 022 241.1亿元，2017年12月为1 164 623.8亿元，如果直接按照公布数据计算同比增长，应为−12.2%，然而统计局公布的累计同比增长率为8.5%。

---

[1] 国家统计局. 国家统计局城市司负责人接受中国信息报专访［EB/OL］, 2021（2）. http://www.stats.gov.cn/tjsj/sjjd/ 202102/t20210210_1813306.html

有人问：为什么自己计算的月度工业指标同比增速与发布的不一样？国家统计局对此的解释是，国家统计局月度工业统计的范围是规模以上工业企业，即年主营业务收入在2000万元及以上的企业。符合这个标准的企业每年是有变化的，有新进来的，如新成长、新建的；有退出的，如破产和关闭的。也就是说，每年规模以上的企业出出进进是不一样的，带来了口径范围的不一致。如果简单地用两年实际统计的数据对比，存在口径的不可比。

因此，在计算指标的同比速度时，出于同比同口径考虑的需要，国家统计局使用的不是上年统计的实际数据，而是今年名录库内规模以上工业企业上报的上年同期数。也就是说，统计局发布的工业指标同比速度，用的是今年的当期数除以今年上报的上年同期数。

类似的现象也发生在固定资产投资指标上。根据国家统计局公布的数据，2018年、2019年、2020年1~12月的固定资产投资完成额累计值和2021年1~10月固定资产投资完成额累计值分别为635 636亿元、551 478亿元、518 907亿元和445 823亿元，由此计算2019年、2020年和2021年1~10月同比增速分别为–13.24%、5.91%和–5.68%，而统计局公布的增速分别为5.4%、2.9%和6.1%。

根据统计局2020年6月发布的"常见问题解答"之"八、投资及房地产统计"中公布的情况，20世纪90年代以来，固定资产投资统计起点出现过两次调整，第一次为1997年，固定资产投资项目的统计起点由计划总投资5万元提高到50万元；第二次为2011年，统计起点由计划总投资50万元提高至500万元。近年来没有调整过固定资产投资的统计口径。我们也没有查到统计局关于计算结果与公布结果之间存在差异的官方解释，推测应该也是统计对象规模变动导致不符合统计口径而形成的结果，但究竟是如何变动的，尚不清楚。

关于登记失业率和调查失业率，哪个更能够反映真实的失业状况也有不少争论。城镇登记失业率数据是从1978年开始公布，数据来自政府就业管理部门的行政记录，但是是年度数据，频率过低；中国于2014年首次发布官方调查失业率数据，数据来自国家统计局的全国月度劳动力调查。

调查失业率采用国际劳工组织的失业标准，指16岁及以上人口中，在调查参考周内，没有工作，最近三个月正在找工作，并且两周内能够工作的人；而登记失业率则覆盖16岁至退休年龄内，有劳动能力，有就业要求，处于无业状态，并在政府就业服务机构进行了失业登记的人员。

尤其需要注意的是，调查失业率和登记失业率的分子分母均不相同，用公式来表示就是：

调查失业率 = 调查失业人数 / （调查从业人数 + 调查失业人数）

登记失业率 = 在城镇劳动保障部门登记的失业人数 / （期末就业人员 + 期末实有登记失业人数）

从数据使用的目的来看，登记失业率更多是为了掌握失业保险金的发放情况和失业人员的信息；而调查失业率则是为了了解真实的失业情况，为经济决策提供依据。因此综合来看，调查失业率的参考价值要高于登记失业率。

第十一章

通胀与衰退中的食品价格

第十一章 通胀与衰退中的食品价格

不管面临通胀还是衰退，人们对食品的需求都是刚性的。在需求不变的前提下，各国粮食和食品价格的波动主要由供给周期决定。虽然不宜用调节总需求的办法来应对食品价格波动，但是由于在一个完整的生产周期内食品价格弹性小，一个很小的供需缺口或供给过剩就会带来很大的价格波动，因而各国都对食品价格高度重视，在通胀阶段要严格控制食品价格上涨，在衰退和经济下行阶段更要保证食品的供应。

第一节 食品价格会长期上涨吗

2021年，全球极端天气增加，美国、俄罗斯、加拿大都先后遭遇极端干旱天气，美国的玉米、大豆等作物产量将下跌至近10年最低水平。国际市场上，食品价格再一次快速上涨，已经接近前期历史高点，如果与疫情冲击下史无前例的货币流动性泛滥和全球供应链紊乱相叠加，粮价和食品价格会不会长期上涨呢？

——全球食品价格指数：粮食2014～2016年=100

图11-1 全球粮食价格的新一轮上涨

资料来源：联合国粮农组织。

其实，30年来每隔一个阶段，担心粮食和食品价格长期上涨的声音就会出现，其中影响最大的莫过于1994年，美国学者莱斯特·布朗就曾在《谁来养活中国》一书中"忽悠"并警告：中国人的食品消费将随着收入的提高而迅速扩大，有限的资源将制约中国粮食产量，而中国进口量的激增将导致世界粮食价格出现快速且持续的上涨。可是二十几年过去了，中国人不光成功解决了自身的吃饭问题，而且并没有导致全球粮食和食品价格大幅度上涨，只是有周期性波动。

在2007年的全球粮价上涨过程中，国际小麦、玉米、大豆价格纷纷创下历史新高，全球粮价上涨40%。当时有学者认为，这一次粮价上涨将是长期的，因为越来越多的玉米、植物油被拿来用作生物燃料，世界粮食供需格局正发生根本性改变！还有一些西方政客和学者将粮价上涨归咎于中国、印度等人口大国。声称，中国和印度人均收入水平的提高引起了牛肉消费的增长，而生产牛肉需要消耗很多的粮食。

事实证明，同 20 世纪 90 年代第一次"狼来了"的呐喊一样，这一次"狼"依旧没有来，国际粮价于 2008 年下半年开始了新一轮下跌！

到了 2010 年，世界粮食价格开始新一轮飙升，国际上玉米、小麦和黄豆价格分别上涨 52%、49% 和 28%。2011 年 2 月，反映肉类、奶制品、谷物、油料等农产品价格变动的世界粮食价格指数已经突破 2008 年的高点，创下 1990 年以来的新高。中国食品价格也"不示弱"，2011 年 6 月食品价格同比上涨 14.4%，对 CPI 贡献 70%，成为拉动中国物价上涨的主要动力。各路人士又普遍认为，"世界粮食供需格局正在发生根本性逆转，未来国际粮价将进入高位常态"，但从全球粮食价格实际走势来看，2013 年之后就持续下跌，粮价将持续上涨的预测并未兑现。

这一次，难道有什么不一样吗？

第二节　粮价波动的三大独特规律

在需求刚性的前提下，供给、弹性、生产周期是影响食品价格波动的核心要素：供求缺口决定价格波动方向，价格弹性决定价格波动幅度，生长期决定价格波动周期。

供给波动对粮价的周期性影响

只要人口数量和饮食结构不发生剧烈的变化，全球对粮食和各种食品的需求总量应该是相对稳定的。不仅如此，有时候随着人们生活质量的提高，更多地食用肉、蛋、奶和蔬菜，对粮食的人均需求甚至还会有阶段性的下降。以中国为例，从1986~2021年，中国人口从10.75亿增长至14.43亿，增长了34.23%，中国对小麦、大米、玉米等粮食的需求竟然没有出现总量上的明显扩张。1986~2021年，小麦消费量仅增长14%（扣除饲料用粮）。

当然，由于工业用粮的大幅上涨，同期中国玉米消费量增长了198%，但玉米消费中的居民食用部分占比不到10%，因而影响不大。除玉米外，在居民饮食中还涉及小米、紫米、高粱、燕麦、荞麦、麦麸以及各种干豆等粗粮。中国非玉米粗粮消费在2000年结束了下跌的势头之后趋于稳定。平稳的粮食需求与粮食自身的消费属性有关，一般而言，粮食作为生活必需品，需求主要由人口数量、消费偏好等因素决定，需求量的变化对价格并不敏感。

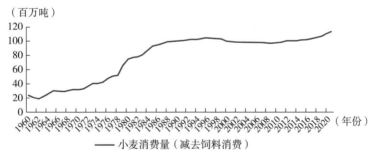

图11-2　1980年以来中国小麦消费量没有出现大幅上涨

数据来源：美国农业部。

与粮食的"可连续性平滑消费"所表现出的"慢性子"不同，粮食供给更多表现为忽上忽下的"急脾气"。从图11-3可以看出，1993至2010年间，小麦产量的波动明显大于小麦的消费量，其中小麦产出的最大波动发生在 1979~1980 年和 1997~1998 年，振幅分别达到 28.5% 和 22.7%，而小麦消费的波动却温和很多，最大振幅仅 6%。

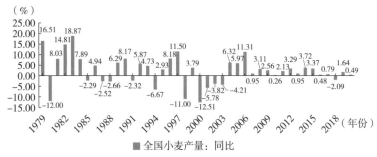

图 11-3　小麦产量波动幅度比小麦消费大

资料来源：美国农业部。

大米的供给波动情况与小麦类似，在三大粮食作物中，玉米的产量波动较大，最大波动幅度高达 45.7%。"春种、夏耘、秋收、冬藏"的规律，决定了粮食生产不会像工业生产那样，只要开足马力就能立竿见影，因此粮食供给所表现出来的大幅波动与农民的种植决策以及粮食固有的生长周期密切相关。一般而言，当期粮食供给量 = 期初库存 + 当期产量 + 进口 - 出口。

首先，种植决策、天气、病虫害等因素会影响当期粮食产量供给。农民以粮食种植谋生，因而对粮价变化高度敏感，本期粮价大涨会刺激农民种粮的积极性，扩大下一期粮食种植面积。而种植规模一旦确定，粮食产量将主要取决于天气、病虫害等因素。

其次，投机、库存等因素也是影响粮食供给的重要方面。"春种一粒粟，秋收万颗子"，由于农作物生长周期的存在，"种植规模定，产量定""生产期内产量为零"是粮食供给最突出的特征。种植规模一旦确定，在青黄不接的空档期，粮食供给更多依赖于库存的大小，其中囤积、投机等因素会加大库存的波动，进而加剧粮食供给的波动。

投机者往往会在价格上升时囤积居奇，加剧供应紧张；在价格下跌时大量抛售增大短期供给，加剧价格的下跌。就如同房价跌了反而会加重买房者的观望情绪一样，部分消费者看到粮价下跌也会减少库存、推迟消费。下跌预期一旦形成，就如同上涨中的供求矛盾被放大一样，下跌过程中的过剩供给也会被不断放大，加剧价格的下跌幅度和速度。

供需缺口决定方向，弹性决定波幅

"物以少者为贵，多者为贱"，供需缺口决定了粮价的波动方向。

在中国，小麦总供给量（产量与进口量之和）等于小麦总消费量与期末库存之和，从1995~2020年的情况来看，每年期末库存均大于零，但这是否就说明中国小麦供大于求，小麦价格持续维持低位呢？实际上小麦价格有涨有跌，是大幅波动的。正常情况下，由于损耗的存在，粮食的库存量必须满足最低的保证量，因此，粮食库存扣除最低保证量部分才是直接影响粮食价格的因素。

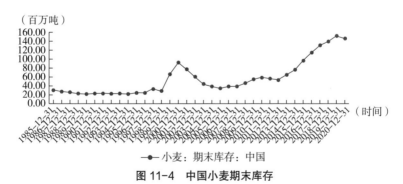

图 11-4 中国小麦期末库存

资料来源：美国农业部。

假设中国小麦的最低库存保证量不能少于当年两个月的消费量，如 2010 年中国总消费小麦 1 123.8 万吨，那么小麦最低库存保证量在 1 723 万吨左右。从扣除当年最低保证量后的库存与价格对比关系来看，2002~2021 年，二者基本呈现出负相关关系。

既然供需关系决定市场价格波动的方向，短缺则有涨价压力，过剩则有价格下跌的动力，那么一定程度的短缺或过剩会造成多大幅度的上涨或下跌呢？这就要看商品的供给与需求价格弹性，价格波动的幅度取决于供求弹性的大小。

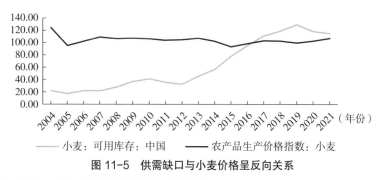

图 11-5　供需缺口与小麦价格呈反向关系

资料来源：可用库存根据美国农业部数据整理。

比如，需求（供给）价格弹性可以由 $E_d = (\Delta Q/Q)/(\Delta P/P)$ 来表示，即需求量（供给量）的相对变动与价格的相对变动的比值，表示商品的需求量（供给量）对价格变动的敏感程度。如果两者都有弹性，则供需常常会随着价格做出灵活调整，使供需迅速恢复均衡，价格不会发生大起大落。但如果其中之一或者两者都缺少弹性，一方面，则意味着价格的上涨不会带来需求量的明显减少或者供给量的大幅增加；另一方面，也意味着供需量一旦有微小变化反而会带来价格的大幅波动。

根据历年数据发现，粮食作为一种大宗商品，其供给价格弹性和需求价格弹性都很低，二者相比较，供给弹性较高。从1998~2010年的情况来看，除去饲料消费，小麦需求价格弹性均在[-0.08, 0.62]区间内波动。除异常年份外，小麦的供给价格弹性波动区间为[-1, 1][1]。除去2009年[2]异常波动外，玉米的需求、供给价格弹性均在[-1, 1]之间。除去2003年、2005年[3]，其余年份大米的供给、需求价格弹性也都在[-1, 1]之内，由于低价格弹性特征，使得粮价对于粮食产量的变化异常敏感。

生长周期牵动价格波动周期

每一种农作物都具有与生俱来的固定生长期。一旦种植面积确定，在生长期内，产量为零，新增需求则只能依赖于国内现有库存和国外进口（全球库存）来满足。由于库存的有限性并且很容易受到投机因素的影响，粮价的大幅上涨往往需要等到新粮收获，供给增大时才能得以遏制。一个完整的粮食价格波动周期，往往要经历一个、两个或三个生长期，可以说是生长期决定了价格的波动周期。

中国的小麦生产主要分为冬小麦和春小麦两种，其中冬小麦种植面积占全年小麦总面积的90%以上，春小麦占不到10%。无论是冬小麦还是春小麦，不同生产地区的生长周期各不相同。综合各区小麦

---

[1] 小麦供给价格弹性的异常年份包括2005年（为-2.03）、2006年（为-2.55）、2010年（为1.42）。

[2] 2009年玉米的需求价格弹性为17.18，供给价格弹性为-18.62。

[3] 2003年大米的供给价格弹性为-1.42，2005年供给、需求价格弹性分别为-1.30和2.77。

产量占比,中国小麦的综合生长周期大约在 200 天左右[①]。

生长周期决定了粮食的价格波动周期,这一点可以从以往的通货膨胀周期中得到证实。在 1994~1995 年的那轮通货膨胀中,小麦价格自 1993 年 2 月到 1994 年 10 月持续上涨了近 20 个月时间,大约经历了三个小麦生长周期。在 2004 年的通货膨胀中,粮食价格自 2003 年 8 月到 2004 年 4 月大幅上涨,持续上涨了 240 天左右,约一个小麦生长期。

表 11-1 全国小麦主产区小麦生长周期

产麦区	生长周期(天)	全国产量占比(%)
北部冬麦区	260	6
黄淮冬麦区	230	48
长江中下游冬麦区	200	15
西南冬麦区	180~200	15
东北春麦区	90	8
北部春麦区	90~120	8

资料来源:根据新闻信息整理。

粮食价格的蛛网模型

蛛网模型是 20 世纪 30 年代出现的一种动态均衡理论。该理论将市场均衡理论和弹性理论结合起来,考察商品价格和产量的变动状况。蛛网模型研究的产品,从生产到上市都需要较长的周期,而且生产规模一旦确定,不能中途改变,因此生产者总是根据上一期的价格来决定下一期的产量,但实际上,生产者只能按照本期的市场价格来

[①] 世界和中国的小麦分布、产量及进出口概况[R]. http://wenku.baidu.com/view/ec9e10d049649b6648d7471e.html.

出售由预期价格（上一期价格）所决定的产量，这种实际价格和预期价格的不吻合，造成了产量和价格的波动。

- 蛛网模型适用分析对象：农产品、畜牧品等生产周期较长的商品。
- 三种类型：收敛型蛛网、发散型蛛网、稳定型蛛网。
- 收敛型蛛网：供给弹性＜需求弹性。当市场由于受到干扰偏离原有的均衡状态，实际价格和实际产量会围绕均衡水平上下波动，但波动的幅度越来越小，最后会回复到原来的均衡点（见图11-6）。
- 发散型蛛网：供给弹性＞需求弹性。当市场由于受到干扰偏离原有的均衡状态，实际价格和实际产量上下波动的幅度会越来越大，偏离均衡点越来越远。其原有的均衡状态是不稳定的。
- 稳定型蛛网：供给弹性＝需求弹性。当市场由于受到干扰偏离原有的均衡状态，实际产量和实际价格始终按同一幅度围绕均衡点上下波动，既不进一步偏离均衡点，也不逐步地趋向均衡点[①]。

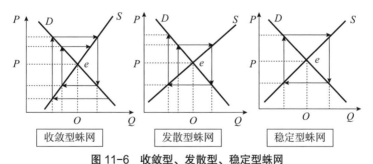

图11-6　收敛型、发散型、稳定型蛛网

---

① 高鸿业.西方经济学［M］.北京：中国人民大学出版社，2018.

"蛛网模型"能够向我们揭示最为重要的两点：其一，一旦遵循蛛网模型，往往意味着一个价格上涨轮回的终结，将迎来一个下跌轮回的开始，凡涨上去的价格早晚会跌下来；其二，蛛网模型为我们提供了更深一层的分析视角，隐藏在蛛网模型背后的其实是食品价格的微观决定机理——食品的供求缺口决定价格波动方向，价格弹性决定价格波动幅度，生长期决定价格波动周期；需求、供给、弹性、生产周期正是影响食品价格波动的核心要素。无论遵循的是强蛛网模型还是弱蛛网模型，我们总可以根据这一机制来进行分析和预测。

从上面可以看出，中国主要粮食所具备的生产周期长、需求稳定、需求价格弹性小的特点正好满足了"发散型蛛网模型"的要求。小麦在 1999~2008 年、2016~2020 年，玉米在 1998~2006 年的 10 年间，走过一个完整的蛛网模型，在经过每一轮的价格上涨后，总会迎来新一轮的回落。

那么对于其他的食品，如猪肉、蔬菜、蛋类等是否同样遵循这一规律呢？

第三节　肉、菜、奶的价格周期

猪肉供给扰动价格

随着居民收入水平的提高，猪肉逐渐变成居民的主要食材之一，猪肉需求趋于平稳，但是由于养猪企业和猪农普遍存在短视的行为，猪肉的供给变化成为扰动猪价的主要因素。

每一次猪价的上涨都会激发人们极大的养猪热情，一窝蜂补栏的背后往往预示着未来供给量的激增以及肉价新一轮暴跌的开始。此外，饲料成本的上涨、重大疫病的发生在直接影响猪肉供给的同时，也会间接影响下一年的补栏积极性。由于不易存储，投机和囤积对猪肉供给的影响更为突出。因此在诸多因素影响下，猪肉供给同样存在大幅波动的特征。从近年来的表现看，中国生猪养殖的产业形态已经在发生变化，中国生猪养殖行业中散户的比例已经从2012年的43.9%下降到29.9%，而养殖企业的比重则由2012年的8.1%上升到15.4%[①]。在这样一个市场结构下，近三分之一的散户对市场供给仍然发挥着不小的作用，而养殖企业由于规模大、资金实力强，对市场的影响更为显著。实践证明，不仅规模小的养殖散户存在短视行为，一些具备一定规模的资本化养殖企业，在猪肉价格大幅波动时，也难以保持淡定。

20世纪80年代至今，中国猪肉供给增长速度最快的是1981~1995年这一时期，年均增长率达到8.1%，1996年出现了–13.4%的同比下降；1998年以后猪肉供给趋于平稳，直到2007年出现了一次–7.4%的负增长；2008年以后，经过了10年相对稳定之后，2019年一度出现–21.25%的负增长，结果造成猪肉的大幅涨价。

---

① 陈林. 生猪规模化养殖渐成趋势[J]. 中国投资，2021（7）。年出栏1~99头的养殖场定义为散户，以养殖生猪为兼业；100~999头为专业户，以养殖生猪为主业，生猪经营所得为其家庭经营收入主要来源；1 000~9 999头为大户，大多数通过购买仔猪进行商品育肥；大于1万头的为养殖企业。

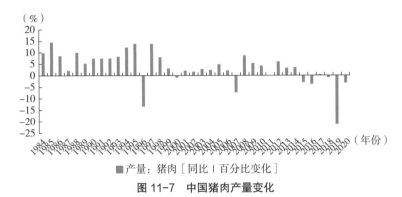

图 11-7 中国猪肉产量变化

资料来源：国家统计局。

每一次供给波动都带来猪肉价格的剧烈变化。中国最近一轮猪肉价格周期见底是 2018 年 5 月，2019 年 2 月开始快速上涨，2019 年 11 月达到周期的最高点，约 50 元/公斤，半年时间涨幅达 262%。在猪肉价格的引导下，包括上市公司在内的企业纷纷加大对生猪养殖的投入，仅 2020 年上半年，就有新希望、温氏股份、正邦科技、牧原股份、傲农生物、天邦股份、京基智农、金新农等近 10 家上市公司相继公告加码生猪养殖产业。到 2020 年，市场上猪肉供应激增，猪价开始下跌，同时下半年受突如其来的新冠肺炎疫情影响，国内国外猪肉需求走弱，猪肉价格出现了持续半年多的大幅跳水。到 2021 年中秋节前后，猪肉价格已经跌至每公斤 18 元左右，比 2019 年 11 月时 50 元的价格下跌了 2/3 左右。

价格变化幅度之所以大于供给数量的波动，主要原因是猪肉的供给与需求价格弹性较小。从历史数据来看，1985~2010 年，猪肉的供给需求弹性在 [-6.7, 2.4] 之间波动，26 年间有 16 年的供给价格弹

性介于 −1 与 1 之间[①]。

猪肉供求价格的小弹性决定了供求关系的微小变化将会带来价格的大幅波动。相比粮食，供求缺口、较小的供给需求价格弹性对猪肉价格的影响更为明显。2007 年猪肉产量仅比 2006 年减少了 7.8%，但 2007 年 8 月猪肉价格却同比上涨了 80.9%；2009 年产量较 2008 年增长 5.85%，但价格却出现了 19.1% 的大降。2019 年，非洲猪瘟、环保风暴和规模化养殖政策使得猪肉供给下降 21.3%，造成 2020 年猪肉价格最高涨幅达到 168%。

与粮食相比，生猪的生长期更长。一般而言，在不考虑新增后备母猪的情况下，生猪的生长周期在 380 天左右，明显大于小麦、玉米和大米的生长期。从留后备母猪到第一批育肥猪出栏上市约需 530 天（18 个月）。

在 2003~2006 年的猪肉价格上涨周期中，生猪价格从 2003 年 5 月开始上涨，一直持续到 2004 年 10 月，持续周期约 1.5 年；在 2006~2009 年的肉价上涨周期中，生猪价格从 2006 年 6 月开始上涨，一直持续到 2008 年 2 月才出现下跌，持续时间为 1.7 年，在 2019 年开始的上涨周期中生猪价格从 2019 年 3 月开始上涨，到 2020 年 2 月见顶开始下跌，上涨周期持续时间约为 1 年。

蔬菜：囤积炒作只在短期有效

2021 年秋天，"菜比肉贵"又占据了中国新闻的热搜榜，一些地

[①] 补充说明，2002 年猪肉价格供给价格弹性最小达到 −6.7，1997 年最大达到 2.4。

方每斤菠菜卖到了15元。多年来，这种现象会不定期地出现在人们的生活中。比如2010年时，大蒜价格最高上涨数十倍，生姜在两三天内上涨50%。到了2011年4月，人们仿佛还没有从"蒜你狠""姜你军"的调侃中回味过来，蔬菜价格却骤然掉头向下。实际上，蔬菜价格下跌经常会在每年的四五月份出现，在物价大幅上涨的年份表现得尤其明显，这与中国的蔬菜供给特征有关。

就蔬菜供给而言，由于生长周期短，产量受天气影响较小，而且供给容易增加，因此供给波动较小；在生产淡季，蔬菜生长期较长，受天气影响较大，供给波动大。

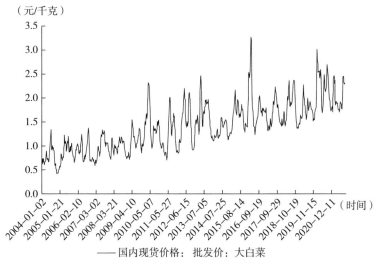

图11-8　蔬菜价格表现出明显的季节性波动特征

资料来源：商务部。

从蔬菜的价格波动特征来看，在夏、秋生产旺季，应季蔬菜大量上市，蔬菜供给波动较小，而且这个季节生产的蔬菜品种一般含水量高，易腐烂，运输和存储都受到一定的限制，因此供应量不容易受囤积炒作因素的影响，价格水平较低，波动较为平稳。但在春、冬生产淡季，产量容易受到恶劣气候影响，而且大量蔬菜来自大棚种植，成本较高，因此供给量总体波动较大，价格往往会出现季节性上涨。同时，由于白菜、大葱等较易存储，因此淡季往往是投资者囤积炒作最爱选择的时期，大量游资带来的价格虚高，又让很多农民继续看好来年种植市场，盲目扩大种植面积，加剧了价格的暴涨。但受制于生产周期，蔬菜炒作一定是在短期有效的。当进入蔬菜旺季，随着应季蔬菜的大量上市，投机者也往往会在此时大量出货，蔬菜价格随之进入下降通道。

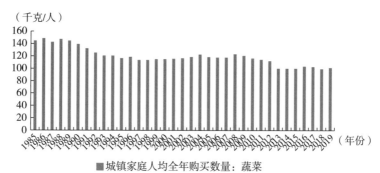

图 11-9　中国蔬菜消费增速趋于平稳

资料来源：国家统计局。

奶类和蛋类：类工业化供给，价格相对稳定

随着居民生活水平的提高，中国禽类、奶类、蛋类等的消费保持快速增长，其中奶类增长最快。1980~2005 年，中国牛奶产量快速增长，其中 1997~2004 年年均增长 17.3%，2008 年后消费增速趋于平稳。

第十一章 通胀与衰退中的食品价格

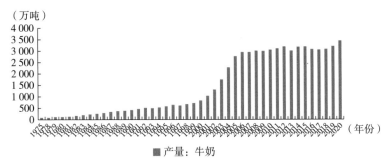

图 11-10　1980~2020 年间中国牛奶产量增长情况

资料来源：国家统计局。

30 年间，禽蛋产量供给也经历了一轮快速增长。其中 1981~1995 年增速最快，年均增长 12.1%。2010 年禽蛋产量 2 765 万吨，是 1980 年的 5.17 倍。

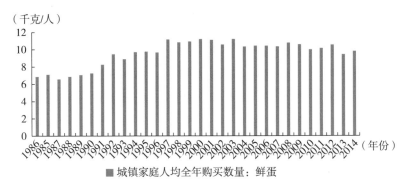

图 11-11　中国鲜蛋消费数量经历快速增长后趋于平稳

资料来源：国家统计局。

奶类和蛋类的需求与供给特点与粮食、猪肉都有差异。从需求来看，需求弹性相对较大。但从供给来看，奶类和蛋类则具有连续生产的特征，类似于工业化的供给。奶类和蛋类的生产周期都很短，只有几十天，因此供给的弹性更大，价格相对稳定，其价格的上涨更多受

265

成本因素影响。

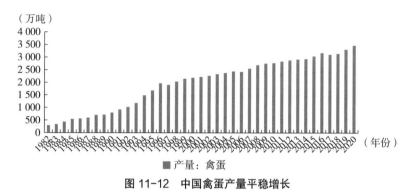

图 11-12　中国禽蛋产量平稳增长

资料来源：国家统计局。

大豆、食用植物油、棉花、食糖等部分农作物，国内产量远不能满足需求，大量依赖进口，产品价格更多取决于国际农产品价格的变化。除去我们重点阐述的供求缺口、价格弹性、生产周期等产生价格波动的决定性因素外，各种突发因素，如旱涝灾害，或2020年新冠肺炎疫情等，也会增加价格的短期波动，但不会决定长期的走势。

第四节　发展中国家更要重视食品通胀

食品价格不会长期上涨

每一轮食品价格的上涨都会引发无数的担忧，总有一批人认为，"这次通胀与以往不同""这次粮价真的会推动物价长期上涨"。实际上,在全球饮食结构不发生重大改变、对食品的需求相对稳定的大前提下,大部分食品价格的波动都是由供给波动造成的周期性变化,不管面临供需缺口还是价格上涨多么厉害,一旦生产周期能够决定的大丰收到来,再高的食品价格也如同强弩之末,新一轮价格下跌必将来临。

虽然粮食、猪肉生产周期较长、供给需求价格弹性小的特征,造成食品价格就像一根"细皮筋",供给和需求的微小变化都会引起价格的剧烈波动,但这种波动最终难逃五大规律:①供求缺口决定价格波动方向;②供求弹性越小,价格波动越大;③生长周期决定价格周期;④囤积炒作只在下一轮产品成熟前有效;⑤凡是涨上去的都要跌下来。

发展中国家更要重视食品通胀

虽然每次关于食品价格会长期上涨的预测都被证明是错误的,但还是要对食品通胀给予充分重视,尤其是发展中国家,由于食品支出在居民消费支出中占比高,食品价格的上涨对老百姓的生活和社会冲击要远远大于发达国家。

正因为如此,每一轮食品通胀中,发展中国家和发达国家的重视程度都形成了鲜明的对比。对发达国家而言,对原油价格的重视程度常常超过对食品价格的重视,仿佛油价是发达国家的事,而食品价格只是发展中国家的事。

2008年全球粮食价格飞涨在很多发展中国家引发粮食危机,但美欧等发达国家不但没有采取任何实质性干预行动,还在大力推进生物燃料计划。

  2010年下半年,全球粮食价格再次大幅上涨,然而在之后举行的20国集团国际初级农产品价格问题高官会议上,法国时任农业部长布鲁诺·勒梅尔却表示反对干预国际粮食价格。

  2021年9月,联合国粮农组织食品价格指数达到130,为2011年以来的最高点,比一年前上涨32.8%[①]。按粮农组织经济学家阿巴森的观点,"世界可能正面临15年来最严重的粮食危机",但粮食价格上涨引起的关注程度,较年初的大宗商品飙升和三季度的能源危机要小得多。

  发达国家面对粮食价格上涨的这种作壁上观的态度,与石油价格上涨时的紧张焦虑形成鲜明对比。这归根结底在于,食品在发达国家消费占比仅为10%左右,价格上涨对消费者影响不大,而食品消费在发展中国家一般都占30%以上,所以食品价格一波动,牵动千家万户。

---

① FAO. FAO Food Price Index rises further in September [R]. 2017 (8).https://www.fao.org/news/story/en/item/1027625/icode/

第三篇

如何应对全球通胀与衰退挑战

第十二章

投资者如何认清通胀与衰退风险,保卫家庭财富

第十二章 投资者如何认清通胀与衰退风险，保卫家庭财富

沃伦·巴菲特说，如果打牌已经进行了 30 分钟，你还不知道牌桌上谁是笨蛋，那么你就是。当通胀悄然而至，经济衰退或经济下行的风险也将如影随形，如果你对这一切浑然不觉，家庭财富难免会受损失。有研究表明，1965~2011 年，美元累计贬值 86%，在这段时间内持有美元的人，谁的财富损失最大？以往，人们用购买住房和黄金来保卫自己的资产，应对通胀与衰退风险，这些老办法还管用吗？

第一节　不同资产配置下的命运之神

不同资产配置下的命运之神

北京的小赵 2000 年大学毕业后不久，便在父母的资助下花 50 万

买了一套房子。其中，按揭部分占房款的 60%，每月需要还银行贷款 2 000 元左右。如今按揭贷款已经提前偿还，这套房子目前的市场价是 600 万元。

小赵的同学小钱，2000 年毕业后一直租房，每月支付的房租从那时的 1 000 多元涨到了今年的 5 000 元。十多年来，小钱每月用于房子的支出已经超过了小赵的还贷支出。而且如今拥有一套房产的小赵身价已经达到了 600 万元，与同学相比，小钱只能捏着瘪瘪的钱包，对着飙升的房价，唉声叹气。

他俩的同班同学小孙在 2000 年毕业后，把父母给他的一套小房卖掉自己租房住，用卖房的 20 万元买了一辆小汽车，开到现在。如今新车变成了老爷车，到二手市场一打听，也就值 8 000 块钱，而当初以 20 万市场价卖掉的房子已经升到 300 万元。

另一个同学小李，2000 年也把一套价值 20 万的房子卖了，拿钱去炒股，由于技术不精，总是被套，2005 年下跌到只有 10 万元，好在后来认识到自己炒股不如交给专业投资者，于是买了公募基金，赶上 2007 年、2015 年两轮牛市，如今已经翻了十倍，净值从最低点的 10 万元涨到了 100 万元，但是当初卖掉的房子从 20 万升值到 300 多万。

……

在通货膨胀与经济高速增长时期，消费者虽然会困惑于货币购买力的下降，但是实际上储蓄者会受损失，劳动者工资跑不赢 CPI，生产者和债权人似乎也难逃伤害，可是为什么赵、钱、孙、李几个起点一样、收入相似的同学，却因为过去 10 年的不同决策，有人欢喜有人愁呢？显然，除了过去 20 年中有两轮通胀之外，城镇化和工业化

第十二章 投资者如何认清通胀与衰退风险，保卫家庭财富

引领的经济快速增长才是这个时代的主题。在每一轮通胀起步、高峰、退潮的不同阶段，不同人群受益、受害的先后次序和程度大不相同。在通胀过程中快速增值的房地产价格和经济增长过程中股票等权益类资产的不断增值，才是造成不同资产配置会有天地之别的原因。比如，那些领着固定退休金的退休工人、最底层的劳动者、小企业主、被股市套牢的中小投资者……在几乎每一次通货膨胀发生时，都不得不忍受通胀对自己造成的伤害，眼睁睁地看着自己的财富缩水。而如果他们像小赵那样选择购买房地产和优质的权益类资产，结果就大不一样了。

还有一些人，只要通胀没有恶化到失控的地步，他们所受到的损害总是极其有限，甚至可以转嫁出去。比如，那些签订了指数工资的劳动者，那些能向下游转移成本的生产者。当然，还有像小赵那样，在低利率中勇敢地选择借款购买资产的债务人。

只要通胀程度还在老百姓可以忍受的范围内，那么拥有货币发行权的政府就不太容易受损害。在过去100年里，美国共发生了五次大规模的货币贬值，分别是1924年、1944年、1995年、2008年和2011年，有人认为，这都是美国政府主动而为的结果。尽管每张纸钞上都印着"我们相信上帝"（IN GOD WE TRUST），但实际上，掌控政府印钞机的并非上帝之手，而是凡人之手。

相比之下，在政府机构工作的公务员受通胀的损害也很小，因为公务员所享受的各种隐性福利能大大降低通货膨胀对其的损害，物价上涨持续一段时间后，公务员工资上涨一般也是最快的。

在生产领域，垄断企业显然比小企业更容易躲避甚至是转移通胀的损害。在通胀后期政府紧缩流动性后，银行停贷往往是压死企业的

最后一根稻草，而垄断企业凭借自身的庞大规模更容易在关键时刻获得银行贷款的支持。垄断企业在原材料市场和产品市场上往往拥有定价的话语权。当通胀发生时，这些企业既能够跟上游厂商讨价还价，又可以将成本上涨风险转嫁给下游厂商或者消费者，甚至当垄断企业陷入破产危机时，由于它对就业、对行业及地区经济影响较大，也更容易获得政府的保护或援助。

除了政府和垄断企业以外，在通胀程度不是很高时，银行等金融机构往往能够把通胀损失转移给储户，因此这些机构也可以看作是通胀的受益者。21世纪以来中国历次通货膨胀的程度都被控制在了个位数，因此通胀对各银行的影响都不太大。以中国工商银行为例，在通胀发生的2004年、2007年和2011年，该行的净利润增速分别达到了38.34%、66.19%和25.6%，并没有受到通胀的影响，有些年份净利润增速甚至还高于非通胀年份。

虽然经济在增长，但是通胀犹如一台野蛮的吸金机器，在不同人群中进行着财富大挪移。政府、垄断企业、金融机构……这些原本就相对强势的机构，在通胀中总是能够最大限度地避免损失，甚至从中获利；最底层的劳动者、退休人员、中下游竞争性行业、小企业主……这类群体，或明或暗地成为通胀的受害者。

经济增长让蛋糕变大，但是通胀的"魔咒"却可以让穷者更穷，让富者更富，让财富分配更加不均，这也是凯恩斯所担心的"能够摧毁一个社会的力量"。通常，在这个巨大的漩涡中，既能够享受到经济增长的成果，还能够战胜通胀，才能真正让家庭的财富增长。

那么，当经过了经济高度发展阶段之后，新的通货膨胀风险和潜在的经济衰退风险来临时，投资者应该做何选择呢？

第十二章 投资者如何认清通胀与衰退风险，保卫家庭财富

面对通胀风险的有效行动

在2020年疫情期间，美国的很多超市都出现了抢购风潮。有人做过统计，疫情期间美国政府先后四轮共发放现金近3万亿美元，差不多每个美国人领1万美元，他们拿着这样的钱去超市购物，感觉不到物价上涨之痛。

囤积或储藏消费品显然不是应对通胀的理性选择——只有在短缺经济阶段，或个别国家在战争、瘟疫等特殊情况下出现食品或其他生活必需品的短缺，储藏消费品才有一定意义。20世纪90年代以来，中国已经渡过了短缺经济阶段，消费品涨价的原因不再是因为短缺，而是因为货币超发、上游成本冲击、劳动力成本冲击、物流成本冲击或预期等因素，因此囤积储藏消费品不仅不能为自己的财富保值，而且会制造商品短缺的错误氛围，进一步恶化通胀预期。

作为企业或机构雇员，像美国曾经流行的那样与雇主签订"工资随着物价上涨而上涨"这类保护性约定，对于保护原有的消费水平有一定意义。为了保证劳动者不受通胀威胁，在各国工会的推动下逐渐形成了两种工资调整方法：谈判式工资调整法和指数化工资调整法。其中指数化工资调整法是指，工人的工资随着物价指数浮动，按照价格指数自动调节收入的一种工资制度，具体要把工人的工资同生活费用价格指数挂钩，挂钩的办法通过法规确定下来，以保证工人的实际工资不受价格上涨的影响。

制定工资与物价挂钩的办法，要避免被"被平均"的工资数据误导。比如，中国在2002年以来的大多数年份，城镇在岗职工平均工资增速都高于CPI，但是这并不意味着所有的工资都在上涨——有时

候，只要金融业、IT业员工的工资上涨一小步，其他行业的平均工资就会"被增长"一大步。

而对于已成为纯消费者的退休人员，保障其生活水平不受物价上涨过多影响的方式就是上调基本养老金，2020年中国总体按退休人员月人均基本养老金的4.5%又一次上调了养老金水平，这已经是中国连续17年上调养老金了。

相对于囤积消费品、签订工资保护性约定而言，在通胀银行里的储户作为债权人成了实际受损者，而对于贷款者，商业银行则又充当了现代社会最大的债权人，在通货膨胀发生时它也会受损失，只是银行可以把它们的实际利息损失转嫁给储户，储蓄者才是通货膨胀的真正受害者。

毫无疑问，对于债权人和债务人双方而言，需偿还的债务将随着通胀率的上升而贬值：一年前张三向李四借了10万元去买房，并承诺一年后按照5%的利率连本带利还给李四，一年后张三归还李四10.5万，但如果通胀率是5%，那么张三偿还的10.5万的实际购买力相当于当初的10万元——由于通货膨胀，张三相当于"免费"使用了李四的这部分资金。可见，通胀有利于负债人，而债权人的利益受到了损失。

通货膨胀会让债权人受损，但那绝对不是指银行。没错，银行是贷款者的债权人，但是银行的背后还站着无数分散的储户，银行作为债权人的损失都被转嫁给了这些储蓄者。不过，银行也怕通胀，它怕的是通胀过程中贷款利息太高，把贷款人"吓跑了""吓死了"。把贷款者"吓跑了"，贷款贷不出去，还要支付储户利息，银行就要损失一部分利息；要是把贷款人"吓死了"，贷款变成了呆账、坏账，银行损失的就不仅仅是利息,还有本金。

在一些高通胀的国家,指数化债券投资工具应运而生,这种债券的利息或本金或两者都根据通货膨胀进行调整。指数化债券在诸如巴西、阿根廷和以色列等历史上曾出现高通胀国家,一度成为吸引老百姓购买政府债券的重要手段。中国、美国等国财政部也发行一种通胀保值债券,如美国的 TIPS,其票息率固定,但票面本金额浮动,浮动幅度与美国 CPI 指数挂钩,以此让投资人抵御通胀。

第二节　房地产、债券、股票如何抵御通胀与衰退

哪个城市的房地产能抗通胀、防衰退

不论在美国还是在中国,房地产都曾经是抵御通胀最有利的武器。如今,与美国高通货膨胀相伴随的是,美国的房价又在不断创出新高。

中国最近 20 年经历了两轮比较严重的通货膨胀,其余时间 CPI 涨幅大部分以低于 3% 的速度稳步上涨,但是相对于房价的涨幅来讲,消费者物价指数的涨幅就有点"小巫见大巫"了。

当然,中国房价上涨的原因有很多,除了货币超发,还有经济增长带来的居民收入增长、人口城镇化带来的房地产需求增长、房地产金融的支持、土地供给稀缺,等等。总之,在以上五大类因素下,房地产成为过去 20 年居民抵御通货膨胀最好的投资选择。

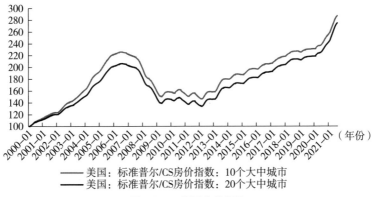

图 12-1　美国房价指数

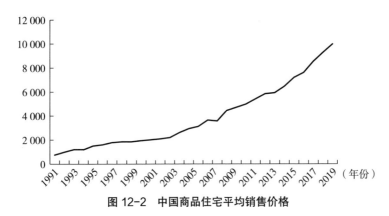

图 12-2　中国商品住宅平均销售价格

数据来源：国家统计局。

然而，无论对于中国还是美国居民而言，一个值得深思的问题是，如果通货膨胀加上经济的高增长意味着房价的持续上涨，那么当经济衰退的风险与日俱增，房价还能不能持续上涨呢？

显然对于早已走过城镇化阶段的美国而言，房价的上涨主要是货币超发和低利率带来的资产配置需求，一旦货币政策早晚不得不转向紧缩，美国房价的回调会像股市泡沫的破裂一样，都是迟早的事。事实上，当经济衰退来临，首先要回避的就是周期类资产，房地产是经济衰退过程中最需要回避的资产之一。

对于中国而言,随着上游工业通胀向下游消费品的传播,房价作为通胀初期的资产配置选择,仍然有一定的保值意义。然而,走过20年的长期上涨之后,支撑中国房价的五大类因素[①]——人口城镇化因素、居民收入增长因素、房地产金融因素、居民资产配置因素、房地产供给因素等都已经或正在发生逆转。

(1)人口城镇化因素。2020年,中国人口城镇化率从1998年的33.35%升至63.89%,每年的新增城镇化率平均在1.4%左右,即每年新增将近2 000万的城市人口,从而带来房地产需求的持续增加。2015年以来,每年的新增城镇化速度逐步下降,现已回落到1%以下。预计在总体人口城镇化率达到70%后会显著放缓,届时人口城镇化所带来的房价上涨动力会逐年趋弱,并且会因为不同地区人口流入和流出情况而出现明显的分化。考虑到人口城镇化和移民因素在全球各国的各历史阶段都与城市房地产保持比较强的正相关关系,中国未来人口城镇化速度的放缓对房价的推动力势必逐年减弱。

(2)居民收入增长因素。沃顿商学院Rechard Herring教授对全球50多年房地产市场的研究表明,居民可支配收入增速与各国房价都有明显的正相关关系。中国居民可支配收入过去40年来一直在高速增长,但2021年来,尤其是经历2020年疫情冲击以后,中国城乡居民可支配收入增速明显下降。2016~2019年,中国居民人均可支配收入年均实际增长6.5%,而2021年前三季度,居民收入两年平均实

---

① 滕泰.五大类因素趋势逆转,中国房价从普涨走向分化[EB/OL].(2021-07-12)[2021-12-1] https://baijiahao.baidu.com/s?id=1704070537062774934&wfr=spider&for=pc.

际增长5.1%。毫无疑问，中国居民可支配收入增速的放缓，也将削弱房价上行的动力。

（3）房地产金融因素。从宏观上看，全球的货币超发要么流向房地产，要么流向股市，要么流向实体经济。在全球范围内，房地产金融因素都是推动房价的主要原因之一。当然，一旦房地产金融因素发生逆转，比如2007年美国的次贷危机，对房价的负面影响更加巨大。从微观上看，按揭贷款是全球居民购房普遍使用的方式，因而以房地产按揭贷款为基础的房地产金融因素对房价有十分重要的影响。在过去20年，中国的房地产金融一直是推动房价上涨的主要因素，每当金融紧缩，房价就会阶段性回落。2020年以来，中国的房地产金融政策虽然阶段性地进行了微调，但是总体上变得越来越谨慎，与之前20年的全面支持阶段已经不可同日而语。更加谨慎的房地产金融政策必然也会削弱中国房价上涨的动力。

（4）居民资产配置因素。居民资产配置因素在所有影响房地产价格的因素中是最特殊的，因为它是一把双刃剑，在房价上涨过程中放大上涨，在房价下跌确实形成后放大下跌的动能。目前来看，在中国的房地产需求中，投资性和投机性住房需求越来越少，因为资产配置而推动房价上涨的力量也在衰减。值得警惕的是，中国居民房地产配置在家庭财富总量中的占比高达70%以上，如果这个配置比例有所下调，带来的冲击会是巨大的。

（5）房地产供给因素。房地产供给因素与房价负相关。过去20多年中国的土地拍卖制度虽然形成了金额巨大的土地财政收入来源，但是客观上也成为抬高房价的重要因素之一。2021年，随着城市土地"流拍"宗数增加，土地供给因素所带来的房价上涨动力也在减弱。

曾经支持中国房价上涨的五大类因素，目前都已经在弱化甚至逆转，2021年中国商品房市场成交量明显萎缩，居民购房意愿明显降低。好在中国的城镇化速度虽然在放缓，但依然有空间；中国居民收入增长速度仍然保持正增长；中国货币超发的量从2013年以来已经明显放缓，并且其中很大一部分被股市扩容所吸纳，对房价的推动力有所弱化；中国居民的房地产配置比例已经是全球最高，未来有逐步下降的趋势，在这样的背景下，中国未来的房价普涨阶段已经结束，未来必然走向分化。

北京、上海、广州、深圳等中国一线城市是国家的经济、科技、金融、文化、贸易中心，通常还充当大都市圈的核心城市角色，在国际上则对标纽约、伦敦、新加坡这些大都市，其特殊吸引力很难被替代，因此即便由于经济下行、金融收缩或其他周期性因素阶段性造成房价下跌，长期看仍然能涨回来，像伦敦就曾经历过若干次房地产市场泡沫破裂，但是如今房价仍然高高在上一样。因而，居住在一线城市，尤其是城市核心地段的居民，仍然可以继续持有房产，及时对抗通货膨胀，长期也能抵御经济衰退。

对于那些居住在成都、重庆、西安、合肥、武汉等大城市圈中心、区域经济文化中心的居民而言，由于相对于周边中小城市和县城，这些城市具有明显的人才优势、产业聚集优势，商业和服务业发达，文化娱乐生活丰富，因而未来将继续吸引人口流入，房价相对稳定。

那些位于超大城市，大城市圈外围的卫星城市，三、四线城市，将因核心城市强烈的"虹吸效应"而进一步失去吸引力，比如，在西安、成都、武汉、杭州、北京、合肥周边的三、四线城市，县城小镇，人口将继续减少。房价下跌趋势一旦开始，预计难以回升，持有这些城市房产的家庭，不但不能保值增值，还将面临财富缩小的风险。最近几年，北京周边的廊坊、燕郊、张家口等城市房地产价格已经开始下跌；西安市10年增加400多万人，结果造成周边的咸阳、渭南、宝鸡、铜川、商洛的人口持续流出和房价下跌；在湖南，长沙人口比10年前净增300万人，同期衡阳、邵阳、常德、岳阳等城市人口都呈现净流出；在湖北，武汉市吸引了来自宜昌、黄石、十堰、黄冈、襄阳、孝感等城市的人才，尤其是年轻人，这些被虹吸效应影响的城市居民，其持有的房地产难以对抗通胀，一旦经济衰退来临，恐怕还会加速下跌。

在正在到来的中国房价大分化中，房价下跌风险最大的是那些产业结构老化、营商环境差、社会治安差、观念陈旧的城市，这些城市就像美国底特律、匹兹堡、代顿等东北部五大湖区的城市和城镇，虽然曾经是美国经济的中心和工业的心脏，但在钢铁、玻璃、化工、铁路等产业没落中成为"铁锈带"（Rust-Belt），其房地产的价格下跌就像其产业衰落和人口流出的速度一样，势不可挡。

表12-1显示的几个人口持续净流出地区，比较典型的是黑龙江、吉林和辽宁。以黑龙江省鹤岗市为例，在2010~2020年的10年间，鹤岗市区人口减少了17.12%。不久前有新闻报道，在鹤岗市用几万元就可以购买一处住房。上述东北地区的产业老化和资源枯竭情况，在西北的资源枯竭型城市也同样发生着，居住在上述地区的居民，要战胜通胀与抵御衰退风险，显然不能靠继续持有房产，而必须找到更能保值增值的投资对象。

表12-1　第七次人口普查显示人口净流出、流入地区

地区	差额（万人）	地区	差额（万人）
广东	2 169.21	西藏	64.59
浙江	1 014.07	江西	62.08
江苏	608.71	湖北	51.48
山东	573.47	青海	29.72
河南	533.56	甘肃	-55.54
福建	464.59	内蒙古	-65.71
广西	410.30	山西	-79.65
新疆	403.65	辽宁	-115.49
贵州	381.36	吉林	-337.94
四川	325.73	黑龙江	-646.39

资料来源：国家统计局。

如同在全球范围内，既能够聚集产业、人才，同时自然环境和人文环境也最具吸引力的莫过于旧金山湾区、纽约湾区、东京湾区等几个著名的湾区；在中国，能够持续吸引人口流入，自然环境、人文环境最具吸引力的莫过于珠江三角洲的粤港澳大湾区和长江三角洲城市。从粤港澳大湾区来看，世界500强企业、高新技术产业、金融资本、对外贸易等高度聚焦，10年来粤港澳大湾区9个城市人口净流入超过2 000万人。除了深圳、东莞、广州等城市之外，其中以珠海、中山为代表的珠江口西岸城市，近几年也已经形成新的区位优势、新要素比较优势、新的产业聚集优势，并拥有优美的自然环境和良好的社会文化环境，① 正在吸引越来越多的人才和产业流入。居住在大湾区珠江口西岸城市的居民房地产不但能够对抗通胀，即便是面

---

① 滕泰.未来二十年，中国最强劲的新增长极在这里［EB/OL］.（2021-04-30）［2021-12-2］. https://m.gmw.cn/baijia/2021-04/30/1302265236.html.

临周期性的全球经济衰退，应该也能保值增值。

与粤港澳大湾区相比，长三角地区的上海、南京、杭州、苏州、合肥，乃至无锡、南通等城市，很多城市 GDP 超万亿元，科技文化领先、产业集群效应明显、能够吸纳优秀的国际人才，未来也是人口净流入地区。对于居住在长江三角洲城市的居民，其房地产价格长期来看仍然具有低于通胀和经济周期的保值增值潜力。

海南岛被人们类比为"中国的夏威夷"，很多中国居民想通过投资海南岛的房地产来获取收益，但美国人也许会去夏威夷度假，却不会投资夏威夷的房地产。显然，度假旅游地与产业高地的性质完全不同。尽管海南现在被赋予了试行自由贸易试验区和自由贸易港的新开放职责，但毕竟离金融、科技和贸易中心还有较大距离。海南全省 GDP 仅大体与浙江嘉兴市相当，持有海南岛的房地产显然不是抵御通胀或经济衰退的好方案。

全球范围内，在通胀过程中能够保值增值的房地产很多，但是一旦经济衰退来临，能够站在全球范围内保持坚挺的房地产恐怕还是纽约、波士顿、东京、香港、上海、伦敦、新加坡等国际金融和经济中心。

固定收益类产品在抵御通胀和衰退风险方面的表现

巴菲特的导师本杰明·格雷厄姆（Benjamin Graham）在他的经典著作《聪明的投资者》中，对与通胀斗争提出建议：随着美元贬值，生活费用上涨，以美元计息的固定收益将遭受损失，而且固定的本金也将面临同样的问题。股票投资则不同，由于红利和股价的上涨，有可能抵消美元购买力的下降。他的研究表明，1915~1970 年美国股市

第十二章 投资者如何认清通胀与衰退风险，保卫家庭财富

指数的收益差不多为年化 4% 左右，加上股息收益 4%，股票投资的收益率在 8% 左右，比一般债券要高。在这本被誉为"投资圣经"的书中他得出的结论是：债券本质上是一种不可取的投资，股票比债券更适合投资[1]。他也确实能够选出战胜通胀的标的股票，20 年（1936~1956 年）年均收益率不低于 14.7%，所以不太在意债券。

然而，并不是所有家庭都能够承受股市波动的风险，大部分人也不可能具有格雷厄姆那样的投资能力。考虑到投资知识能力有限、资金量小、对专业投资机构难以甄别等原因，选择信用高、收益率大于银行存款利率的高收益债券，对很多家庭而言仍然是不错的选择。

在通胀初期或利率上升的过程中，对于市场上的存量债券，利率风险成为利率债面临的主要风险，市场名义利率的升高将使其承受压力。2020 年下半年起，随着 CPI 走高，美国 10 年期国债收益率趋于上升，市场存量债券因而价格下跌。

在通胀后期、利率水平较高的阶段，认购新发行的、高收益长期债券通常是不错的选择。例如，在 1997 年前后，伴随着高通胀率，中国的长期存款利率水平达到 15% 以上。在那时如果购买了高收益的债券、高收益的保险产品，甚至在银行按照 15% 以上利率存 5 年、10 年的定期，当通胀水平和市场利率水平回落到个位数之后，持有这些长期债券的投资者仍然可以每年得到两位数的固定利息，直到产品到期。事实上，由于负债端支付的利率抬高，而资产端的投资收益根本覆盖不了两位数的利息成本，那几年发行高收益债券的企业、发行高利率保险产品的保险公司、接受高利率定期存款的银行，都经历

---

[1] 格雷厄姆. 聪明的投资者 [M]. 王中华等译. 北京：人民邮电出版社，2016.

了一段艰难的阶段，在中国有些民营保险公司甚至被迫让购买了本公司保险产品的职工退保。

假定发债主体不违约，在通胀后期阶段、经济衰退来临之前购买高收益的债券，其未来现金流是给定的，不受未来利率下行或经济衰退的影响——当然，前提是信用发行人稳健运营，不出现违约。从2019~2021年，中国信用债市场对风险的担忧不断加重，从杠杆率过高的民营企业，到城投债，到房地产企业，违约事件数量和规模逐渐增加。仅2021年1~9月，信用债违约规模合计1 342亿元，违约只数累计125只[①]。

在2010年那一轮通胀的后期阶段，购买8%以上的固定收益理财产品很普遍，不管其背后是房地产信托，还是城投债，大部分都按期兑付了。最近几年，随着地方政府负债率不断走高，房地产高光时刻已过，市场上高利率固定收益产品已经越来越少，以至于中国银保监会主席警告投资者说，"市场上凡是固定收益超过6%的金融产品，可能都是骗子。"事实上，在银行等金融机构，2021年能够认购到年收益在3%~4%的固定收益产品都算是不错的选择，这已经比处在利率更低的欧洲、美国市场上的投资者要幸运太多。

对全球各国偏好固定收益产品的投资者而言，面对不断走高的通货膨胀水平，美国、欧洲央行会加息，还是继续保持长期以来的低利率？如果中国的上游工业通胀传导到下游消费品，中国央行是加息抗通胀，还是降息以化解经济下行的压力？总之，利率的走向才是决定投资者应该认购、持有还是抛售债券的决定性因素。

---

① 中信证券研究部统计。

第十二章 投资者如何认清通胀与衰退风险，保卫家庭财富

如何选择抗通胀、防衰退的优质权益资产

沃顿商学院的西格尔教授在其《长期投资》（*Stock for the Long Run*）一书中指出，在过去100多年的时间里，持有美国股票类资产的长期收益要大于债券。这与格雷厄姆的发现基本一致。富国银行（Wells Fargo）的研究显示，自2000年以来，在全球性投资组合中，新兴市场股票也跑赢了通胀。

显然，从企业角度也能看到，温和通胀阶段，正好是企业利润增长阶段，股票便是抵御通胀的优选资产之一，企业的平均利润最高的阶段几乎与通胀同时出现。不过，这仅限于那些能够提价的优秀公司，因为无法转移上游成本压力而成为通胀受害者的公用事业类公司就不属于此列。

1977年5月，股神巴菲特在《财富》杂志发表了一篇很长的文章，标题是《通货膨胀如何摧毁价值投资者》（*How Inflation Swindles the Equity Investor*），精辟地论述了通胀如何打击股市。他认为，在二战以后的30多年，尽管美国的经济变化很大，作为一个整体，上市公司的回报率超级稳定，每年基本都在10%~13%之间，取个平均数大约就是12%，这并没有因为通胀而改变。这样，股民作为一个整体，手持股票与手持债券无异，有时甚至还不如债券投资者：通货膨胀时，债券票息至少还会随着利率水涨船高，而股息却还停留在12%。由于回报率是基本稳定的，因此通胀上升导致利率上升时，投资者对于股票估值的要求也会更加苛刻。当存款利率为2%的时候，20倍市盈率的股票很多人愿意买；当存款利率上升到10%的时候，投资者可能要求同样的股票市盈率降到8倍以下，股票价格自然就会下跌。

观察美国和欧洲 CPI 数据和股市的相关性可以发现，巴菲特关于"通胀无牛市"的论断在欧美资本市场基本得到验证。

比如，20 世纪 70 年代，石油危机引爆油价，美国 CPI 大幅上升，经济陷入滞胀。在物价飞涨的情况下，标准普尔 500 指数 10 年基本没有出现大的上涨行情。到 80 年代初，美国通货膨胀重新稳定在 5% 以下，股市很快迎来一轮大牛市，标准普尔 500 指数大幅上扬。2008 年次贷危机和 2010 年欧洲危机之后，在全球低通胀、低利率的背景下，美国和欧洲、日本等股市都出现了长达十多年的大牛市，即便是 2020 年疫情造成经济负增长的前提下，超低利率甚至零利率的货币政策也让以美国为代表的欧美股市再创新高。

如今，美国、欧洲的通货膨胀已经是不争的事实，只是巴菲特"通胀无牛市"逻辑中的加息还没有来临，一旦西方主要国家为了抵御通胀开启加息周期，那么欧美股市会不会陷入漫长的熊市呢？

再看中国 CPI 数据与股市的关系，2004 年中国通货膨胀再次抬头，CPI 一路上扬并一度突破 5%，而上证综合指数也持续下探，整个 2005 年都在低位徘徊；2006~2007 年上半年，中国通胀率基本维持在 3% 上下的温和水平，这为中国股市上涨创造了有利条件，上证指数从 1 200 点飙升到 6 124 点；2007 年下半年，通胀再次抬头，央行 10 次上调存款准备金率，6 次上调存贷款基准利率，上证指数急转直下，上证综指最低下探到 1 664 点；2008 年美国次贷危机蔓延加深并升级为国际金融危机，到年底国内通胀回落，加上年内数次降准、降息，股市才开始反弹；2009 年，中国 CPI 持续为负，4 万亿投资计划在该年发力，上证综指由 1 664 点回升至年中最高的 3 500 点左右；2010 年 7 月中国通胀重新抬头，股市进入新一轮熊市；2014 年全年 CPI

上涨2%，PPI全年–1.9%，从2014~2015年上半年，央行4次降息，5次降准，股市在温和通胀和宽松货币中迎来大牛市，2015年6月上证综指达到5 178点高峰；2016年以后，中国通货膨胀维持在较低水平，但是基准利率并没有显著波动，上证综指一直以3 500为中枢上下震荡。

当然，影响股市的因素众多，物价和利率水平只是其中较突出的方面。展望2022年，一方面，中国的上游工业通胀有可能传导到下游消费品，推高通货膨胀水平；另一方面，在房地产投资增速下滑、基本建设投资增速下滑、消费增速回落等压力下，中国的经济增速也会显著下行。既要抗通胀，又要稳增长，预计央行仍然会保持中性的货币政策——如果"通胀、加息"这个利率传导环节不成立，股市的投资机会可能与CPI的负相关性并不明显。

可见，股市的整体收益是否会随着通胀升高而降低，关键取决于央行会不会因为通胀走高而加息。静态看，股票理论价格=股息红利收益/市场利率，当通胀走高，利率上升时，估值便会下降。有机构测算了1973年以来美国标普500的市盈率在各个通胀区间的均值，发现通胀上升对股市的影响存在阈值效应，在通胀低于3%时，通胀上升伴随市盈率上升，而当通胀高于此阈值时，通胀的进一步上升压制市盈率[1]。因此，即便在通胀的初期各国央行加息比较谨慎，如果通胀水平连续超过通胀管理目标，尤其是在通胀的后期阶段，任何国家的央行都不会坐视不管，那时候指望通过投资指数基金获取股市的一般收益，来抵御通货膨胀和随之而来的经济衰退，恐怕就比较困难了。

---

[1] 中金公司2021年10月策略研究，市盈率为过去12个月，即TTM。

研究机构 DataTrek 的统计显示，1972~1980 年美国高通胀期间，标准普尔指数成分公司的盈利增长了 120%，超过同一时期消费物价 110% 的累计涨幅。也就是说，那些好公司的股票，即使在通货膨胀经济衰退的背景下，仍有望给投资者带来丰厚的回报。那么如何找到好公司呢？

首先，要找到的是那些高速成长的上市公司。这些优秀的企业所带来的高业绩增长，不仅可以抵御通胀，还将穿越经济衰退。不管这些公司的高成长是因为新技术、新模式，还是因为优秀的团队和卓越的管理，对这些处于好赛道上，有竞争优势的高速增长的公司，都可以给予相对比较高的估值。无论投资亚马逊、微软、谷歌、苹果、META（脸书）、奈飞、特斯拉，还是新浪、网易、腾讯、阿里、京东、美团、小米、比亚迪、宁德时代等，只要其业绩增长是可持续的，投资者在估值上一定要解放思想。理论上，如果一个公司可以高于 20% 的增速永远成长下去，它的估值可以给到无限高。

其次，能不能从稳定成长型股票上获得可观收益，取决于买入的时机是否正确、买入价格是否合理，也就是说，要在估值偏低的时候才能买入。用沃伦·巴菲特的话说，这取决于上市公司的内在价值——取决于对未来现金流的估算和未来利率变动的估算。理论上，在当前中国的平均利率水平下，如果一个 10%~20% 稳定增长的成熟消费品企业，即便有商誉等护城河，给予 20~30 倍的市盈率（P/E）也差不多了。但是目前中国股市上某些已经从高速增长企业，变为成熟的稳定增长的白酒企业还有 40 倍以上的估值，投资这样的企业恐怕要耐心等待更好的时机，否则不但不能抵御通货膨胀或经济衰退的风险，甚至大概率还会赔本。

第十二章 投资者如何认清通胀与衰退风险，保卫家庭财富

有的投资者偏好投资那些低增长公司，因为虽然其收入和盈利增长幅度不高，大部分情况每年盈利增速低于10%，但是股息分红却相当不错，比如高速公路、燃气公司等公用事业类企业。投资者持有这些公司的股票，的确可以抵御通胀或衰退，大部分情况分红收益要高于国债、地方债等固定利率产品，前提是以较低的估值买入。目前无论是在美国、英国，还是在中国香港，或是A股市场，都有一批低增长、高分红、估值低的上市企业，可以满足这样的要求。

投资周期类股票往往是普通投资者最大的陷阱，因为这些企业往往在景气高点向下拐的阶段，其估值最便宜，容易吸引普通投资者买入。比如钢铁、铜、铝、煤炭、水泥等企业，投资者如果在它景气高点关注到了这些企业，会发现它们的估值极低，通常只有5到10倍的P/E，如果这时候买进去，往往造成亏损——一旦景气周期向下拐，产品价格迅速下跌，一两年以后它们的EPS（每股收益）就由一年前的1元钱，跌到只有几分钱，甚至亏损，投资者会发现他们在10倍P/E购买的周期股，一年后股价下跌了50%以上，其估值不但没有变成5倍，反而变成了50倍，甚至100倍。能够把握景气周期的专业投资者投资这类股票的节点恰恰相反——他们会在景气低点向上拐点时介入，此时尽管企业收益极低甚至亏损，股价也处于历史底部，市盈率表面上很高，但是一旦景气向上，随着产品销售量价齐升，其业绩迅速增长，估值大幅降低，股价也开始迅猛地上涨。

不论是在通胀阶段，还是在经济衰退开始时，投资者都要谨慎识别并回避问题公司，即使它股价很低。巴菲特在20世纪60年代收购了纺织企业哈撒韦公司，他当时抱着纯粹的"捡烟蒂"的投资逻辑购入，并不打算长期持有，但公司无法创造价值，加上行业整体恶化，

使得巴菲特很多年后才得以脱身。事后巴菲特总结说,"如果你在厨房里发现了一只蟑螂,那绝对不止一只。"很多问题公司也一样,你解决了这个问题,一定还会有下一个问题。目前中国证券市场有近5 000家上市公司,其中至少一半的公司属于问题公司,时代曾经给予它们辉煌,但是由于抱着过去的经验不能转型创新,早晚也会被时代抛弃。也许其中会有少数企业借助外力,或通过自身凤凰涅槃一样的创新变革,能够实现困境翻转,但这样的机会并不是普通投资者能够精准把握的。

与美国投资者大部分通过持有共同基金参与股市的投资不同,中国投资者虽然也有相当比例家庭持有公募或私募基金,但是截至2021年上半年,中国A股市场开户数已经达到1.89亿,假设每个证券账户代表一个家庭,即便剔除掉重复计算之后,这些自主投资者也代表了近5亿的家庭人口。虽然这一参与比例仍然远远低于美国,但是通过直接或间接地投资股市来抵御通胀或经济衰退,已经成为中国越来越多家庭的选择。

第三节　黄金、另类投资和数字资产的价值

黄金能抵抗通胀与衰退吗

"乱世买黄金""黄金抗通胀""黄金长期肯定保值",这些直白的道理似乎是很多人长期投资的经验总结和谆谆教导。

第十二章 投资者如何认清通胀与衰退风险，保卫家庭财富

从历史上看，高通胀时期铜等有色金属上涨最快，经济衰退来临时下跌得也最惨。黄金虽然也是稀缺贵金属，但是它的价格波动主要不是取决于工业用途，而是被人们当成一种避险资产——当金融市场恐慌情绪高涨时，其价格很可能上涨。自从20世纪70年代布雷顿森林体系解体以来，以美元为代表的各国货币发行就如同脱缰的野马，而黄金的产量和供给量却只能稳定地增长，因而从较长时间来看，黄金与货币超发、CPI走势存在负相关关系，的确是抵抗通胀的有效手段。

无论是美国70年代到80年代初的通货膨胀，2007年、2010年的全球通货膨胀，还是在2020年疫情带来的不确定中，黄金的表现都非常亮眼，累计从布雷顿森林体系解体前的35美元/盎司，最高上涨到2020年8月份的2 000美元/盎司以上，目前仍然在每盎司1 800美元以上运行。

随着全球通货膨胀的来临以及经济衰退风险的加剧，黄金会不会再一次成为避险保值的资产呢？以沃伦·巴菲特为代表的一些人坚定地认为，黄金绝非好的投资品种，因为它"不会有任何产出的资产"，实际用处并不大，既不能像上市公司那样产生股息收益，也不能自我繁殖。

事实上，黄金的价值不能像巴菲特说的那样简单地与上市公司的股息相比，而是要联系全球货币发展历史才能理解。在人们发明国家信用货币之前，黄金本身就是天然的货币，即便是各国发行了国家信用货币之后，布雷顿森林体系仍然把黄金作为美元的发行基础，进而把与美元相关的各国的货币价值都锚定在黄金上，直到布雷顿森林体系解体后，黄金仍然是"全球信用货币的对立面"——每一次各国滥发货币，黄金价格就应声而起。

图12-2 CME黄金期货价格变动（1980-2021年）

当然，随着历史的发展，可以作为"货币对立面"的东西越来越多，比如所有的房地产都是信用货币的对立面，消费品也是——当全球各国的投资人对本国的信用货币不信任的时候，他们会去买房地产和消费品，从而造成房价和物价上涨。

一个更值得关注的资产是最近几年兴起的数字货币。实际上数字货币具有跟黄金完全相似的特征：非主权国家发行、去中心化、总量固定、矿越挖越少、挖矿成本越来越高……数字货币成了国际主权信用货币的更关注的对立面，那些不相信国家信用货币的投资人，可以去购买数字货币来保值。据JP摩根的统计，自2020年底起，流入比特币的累计资金超过了流入黄金ETF的资金，而且黄金的资金流入在该年三季度末见顶，此后呈缩减状态。这样的一种替代关系一旦锁定，黄金作为主权信用货币对立面的角色可能正在被数字货币所替代。

总之，黄金作为最古老的货币，在世界各国人心中的记忆虽然越来越模糊，但仍然没有完全消退；黄金作为现代国家信用货币的对立面的功能依然存在，但这个角色的一部分已经被以比特币为代表的数字货币去承担，因此黄金仍然能够作为对抗通胀的有效手段，但是其有效性已经大不如从前。

另类投资和金融衍生品适合哪类投资者

在传统的股票、债券、货币类资产之外的金融或实物资产投资可统称为另类投资，包括证券化资产、金融衍生品、对冲基金、私募股权基金、大宗商品、风险投资（VC）、古董和艺术品等。

与传统资产相比，另类投资相对小众，通常起点较高，流动性差，锁定期较长，所受的监管相对也少。比如，美国投资一家对冲基金的起点很可能是 100 万美元，国内的私募股权投资（PE）起点也在百万元人民币。

这两年私募股权投资基金、风险投资基金（PE/VC）最集中的领域主要是 IT/ 互联网、生物技术 / 医疗健康、半导体及电子设备。另外，2021 年大消费类投资基金发展加速，新能源、自动驾驶投资升温明显。这与软价值战略推崇的新经济、新模式、新业态非常吻合。但也要看到，这类投资锁定期长，缺乏流动性，失败率也较高。

各种收藏品、艺术品的价格在近 20 年也不断创出新高。至于收藏的对象，既有国际范围内流通的古董、文化艺术品，也有体现各国特色的收藏品，比如欧洲人喜欢收藏特定年份的红酒，中国人喜欢收藏名茶等，凡是小众市场的收藏品和艺术品，虽然名义上能保值，但是真正需要变现的时候，往往存在有价无市的问题。

在通货膨胀的背景下，无论是 PE/VC，还是大宗商品、艺术的投资或许还可以称为保值增值的有效手段；但是在经济衰退风险来临的时候，PE/VC 项目的失败风险必然迅速被放大，而那些价格弹性大的艺术品、奢侈品、艺术品、各种可有可无的非必需品，价格都有可能剧烈下跌，只有那些具有价格刚性的必需品在展现其价值吸引力。

至于金融衍生品投资，理论上既可以用来投机，单向做多或做空，也可以用来套利或对冲风险，其盈亏主要取决于其自身的策略，而与经济是通胀或衰退无关。无论是在通胀背景下，还是在经济衰退过程中，单纯投机策略的金融衍生品一般而言也并不适合普通家庭参与。

数字资产成为对冲通胀与衰退的新宠

2021 年，伴随着通货膨胀水平的走高，比特币创下历史新高——68 737 美元 / 枚，全球加密数字货币的整体市值突破了 3 万亿美元。

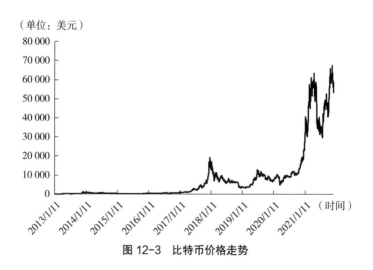

图 12-3　比特币价格走势

第十二章 投资者如何认清通胀与衰退风险，保卫家庭财富

以比特币为代表的数字货币以区块链技术为基础，以去中心化为本质特点，是一种市场自发出现的加密货币，是各国央行发行的法定信用货币的对立面。

诞生于 2009 年初的比特币，是加密数字资产的先行者，之后又衍生出了以太币、瑞波币等众多数字货币。目前全球数字货币数量超过 8 000 种，总市值近 3 万亿美元。这些数字货币各自设立了特定的应用场景，除了有去中心化、匿名性、数量有限、依据算法发行等特点，其数字合约生成，实际绕开了传统上以央行为主导的金融监管体系和支付体系。

与主权货币依赖国家信用而无实际资产支持一样，数字货币的价值也是建立在信用的基础上。比特币之所以成为全球最流行的数字货币，除了其区块链、去中心化的算法和发行方法，更重要的是，它的发行人像神一样隐匿了，靠全球志愿者来维护，同时其大部分发行收入并没有像其他大部分数字货币那样进入发行者的私人腰包，而是成为参与者的公众收入。此外，比特币的总供给量给定具有稀缺性，挖矿成本越来越高。这像极了几百年前的天然货币——黄金，只要有人接受，你就可以用它来购买现实中的物品。

作为一种有可能改变未来世界的新技术、新金融产品，现在全球大多数国家对数字货币既不禁止也不鼓励。美国认可加密货币是金融资产，但必须遵守税法和反洗钱条例[1]。比特币期货和相关 ETF 均出自美国的证券交易所；另有一些国家予以积极管制，如日本、加拿大；也有一些比较激进的国家如萨尔瓦多承认比特币为法定货币。

---

[1] 徐忠，邹传伟.金融科技：前沿与趋势［M］.北京：中信出版集团，2021.

由于数字货币本质上是挑战各国央行的主权货币,削弱央行货币政策效力,并且在实际运行中容易与地下经济、非法交易等挂钩,绕开各国的金融监管体系和支付体系,因而被一些监管最严的国家列入非法金融活动。中国虽然禁止市场上自发出现的、去中心化的数字货币,却由本国央行设立数字货币研究机构,并通过发放牌照的方式,特许几个金融机构探索发行自己的数字货币。这样的数字货币,与去中心化、主权货币对立面等市场化数字货币的本质特征并不一样,其前景如何,有待进一步观察。

如同国家主权货币的使用范围取决于其信用的范围一样,数字货币的前景主要取决于应用场景。除了比特币等已经广泛流行的数字货币,在全球范围内被认为最有潜力的数字货币发行者是刚刚改名为Meta的Facebook。这家互联网公司在全球拥有近30亿的用户,一旦其发行数字货币就可以自然拥有最大的应用场景。此外,Meta与微软公司正在大力推广的元宇宙如果能够获得大发展,一定会对数字货币的应用提供巨大的应用场景。

所谓元宇宙,本质上是数字虚拟世界的一场史无前例的应用场景创新大爆炸和数字虚拟世界与现实物理世界场景的大融合。通过在数字虚拟世界的各种创新,以及数字虚拟世界与现实物理世界的融合,极大地推动5G技术、区块链技术、人工智能、云计算等技术的发展,推动AR、VR、脑机接口等一系列产品创新,改变人们的生活方式。当然,如果元宇宙的场景创新大爆炸也会为数字货币提供最广阔的应用场景,人们不仅可以在数字虚拟世界用数字货币购买和交易各种虚拟商品和虚拟资产,而且还可以跨越虚拟世界,更多地进入现实世界。

与比特币相比,虚拟世界里新兴的NFT,也成为一种可以交易或投资的对象。NFT（Non-Fungible Token），即非同质化代币，是存储在区块链上的数字财产证书，可以用数字货币在金融平台上购买。其典型特征是独特，世间唯一，不能分割，两两不可互换。它比比特币走得更远。就目前的形态，一般认为NFT与IP天然适配，可以应用于游戏、音乐、图像、盲盒、收藏品、艺术品、虚拟宠物、明星卡片、现实资产等各类数字化载体，它因此受到演艺、拍卖、网络各界人士、新潮玩家和一些高净值人士的喜爱。

NFT的经典之作源自数字化收藏，是前沿艺术家Beeple（实名为Mike Winkelmann）创作的JPG图片文件，名为 *Everydays: The First 5000 Days*，将5000张日常画作拼接在一起，该作品的NFT通过佳士得以6 930万美元的天价卖出。

与数字货币相比，NFT更小众，其价值源于主题的稀缺和唯一性。2021年以太坊区块链上的NFT价值已扩大到140亿美元，有专家预测，到2025年全球NFT价值总计将达到800亿美元。

无论是数字货币还是NFT，数字资产不断拓展的边界正在考验着人们的想象力，对新事物有兴趣并有研究能力的投资者可以保持高度关注并在确保方法合规的前提下谨慎参与。当然，也要对该领域的过度投机炒作保持警惕，掌握软价值规律以控制风险。

第四节　中国家庭资产配置调整方向

央行调查统计司在2019年10月进行的一项调查显示，中国城镇居民家庭资产以实物资产为主，占家庭总资产的八成，其中住房占实物资产的 74.2%，占家庭总资产的 59.1%；金融资产占比较低，仅为 20.4%[①]。

如果与美国相比，中国居民住房资产占比高出美国 28.5 个百分点，而金融资产占比低了 22.1 个百分点。客观地说，以房地产为主要方向的资产配置方式的确是过去 20 多年最佳的资产配置选择。未来随着中国各城市房地产进入分化阶段，预计中国居民以住房为代表的实物资产配置比例会逐年降低，而各种金融资产的配置比例将迅速提高。

在中国居民持有的金融资产中，现金和存款占比高达 39.1%，其次是银行理财、资管产品、信托，占 26.6%，而股票、基金这类风险较高的资产仅分别占 6.4% 和 3.5%。

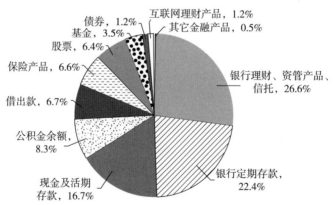

图 12-4　中国家庭的金融资产配置结构

资料来源：央行调查统计司、《中国金融》杂志。

[①] 2019 年中国城镇居民家庭资产负债情况调查，中国金融，2020（4）；据西南财经大学中国家庭金融调查（CHFS）的数据，2019 年中国家庭房地产的配置比重为 70.71%，典型家庭的平均资产总额为 118.53 万元。

第十二章 投资者如何认清通胀与衰退风险，保卫家庭财富

显然，这样的资产配置比例是长期以来高利率年代的产物，不仅具有一定的安全性，而且相对高利率的固定收益产品的确能够战胜较低的通胀水平。最近几年，中国的银行存款和理财产品的利率不断走低，虽然与欧、美、日本等低利率、零利率国家相比还有一定优势，但是一旦通胀来临，这些资产必然跑不过通货膨胀。

通过股票、基金等方式参与权益类市场是格雷厄姆、巴菲特、西格尔等共同的建议和主张，但是这与美国过去100多年的良好表现有关系。按照巴菲特的计算，过去100多年里，美国股市给投资者的平均回报超过了5%，如果按同样的复合增长率，假设未来100年还能提供5%以上的年收益，到21世纪末，道琼斯工业平均指数必须涨到200万点，这可能吗？

显然，未来不仅中国房价会出现大分化，全球经济结构的转型也会让各国股市出现巨大分化——仅仅持有指数基金，享受股市的平均收益不再是对抗通胀的有效手段，选择高成长的好公司长期持有，或者通过持有优秀的证券投资基金，才是战胜通胀和衰退风险最好的选择。以中国为例，最近三年来，虽然上证综合指数一直在上下震荡，但是相对优秀的权益类公募基金的年收益每年都在50%以上。

对于PE/VC、大宗商品、奢侈品、艺术品及其他收藏品，不论过去、现在，还是未来，都是小众参与的资产配置选择，难以构成家庭资产配置的主流。

至于黄金和数字货币，一个代表过去难以磨灭的货币记忆，一个代表不确定的未来，都值得高度关注。

第十三章

企业如何创新价值，抵御通胀与衰退

第十三章 企业如何创新价值,抵御通胀与衰退

处于不同行业,或同一行业产业链不同阶段的企业,在从通胀到衰退的经济周期性波动中受到的影响截然不同。即使是因为涨价而阶段性受益的企业,也容易丧失创新的动力,从而在接踵而至的经济衰退过程中成为受害者;至于在通胀和衰退中都受冲击的企业,更应该提前做好应对。

无论是与上游企业达成长协合同或通过期货市场进行对冲安排以锁定原材料成本,还是通过参股或其他战略合作关系打造上下游一体的价值链,亦或是通过产品与材料库存调节,资本、现金流与负债端的财务安排,都不足以让企业在从全面通胀到经济衰退的复杂波动中高枕无忧。企业要想穿越真正的大风大浪,唯有依靠技术创新、品牌价值创造、体验价值创造、流量创造、商业模式创新等软价值创造,形成像定海神针般的市场控制力和产品定价权,才能真正掌握自己的命运。

第一节　涨价受益者、价格转移者与调控替罪羊

无论是应对通胀还是衰退，不同行业都有各自成熟的经验，但如果持续高通胀或严峻的经济衰退来临，即便是通胀成本转嫁能力最强的企业，也难独善其身。

涨价受益者、价格转移者与调控替罪羊

企业对上游产品价格上涨的转移能力与它对市场的控制能力，或者说垄断地位，密切相关。上游的煤炭、化工、钢铁、有色金属等行业，2021年由于经济复苏需求转好，但产能短期释放相对有限，导致二、三季度产品价格持续上涨。以煤炭行业为例，自2021年5月以来，价格持续走高，受益于此，中国煤炭上市公司三季度业绩大幅上涨，规模较大的29家煤炭上市公司前三季度营收同比上涨近30%，净利润同比增长超60%。

在通胀发生初期，市场供需状况都较宽松，生产者不会受到什么损害或者损害较轻微，因为一来下游需求旺盛，二来当上游原材料价格上涨时，企业可以通过提价，在一定程度上将部分新增成本转移给下游厂商，最终转移给消费者。比如，国内调味品龙头企业海天味业，2021年10月发布涨价公告，距离上一次涨价已过去5年，本轮涨价的原因在于上游大豆、豆粕、玻璃等原材料自2020年开始涨价，

毛利率从45%~46%下降至39%~42%的水平，为此，海天味业将酱油、蚝油、酱料部分产品的出厂价格进行调整，主要产品调整幅度为3%~7%不等。

不过，即便是通胀成本转嫁能力最强的企业，在持续高通胀下最终也难以独善其身。首先，持续通胀使老百姓的购买能力下降并减少消费；其次，持续通胀使企业面临工人要求加薪的巨大压力，增加企业的劳动力成本；再次，政府为抑制通胀而采取的紧缩银根措施，有可能导致部分企业陷入短期流动性不足的危险，特别是在前期宽松信贷环境下积累高负债的企业。

据不完全统计，近一年的时间，家具行业注销9万多家，家电行业注销3万多家，建筑工程注销近5万家，涂料下游客户汽车、家电等多个行业注销企业数超过30万家，中小企业倒闭数量明显超过往年。中小微企业经营困难除了受疫情的影响，还受两个因素影响：一是上游原材料涨价，成本端压力显现，中小企业不能维持满产状态，有单也不敢接；二是生产过程中原料等过多占用现金流，对企业财务有较大的冲击。

紧缩银根政策往往迫使生产厂商改变经营策略。在上一轮通胀的2011年，中国人民银行连续出台了上调存款准备金率和加息等政策，货币紧缩亦给很多企业的资金链带来不小的考验。中小企业在经济运行正常情况下就面临着融资难题，一旦赶上为控制物价不断收紧银根，日子就更加难过了。

库存、长单套期保值与一体化价值链

面对原材料上涨，中下游企业可以通过调整库存的方式来应对，在价格逐步提升的过程中快速积累原材料锁定成本，但提高库存对企业综合能力要求较高，需要对行业、产品、价格未来走势有充分认知，而且在提升原材料库存的过程中会增加库存成本，对企业现金流也提出较高的要求。

化工、螺纹钢、水泥、焦化等中游行业，普遍会使用长协合同或买入远期合约来基本稳定未来原料价格，买卖双方一般会商定一个基准价及上下浮动幅度。部分企业会通过期货市场套期保值来锁定原材料成本，企业事先在期货市场买进期货，以防止未来买进现货时因价格上涨而造成经济损失。有数据显示，2020年部分上市公司对上游材料进行大额期货套期保值，如中国化工企业恒力石化针对上游的原油、PTA、苯乙烯、乙二醇等品种保证金额度达到90亿元，新能源电池龙头企业宁德时代对上游镍、铝、铜等品种套期保值保证金达60亿元，中国白色家电巨头美的集团对上游铜、铝、钢材、塑料等品种套期保值保证金达30亿元。当然，进行期货套期保值也需要具备相应的金融专业能力以及市场判断能力，一旦看错方向，企业面临的风险也会非常大。

部分中下游企业，面对上游持续涨价或供给的不稳定会做长远考虑，产业链的纵向一体化是策略之一。例如，光伏行业曾是国内竞争最惨烈的行业之一，上中下游一直存在着话语权的争夺。2021年硅料价格从年初每吨不足8万元涨到26万元，涨幅超过200%[1]。上游硅料企业因此利润暴涨700%以上，下游电池及组件企业则出现了亏

---

[1] 中研网.硅料价格大涨竟超200%，硅料价格还会持续涨价吗？硅料行业发展前景预测［EB/OL］（2021-10-21）［2021-12-3］https://www.chinairn.com/hyzx/20211021/103435516.shtml.

第十三章 企业如何创新价值，抵御通胀与衰退

损。中国光伏行业单晶硅龙头企业隆基股份除了上游多晶硅料外，在单晶硅棒、单晶硅片、单晶电池片、单晶组件，下游的单晶地面电站以及分布式电站均有布局，形成了比较完整的产业价值链，从而使企业不论是对上游通胀还是下游波动，都能拥有比较好的抗风险能力。

开拓国内外资源、收购矿山，也是企业控制上游成本冲击的有效战略。仅有冶炼但不具备矿山资源，那么企业终究面临上游成本的波动压力，作为全球大型矿企的必和必拓，目前在美洲、欧洲、亚洲、澳洲、南非等地均有相应子公司进行上游的勘探及资源项目的并购，从而保证企业行业地位及成长。国内也有相关案例，如中国五矿 2009 年以 13.86 亿元收购澳大利亚第三大矿产 OZ Minerals 公司主要资产，2014 年以约 60 亿美元的价格收购秘鲁拉斯邦巴斯铜矿，成为当时中国最大的一起海外矿业收购案。上市公司中矿业巨头紫金矿业 2005 年介入缅甸母伟当镍矿合作勘探项目，开启全球扩张道路，2007 年牵头联合完成对英国 Monterrico 公司的全面要约收购，获得旗下矿产开发权，2009 年以近 34 亿元收购澳洲铜金矿公司，2011 年收购吉尔吉斯坦第三大金矿 60% 股权，后续通过跨国并购不断扩张。新能源巨头宁德时代针对动力电池原材料矿产也在不断进行全球布局，2018 年通过加拿大时代持有北美锂业 43.59% 股权成为控股股东，2019 年宁德时代下属子公司通过增发入股的方式获得澳大利亚上市公司 Pilbara 8.5% 股权，其主要从事锂矿和钽矿的勘探与开发，2021 年宁德时代分别以 2.98 亿美元和 2.4 亿美元购买加拿大温哥华锂矿企业 Millennial 和非洲锂矿 Manono 部分股权，等等。中国商务部发布的报告显示，2019 年，尽管中国对外直接投资额萎缩 4.3%，但中国

对外矿业投资增长 10.8%,达 51.3 亿美元[①]。

最近几年,中国企业在海外收购矿山资源也有因国际政治原因而受到阻力的,典型者如 2009 年中铝集团拟向力拓注资 195 亿美元增持其 19% 股份,最后以失败告终。2020 年江西铜业以 11.159 亿美元的对价间接持有国际铜矿巨头第一量子 18% 的股权仅半年,最终因关系不和而出售。考虑到当前国际环境的变化,中国企业在收购方式上不得不更多考虑对方所在国的顾虑及利益诉求。

芯片供不应求也让智能设备、汽车等的生产受到严重影响,因而建设完整的产业供应链和价值链,不但能确保获取价值链分工中的较大利益,也能在特殊情况下抵御外来"黑天鹅"风险。华为为应对国外技术封锁,开始扶持众多国内企业。华为旗下哈勃投资在近几年时间里,在上游芯片领域进行多起投资,超 20 家芯片企业被包含其中,涵盖了半导体材料、工具、设计、测试仪器等多个产业链环节,甚至第三代半导体都有所涉及,且已不再是简单的财务投资,而是通过订单扶持上游企业成长,最终解决"卡脖子"问题。无独有偶,宁德时代作为国内最大的动力电池制造企业,曾在 2020 年一起公告中披露其扶持国内产业链的决心,其中提到新能源汽车及储能行业近年来不断发展,但产业链仍存在配套设施不完善、关键资源供应不足等短板,可能制约行业长期发展,为此公司出于长期战略发展考虑,围绕主业对产业上下游优质公司进行投资,加强合作协同。

---

① 商务部.中国对外投资合作发展报告 2020[R].(2021-02-03)[2021-12-1]. http://www.gov.cn/xinwen/ 2021-02/03/5584540/files/924b9a95d0a048daaa8465d56051aca4.pdf.

第十三章 企业如何创新价值，抵御通胀与衰退

市场地位与定价权

这轮全球通胀刚出现不久，国际消费品巨头可口可乐、联合利华、宝洁等率先涨价，国内家电企业美的、TCL等也早在2021年初宣布提价。进入2021年10月份以来，包括油盐酱醋、速冻食品、瓜子等消费企业相继涨价，除了前文提到的海天味业，还有恒顺醋业对部分产品价格上调5%~15%不等，安井食品、海欣食品对部分速冻鱼糜制品、速冻菜肴及米面产品提价3%~10%，恰恰食品对葵花子系列及南瓜子、西瓜子产品提价8%~18%，拥有价格话语权是企业行业地位的体现。

有关研究表明，中国的采掘业、冶金、建筑装饰业、化工、通信、汽车、家用电器都已经形成寡头垄断局面，处于寡头垄断地位的企业拥有较强定价权，在通货膨胀过程中是受益的。

在煤炭采掘业，2020年前八家大型企业原煤产量占全国的47.6%；在铜冶炼行业，江西铜业、铜陵有色、紫金矿业、中国五矿等五家企业即占有一半以上市场份额；在钢铁业，中国宝武集团一家的粗钢产量就占全国粗钢产量近14%。以上企业在这一轮上游工业通胀中营收和净利润均取得较高增长，如中国神华2021年前三季度营收增长40.24%，达2 329亿元，净利润同比增长21.42%，达407亿元；紫金矿业前三季度营收增长29.55%，达1 690亿元，归母净利润增长147%，达113亿元；宝钢股份前三季度营收增长38.87%，达2 789亿元，归母净利润增长175%，达216亿元。

化工行业中，全球MDI产能巨头万华化学2021年3月宣布新一轮涨价，MDI价格调价幅度最高达37%，三季报显示，万华化学前三季度营收增长118%，达到1 073亿元，归母净利润增长265%，达

到 195 亿元。

在白色家电行业，海尔智家、美的集团、格力电器、海信科龙占据了市场主要份额。这些行业的头部企业都具备了较高的定价权。美的集团于 2021 年 2 月底为应对上游原材料价格上涨，宣布美的冰箱产品涨价 10%~15%，成为 2021 年首家宣布涨价的家电企业。海尔智家表示针对原材料和零部件价格上涨，公司也通过调整终端价格等措施对冲部分原材料价格上涨的影响，海尔智家三季度归母净利润为 99.35 亿元，同比增长 57.68%。海信家电也于 6 月开始上调空调产品价格，10 月起全面上调海信容声冰冷洗产品价格，幅度在 5%~10%。

中国行业集中度较低的领域主要是医药生物、轻工制造、电气设备、计算机、纺织服装、机械设备等。这也意味着在通胀来临时，上述这类行业的企业通常成为上游提价的被动接受者。以轻工制造行业为例，2021 年上半年上游成本冲击还不明显，但到 2021 年 3 季度开始，上游原材料上涨以及海运费涨价的影响已经开始显现，第三季度营收和毛利率明显下降。

传统企业，靠垄断地位保护自己的利益，靠牺牲下游或消费者的利益自保，虽然能够暂时在通胀中获利，但如果把下游挤压到没有生存空间的程度，也必然面临着市场的萎缩和行业景气的下行。一旦衰退来临，巨大的重资产、高额的成本，往往使它们收入迅速下降，甚至陷入严重亏损。

如何穿越周期，实现可持续发展？企业要么有持续强劲的创新能力，如苹果、IBM、特斯拉、辉瑞制药、华为等国际巨头，要么具备强大的软实力，如可口可乐卓越的文化软实力、场景创新能力。作为制造企业，如果不想成为上游提价的被动接受者，就需要依靠技术、研发、设计、创意、品牌、流量这些软价值创造能力。

无论是传统制造业，还是传统服务业，都可以借鉴"软价值创造新需求"的战略来推动企业创新升级，不仅做硬价值的制造者，还要在产品中赋予更多的研发、设计、品牌、体验等软价值，并创新渠道、应用场景、流量，来创造软价值，以此改变人们的生活方式，提高人们的生活质量，创造新需求，带来新的经济增量。

在人们追求美好生活的时代，凡是产品和服务中软价值占比高的，比如苹果手机、特斯拉新能源汽车、茅台酒等，企业的利润就比较高，生存就比较好；凡是软价值系数比较低的产品，毛利率就比较低，现在面临的生存状况也就比较困难。

第二节 以研发、场景、体验价值对抗通胀与衰退

企业只有不断用新产品、新场景、新体验改变人们的生活方式，提高人们的生活质量，以新供给创造新需求，做软价值的创造者，才能真正化解通胀与衰退的冲击。

以研发创造新价值[①]

面对通胀压力和衰退风险，全球制造业将进一步分化。在中国，

---

① 滕泰.软价值[M].北京：中信出版集团，2017.
滕泰.创造新需求[M].北京：中信出版集团，2020.

一方面是拥有独立研发、设计、品牌等软价值的先进制造业企业，如华为、海尔、美的、李宁等，不断地用新供给创造新需求，价格随着产品升级越来越高，市场持续扩大；另一方面是无数制造、装配、加工环节的企业为了争夺订单而不断压低成本，有的长期为海外提供代工而逐步降低利润，有的转而尝试用低廉的价格满足消费者的基本物质需要。

然而，为什么大部分企业宁愿面对成本冲击和需求不足忍受复制薄利，而不敢大规模投入研发创新？因为研发投资所需资金量大，大部分投入都是无效投入，传统企业需要学习谷歌、华为、特斯拉等企业的研发方法和研发体系才能创造更多价值。

在一次国务院总理主持召开的国务院专家咨询会上，我曾用两个案例说明软价值创新方向和转型方法的重要性：奔驰汽车的前总设计师曾说，他们销售的不是汽车而是艺术品，只是碰巧它会跑。按照这样的软价值理念造汽车，奔驰公司才能长久不衰。特斯拉销售的也不是"跑得快"，而是环保、时尚和智能化等软价值。会后总理说："以前我们创造财富主要靠自然资源，今后主要靠人的资源；以前创造财富主要靠劳动，今后主要靠智慧。"

软价值时代，企业生产的产品不仅要满足物理功能的硬需求，更要满足客户感受、感情反馈、社交等"软"需求。

今天，没有人把苹果公司当作从属于富士康的生产服务业，相反，富士康是苹果公司的代工企业。在越来越多的领域，我们不能把研发、设计和品牌部门当成制造业的附属部门，恰恰相反，制造环节才是那些从事研发、设计、品牌的附属部门。

研发用各种科学原理和无数次试验，决定了制造业产品用什么材

第十三章 企业如何创新价值，抵御通胀与衰退

料、什么样的生产工艺，创造何种物理功能；设计用最适合人体工程学和使用心理学的产品形态，为消费者带来舒适、轻松、愉快的使用体验。研发、设计、品牌已经创造出了软价值，而制造环节只是把这些软价值按照要求呈现出来。如果我们的制造业只包含生产环节，最多加上销售和售后服务环节，那么制造业本身所创造的价值是很低的。只有那些拥有高水平的研发部门、前沿的设计部门、强大的品牌部门的制造商，才能持续创造软价值。如果研发、设计、品牌等软价值占比超过50%，那么这家制造企业就是软价值制造企业。

研发创意等软价值的源泉是人们的创造性思维，而人类创造性思维运动的不确定性决定了创造软价值投入的大量劳动和资源投入可能都是无效投入，只有少数的投入才能算作有效投入。比如大部分歌曲或文学作品的创作都不能产生价值，只有少量歌曲和文学作品才具有商业价值。只有把研发投入都当成风险投资，坦然接受研发创意的无效投入，并找到提高有效投入的方法，才谈得上如何提高研发和创意的有效性，以及如何产生"有效研创"。

那么如何提高研发创意的有效性呢？2000年前后华为公司先后花费十几亿美元从IBM导入了IPD战略，从此以后华为走上了市场化、项目化、集成化的道路，再也不用为研发方向、研发进度、产研衔接这些问题烦恼。对大部分企业而言，未必要花巨资导入IPD战略，但是一定要学习其中项目化、市场化、集成化的研发管理思想。此外，未来提高研发创新的有效性，还需在研发软环境、研发软资源积累、灵魂人物与研发团队建设、研发方向选择、分段投入与平行开发、创新研发机制上下功夫。总之，只有重视研发并掌握研发创造价值的规律，才能有效管理研发团队并不断创造出受市场欢迎的产品。

以场景软价值创造新市场

1929~1930 年，大萧条中的可口可乐提出"口渴没有季节"的营销创意，专门邀请画家海顿·珊布创作了现在为人们所熟悉的一身红衣的圣诞老人形象，并配合一系列圣诞老人在圣诞节背景下畅饮可口可乐的画面，甚至还有从冰箱里偷拿可乐被孩子们发现的欢乐场面，很好地激发了人们在圣诞节饮用可口可乐的需求。从此以后，可口可乐在冬天的销售额暴增，冬天再也不是消费淡季。

可口可乐的圣诞老人成为创新消费场景的经典案例。然而，可口可乐不仅能带给人们独特的体验，更重要的是它引领和代表了一种生活方式。如果一个人在美国快餐店买了一个汉堡或比萨，却没有可口可乐，那简直是无法想象的。而通过创造圣诞老人的形象来创新消费场景，也是可口可乐的一次成功尝试。其实，不仅是可口可乐，任何产品的购买行为背后都是一种生活方式的选择。成功的产品不仅能够带给消费者良好的体验，有唤起感情共鸣的能力，而且一定能够成为某种生活方式的代表。

在通胀、衰退的大背景下，企业传统刺激方式很难激发市场需求，因此可以通过场景创新的方式激发新需求。其实，所有的市场都是消费场景创新出来的，比如借助互联网，消费者可以通过手机上的 APP 进行约车，司机通过手机 APP 接收用车信息并接客，通过互联网、手机和汽车相结合创造新的打车场景，形成新的网约车市场。又或者通过互联网、手机结合自行车，形成新的骑车场景，就会产生一个巨大的共享单车市场。不难发现，人们出行目的没有变，不同的出行方式形成不同的消费场景，不同的消费场景会创造出不一样的市场。

第十三章 企业如何创新价值,抵御通胀与衰退

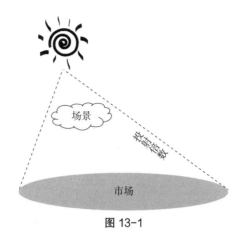

图 13-1

互联网、智能手机这样的创新,因为能够创造一种全新的生活方式,因而能够创造巨大的新需求。网约车就是一种场景创新,它并没有改变汽车和道路的技术,但是却改变了人们的出行方式;美团、饿了么本质上只是用互联网技术把餐馆和用餐者连接起来,也是一种场景创新,但是却改变了人们的社区生活方式;微信抢红包利用春节场景,在尊重传统风俗习惯的基础上,加入了互动社交元素,改变了传统的春节送祝福的方式。然而,生活中这样级别的技术和产品创新并不常见,企业家能做的,更多的是应用场景创新。事实上,能够发明互联网技术或发明苹果手机的企业少之又少,大部分企业家能够做到场景创新改变人们的生活方式就很不错了。人类大部分生活方式的改变,都是由企业家应用场景创新所带来的。

以体验价值创造新需求

通胀预期下,面对上游涨价,很多企业家想到的是提升自身产品

价格，但提价往往意味着损失市场份额，同样对企业经营造成冲击。而衰退造成下游有效需求减弱，使提价的产品更难获得消费者青睐。在通胀和衰退的双重压力下，除了少部分龙头企业能依靠垄断地位提价外，其他多数中小企业如何才能成功提价呢？关键是创造更好的体验价值。

《坛经》中曾有这样一段描述："时有风吹幡动。一僧曰风动，一僧曰幡动。议论不已。慧能进曰，非风动，非幡动，仁者心动。"故事讲的是中国佛教禅宗六祖慧能法师途经广州法性寺时，突然刮起一阵风，旌旗随之飘动，便听到两个僧人辩论，一个僧人说是风在动，另一个僧人说是旗在动，慧能法师解释说"不是风在动，也不是旗在动，而是你们的心在动"。其实，在日常生活中我们也经常遇到这样的情形：随着时间的推移，产品本身没有发生实质性的变化，但是人们对事物的性质判断已经发生了变化。

一代油画大师梵高，通过油画创作向世人展示其内心世界。由于画风超前，生前其画作一直未能引起世人关注，历经岁月沉淀，越来越多的人开始认识并欣赏他的作品，导致其画作价格一路走高，部分画作更是在拍卖会上以天价成交，被部分私人和机构收藏。例如，其1888年创作的一幅《向日葵》，百年之后于1987年以58.2亿日元成交（虽然10年后，8位国际著名专家鉴定出它是赝品），目前收藏于日本东京某美术馆。所以说，变化的不是产品内在价值，而是消费者的内心价值判断。

进入21世纪以后，随着人们思想观念的变化，贵州茅台的价格一路走高，从2000年的200元市价升至2020年的3 000元左右，涨幅近15倍。所以说，变化的不是产品的口味，而是社会潮流和文化。

体验价值不在产品本身,而在产品之外!体验价值的变化不仅仅来自产品本身,还来自消费者内心价值判断、社会潮流和文化以及消费者的内心感受,即人们对这种产品的认知的变化。同样一件消费品、知识产品、信息产品或文化娱乐产品,有时候产品本身没有任何变化,但由于社会风尚和潮流的变化,这个产品带给人们的体验却会有巨大的变化。

产品的价值规律在于,投入多少生产要素,就会有大致多少的产出,这通常是可预测的、线性的和渐进的,是长期持续的投入经营过程。而产品体验价值的变化往往是非线性的、跳跃甚至爆发式的,一旦某种体验价值获得消费者认可,企业业绩会爆发式增长。

体验价值有两类,一是能够提高产品的价格,这类产品往往是奢侈品、高端品,具有高级感、身份感、文化内涵以及个性化,二是提高消费频率,这类产品以大众消费品为主,通常具有参与互动感、认同归属感、时尚感、惊喜感的特征,能够实现快速认知,打开消费者心智。

以奢侈品为例,爱马仕已经被多数人所熟知,一只铂金包的价格大约为6万美元,为什么爱马仕皮包的价格这么贵人们却争着去购买呢?

关键原因在于,一是用料高端、稀缺,其材料为供应商最优质的皮革,明显区别于其他厂商;二是其品牌已经深入英国贵族社交圈,英女皇对其头巾情有独钟,身份感十足;三是品牌设计之初就借鉴神话故事,爱马仕英文名为HERMES,即希腊神话中的赫尔墨斯,是奥林珀斯山统治者宙斯和众神的使者,被视为商人和行路者的保护神,十分契合以马具起家的爱马仕;最后一点在于爱马仕拥有通过定制化服务满足消费者个性化的能力,如与苹果合作,为客户定制IWATCH表带;与莱卡相机合作,金属与高级皮革的组合极大提升相机的颜值;针对摩托车、汽车内饰、飞机座椅、家具等都有相关定制服务。可以发现,爱马仕的高定价不是没有理由的,其实离不开几类体验价值,即高级感、身份感、文化背景、个性化。

第三节 一体化营销、商业模式创新与组织变革

面对通胀与经济衰退风险的交替冲击,很多企业在商业模式创新方向的探索无疑是跳出原有市场竞争压力的新途径。

线上线下一体化营销战通胀与衰退

很多传统企业已认识到线上流量在增加,线下渠道在变化,但线上布局或者购买流量并没有取得预期效果,在市场竞争中处于下风,通胀和衰退无疑将使得这类企业境况雪上加霜。

而对潜在的经济衰退而言,那些能够创造流量、导入流量、提高自身产品流量转换率的企业才能真正成为穿越周期的胜者。因为新的历史时期,所有的销售问题都是流量转换。人们选择在大街上开店,就是要转换大街上的人流;选择在机场或购物中心开店,就是要转换机场或购物中心的流量;选择到商超陈列商品,就是要转换商超的流量;选择到中央电视台做广告,就是要转换央视的观众流量;选择到

第十三章 企业如何创新价值，抵御通胀与衰退

互联网做广告、做电商或做直播，就是要转换互联网的流量。

既然所有的销售问题都是流量转换问题，那么如何通过流量原理实现销售的增长？其实，软价值流量模块中有这样一个等式：

$$销售额 = 流量 \times 流量转换率$$

显然，要实现销售的增长，一方面要创造或者导入流量，另一方面要提高流量转换率。

线上渠道是流量，线下传统渠道也是流量。线上互联网本身就是媒体，无论是平面网站、平面媒体，还是社交媒体，本身就具有媒体性质，互联网上的流量自然而然就具有媒体的属性，即吸引注意力的能力，传播性很强。而传统渠道流量则以交易属性为主，在没有互联网的时代都是以线下交易为主，虽然也具有传播性质，但受地理位置以及活动范围的影响仅限于部分区域。所以说线上流量具有较强的媒体属性，而线下流量具有较强的交易属性。

如果把线下流量比作地面部队即陆军，线上流量比作空军，那么二者关系便容易理解。现代战争，若想赢得胜利，单方面依靠地面部队或者空军，难以取得全面胜利，需要二者相互配合。对于企业来说，现代市场竞争和企业发展也离不开线上和线下的配合，二者是相辅相成的。

线上线下有多种配合方式，比较常见的有通过线上宣传线下交易、线下体验线上交易、线上下单线下门店配送、线上线下相互导流、线下流量拓展线上渠道等方式实现线上线下相互结合。这五种交互模式，打破了原有的单纯线性的从线下认知到线下交易，从线上认知到线下交易的过程，使得线下认知到线上交易、线上认知到线下

交易成为可能。线上线下的认知、交易中"你中有我，我中有你"的状态就是线上线下一体化。从企业的角度看，线上流量是必需也是必要的，同时还要通过多种形式实现与线下流量的互融互通，实现全渠道营销。站在消费者角度同样如此，老一辈消费者的消费习惯保证了一定线下市场，随着时间的推移，线下渠道也会面临越来越严峻的挑战，只有实现线上线下一体化才能够确保企业自身可持续发展。

以商业模式创新拓展生存发展空间

面对前所未有的通胀压力所带来的成本冲击和市场竞争压力，单纯依靠拼价格、控制成本等传统方法，空间越来越窄，很多新经济企业在商业模式创新方向的探索无疑是跳出原有市场竞争压力的新途径。

小米电视机的超便宜价格曾经引发传统电视厂商的"攻击"，认为其通过极低的毛利抢占市场份额，恶化行业生态。但对小米公司而言，小米电视机是一个双向互动的内容终端，消费者既可以主动选择自己喜欢看的免费节目，也可以用各种方式购买收费节目。很多用户在购买了小米电视后，很快就成为不同级别的小米会员，每月缴纳几十元会员费，就可以收看海量的电影、电视剧等。因此，小米公司在销售电视机这样的硬件产品时的确不需要有太多利润，甚至部分产品可以略有亏损。只要能通过低价格高质量的产品吸引到大量客户，后期的会员费及游戏、音乐等各种付费内容带来的收益将远远超过硬件收入，这种创新商业模式可以称为"硬件导流，软件和内容收费"。

类似的例子还有任天堂游戏机。它本身利润并不高，但是《动物之森》《健身环大冒险》《超级马里奥兄弟》《塞尔达传说》等爆款游戏卡却收入不菲。亚马逊的 Kindle 电子书阅读器之所以能够战胜其他竞争对手，也是因为有亚马逊的海量内容做支撑，而海量电子书的内容收入自然也随着电子书阅读器的销量而增长。

除了小米的"硬件导流，软件和内容收费"式商业模式外，还有其他多种商业模式协助企业创造软价值，例如 IP 创造与授权模式。IP 变现就是将公司品牌或产品 IP 化，通过衍生品的方式产出各种周边产品，例如玩具、手办、服装、水杯、文具等。由于它们附带了影迷的群体认知，往往可以以很高的毛利率销售出去。除了 IP 的拥有方自身进行衍生品的开发，还有一种价值实现方式就是将相关 IP 通过授权的方式让渡给其他经营者，同时以授权费的形式得到收入。

盲盒模式。盲盒起源于福袋文化，是手办与福袋的融合。其前身是日本的福袋，20 世纪 90 年代初以集卡的形式引入国内，风靡一时；随着潮流玩具的兴起，商家将潮玩 IP 手办与福袋这种购买方式融合，就产生了现在的盲盒。如今盲盒行业正处于欣欣向荣的爆发期。

流量变现和体验变现。流量变现的主要代表方式是在游戏中嵌入广告，据说万宝路是最早在游戏里做广告的公司。20 世纪 80 年代，在世嘉公司的游戏机上，玩家可以驾驶着印有 Marlboro 字样的赛车在赛道上驰骋。后来，一些在游戏中嵌入声光影广告的做法降低了玩家的体验，被玩家反感。经过尝试，近年来将广告嵌入游戏登录和结束界面的形式已经逐步被玩家接受，而将广告变成游戏环节的尝试已是略有所成。

构建生态链的多元赢利模式。随着移动互联技术的发展，硬件之间的连接、数据交换和相互控制已经越来越普遍，这就使得为硬件产品使用企业以及硬件产品生产企业搭建出"生态系统"成为可能。例如，华为已经可以以手机为中心，将本品牌的电脑、手表、手环、电视（智慧屏）以及周边的智慧家电全部连接起来，它们可以互相传递数据、文件，用手表接电话，用手环监测身体状况，将手机上的视频节目和视频通话转到智慧屏上，并且可以用手机控制生态圈内的家居饰品（如智能窗帘）、家电（如空调、空气净化器）。在万物互联的物联网技术的推进下，这些产品还可逐渐加强与车辆的连接。

以会员模式实现价值变现。很多信息技术企业都用免费的基础产品和服务吸引用户，抢占市场份额，扩大用户规模，然后再通过高阶服务或其他产品收费。例如，亚马逊的 Prime 会员、京东 PLUS 会员、天猫 88VIP 会员等，都可以享受免费物流服务、购物福利、阅读福利和其他福利，而会员费就成为电商平台的主要收入之一。

优化激励机制，以组织变革制胜

面对成本冲击和需求不足，企业如果仍只懂得用"胡萝卜加大棒"的方法鼓励硬价值创造，不熟悉如何激发研发人员、创意人员的创造力，恐怕还是难以应对通胀与衰退的风险。

对于企业家来说，激发价值创造力的关键在于"内在动机管理"，无论是阿里巴巴以价值观考核为核心的六脉神剑考核法，还是字节跳动的 OKR（目标与关键结果法），本质上都是激发创造者的内在动机。

要围绕软价值创造新需求构建新的激励和考核机制。过多的流程管理会降低人的创造性，过于严格的激励和惩罚有时候也会增加压力而降低创造性，只有激发人的内在动机，才能提高研发、创意、品牌、流量、体验等软价值创造能力，并成功创造新需求。

某江苏民营制造企业，从德国聘请了一位大牌专家从事某新产品的开发，该企业和这位专家约定的激励方式分为三段：一是在研发成功之前（包括研发失败），给专家超过德国的高薪待遇；二是研发成功、产品投放市场后的五年内，该开发专家可按照产品销售利润的30%拿分成；三是五年以后，当专家已经有一定资金实力，可以用股权激励的价格入股，成为企业的股东。事实证明，该企业的激励机制是有效的——这家民营制造企业销售额、产品技术领先性已经名列江苏乃至全国同行业前列。

在软价值制造业的研发、设计、流量、体验等环节，由于高度依赖人的创造性思维，不确定性远远高于生产制造环节，所以原来的KPI、计时工资、计件工资等考核激励方式逐渐显得不适用了。那么在这些环节怎样进行适当考核激励？心理学的研究证明，人只有在自发、自愿的情况下，才能进行创造性的思维活动。

在上面的例子中，企业并没有给专家限定严格的开发时间、进程和结果来进行考核，而是在保证其收入高于德国原来水平的情况下，给予了有竞争力的激励指标——研发成功、产品投放市场后的五年内，该开发专家可按照产品销售利润的30%分成，将专家的报酬与其努力的结果挂起钩来，专家内在动机就得到全面激发，很快研发出了重磅成果。

软价值制造业产品的功能、界面与外观设计、流量的创造与导入等，也都有与研发类似的特点，因此都应当实施以激发员工内在动力为核心的考核激励机制。系统地看，可以借鉴很多新经济企业已经在使用的OKR考核，即关键结果与目标法的思想。

OKR方法的核心思想是，在企业管理者确定战略目标的前提下，由具体团队和员工提出自身工作的"关键结果"，并且在关键结果与目标之间建立起互相关联、钩稽和促进的关系，而且关键结果并不作为员工收入考核的硬指标，更多的是激发员工内在动力，同时团队的领导者进行督导、培训和协调，可以实现柔性化的管理，最大限度地激发人们的创造力。

除了引入OKR管理思想，为了激发创造力应对新的经济形势，很多传统企业都打破原有的等级制引入了"阿米巴"管理模式，用不同的事业部制来进行管理，类似于海尔集团的"创客模式"，华为从IBM引入的IPD战略，阿里巴巴的价值观管理+"六脉神剑"等新型管理模式，都是为适应新的竞争格局创新转型而进行的组织变革创新。

第十四章

政府如何用新办法应对通胀和衰退风险

第十四章 政府如何用新办法应对通胀和衰退风险

按照以往的经验,一旦通货膨胀来临,各国都会毫不犹豫地开始加息并紧缩货币供应。然而,面对这一轮席卷美国、印度、俄罗斯等国和欧洲、拉美各国的全球性通胀,以美国为代表的发达国家却行动迟缓,不但不加息来遏制通货膨胀,甚至连前期量化宽松政策的退出都慎之又慎,显然是投鼠忌器,担心刺破长期积累的股市和房地产泡沫,从而引发剧烈的经济衰退。在中国,面临着前所未有的上游工业通胀和与日俱增的经济下行压力,不论是货币政策还是财政政策,政策空间也越来越狭窄。

是遏制通胀,还是稳增长?总需求管理面临两难选择,只有用改革的办法推动经济结构转型——全面减少供给约束,推动降低供给成本,加快新供给扩张和老供给的退出,让新供给创造新需求,才是既能够化解通货膨胀压力,也能稳定经济增长的根本解决之道。

第一节　当通胀和衰退接踵而来，仅靠退烧药和强心针是不够的

通胀和衰退往往是经济的两极，通胀伴随着经济过热，衰退往往伴随着通货紧缩，在经济史上二者接踵而来的情况并不多见。一面治理通胀，又要提防隐藏在后面的经济衰退风险，决策者往往会陷入两难：治理通胀的紧缩政策会加剧经济滑坡，而针对衰退的刺激政策又会给通胀火上浇油。

在这种情况下，仅靠紧缩的退烧药或者扩张性的强心针都是不够的，必须从通胀和衰退发生的根源入手，才能找到真正有效的药方。

如前文分析，如果价格上涨的长期根源既来自货币超发，又来自供给成本冲击和行业竞争格局的变化；而衰退的风险除了治理货币超发所需要的紧缩措施，同样也来自供给冲击以及供给结构的老化，那么除了紧缩要谨慎、防止刺破泡沫之外，根本的出路还在于合理引导和吸纳超发货币，并从原材料供给、劳动力供给入手降低产品成本，畅通国际大循环以降低流通成本、反垄断以促进市场自由竞争、壮大中等收入群体以稳需求，以及推动创新、要素改革、引导预期等政策，也是治理通胀型衰退，或衰退式通胀的重要药方。

第二节　有没有吸纳超发货币的新蓄水池

前文论述过，在 2019 年底此次疫情暴发之前，美国股票市场总市值是 33.91 万亿美元，道琼斯指数市盈率为 24.7 倍，纳斯达克市场市盈率为 28.8 倍，为应对疫情而实施"无限制量化宽松"以后，美国股市很快创出新高，美国股票市场总市值达到 48.57 万亿美元，上涨 43%，道琼斯指数市盈率达到 30.4 倍，纳斯达克市场市盈率达到 42.3 倍，已经进入历史高位。而美国的房价与房租比率也上升到接近历史高位的区域，美国房地产泡沫化趋势再次显现。

在这种情况下，美国的股市和房地产市场就像两块吸饱水的海绵，已经没有更多的能力来吸收美联储创造的过多流动性了。超发的货币不能进入一个有吸引力的投资渠道，就会像超出水库容量的洪水一样，流向消费品市场。目前美国通货膨胀连创新高，已经显示出这股洪水的威力了。

而中国累积性的货币超发尚未消化完毕，结构性的融资难、融资贵的问题没有彻底解决，曾经发挥过超发货币蓄水池功能的中国房地产市场，经过 20 年的牛市已经走向分化——中国 70 个大中城市中，1/3 的房价已经开始回落——中国房地产市场作为资金蓄水池的功能正在快速下降，如果不能有效分流，其所释放的资金将不可避免地冲击实体经济。即使房地产市场能够实现"软着陆"，未来也将有大量的投资性和投机性资金流出房地产市场，这笔资金如果没有新的"蓄水池"来容纳，难免会形成流动性泛滥，放大通货膨胀风险。

回顾这10年，中国的股票市场和债券市场也吸纳了相当大的货币流动性，2011年，A股市场的总市值只有27.01万亿元，而到了2021年11月，A股市场总市值已经达到96.25万亿元，增长了256%。2011年9月时，共有A股上市公司2 186家，而到了2021年9月，A股上市公司已经达到4 416家，增长了102%。

2011年初，债券市值仅有20.2万亿元，托管债券数量不过2 404只，到2021年初债券市值已经达到78.0万亿元，托管债券数量已经达到11 915只，分别增长了286%和396%。

那么中国资本市场未来有没有可能成为接替房地产市场的又一个超发货币蓄水池？从市场估值来看，目前中国证券市场的市盈率尚处于低位，2021年10月上交所A股平均市盈率只有16.14倍，深交所A股平均市盈率只有31.04倍；相对于上交所平均市盈率历史最高值69.94倍、深交所平均市盈率历史最高值72.97倍，仍处于较低分位，尚有估值提升空间。

从发展的角度来看，中国资本市场能否成为超发货币新的蓄水池，主要取决于有无足够的拟上市企业资源和已上市公司的再融资需要。显然，中国有数不清的拟上市企业正在排队等候上市，创立不久的科创板、新设立的北京证券交易所都可以为源源不断出现的创业企业、中小企业提供融资支持。况且中国经济的证券化率比美国等国家都低很多，资本市场直接融资的比例相对于银行体系间接融资而言，仍然有很大的发展空间，因此理论上中国资本市场有望成为继房地产之后的第二个吸纳超发货币的蓄水池。

资本市场繁荣了，不仅能够吸纳过剩货币，还可以对经济发展产生诸多的积极影响。例如：资本市场如果上涨了，投资就会更活跃，当资本市场估值上涨时，收购项目不如新建划算，资本市场估值上涨有利于促进增加新项目投资。又如，资本市场的繁荣具有稳消费功能。目前中国A股开户数有1.9亿，按每个股民背后有三口之家来算，剔除重复计算后，代表着将近5亿家庭成员，这还不包括通过购买公募基金、私募基金入市的投资者。如果这5亿人口通过股市上涨实现财产性收入增加，就能促进消费增长。然而在实践上，能否用好中国资本市场，还取决于决策部门能否解放思想，那种永远将股市上涨视为有风险的、"旱天防涝"式的监管思路已经不适应当前资本市场发展的需要了。

对于美国，无论是股市还是房地产市场，都已经成为高高在上的"地上河"，而且再难以找到能够容纳如此多过剩货币的新"蓄水池"，且相对于几十万亿美元规模的美国股市和房地产市场而言，无论是美国6万多亿美元的消费品市场，还是服务消费、大宗商品市场、黄金或比特币市场、金融衍生品市场，都不足以吸纳多年累积的超发货币，这些资金要么流向包括中国在内的新兴市场，要么只能再期盼其放慢泄洪速度，并依靠自身经济规模和交易需求的增长来慢慢吸收。

第三节 新时期抗通胀、稳增长六大"药方"

面对前所未有的严峻挑战，无论是美国、欧洲，还是中国、日本，都必须找到化解供给冲击、激发经济增长的根本动力的方法，用改革的办法推动结构转型，才能让老树开新花，让新树发新芽。

减少供给约束，增加有效供给

2021年冬天，欧洲为什么会遭遇能源短缺？除了疫情影响，很重要的一个原因就是欧洲各国在减碳、考核的道路上走得有些激进，很多国家宣布将退出煤炭发电、退出核电，且操之过急，结果导致了能源供给短缺，天然气价格却一再上涨，工业通胀率创新高。

虽然中国决策部门制定了比较科学的"碳达峰"、"碳中和"行动目标，但是各部门、各地方在执行中还是容易出现"一刀切"等现象，更为重要的是过去几年的"去产能"政策、提高环保标准等政策的执行，已经大大压缩了中国煤炭等行业的过剩产能"缓冲垫"，从而一旦出现了各地层层加码、一刀切等现象，就容易放大能源、原材料领域的供给冲击。

在全球减碳已成为大趋势的背景下，各国既要强调减碳进程的科学合理，也要努力放松在新能源发展方面存在的供给约束，不但要防止操之过急或层层加码形成供给冲击，而且要严格按照"先立后破"的原则，多用市场的手段推动新能源和绿色产业发展。

例如，美国已制定了将光伏发电占比从2021年的3%增加到2035年的40%，在2050年达到45%，实现全国近一半的电力供给来自太阳能的目标。而要实现这一目标，必须解除供给约束，减少对中国光伏产品的进口限制。2021年11月，美国国际贸易法院（CIT）正式宣布恢复双面太阳能组件关税豁免权，并下调201关税税率从18%降至15%；美国商务部也宣布对来自越南等国的光伏制造厂商"反规避调查"不予立案,这实际上在排除那些贸易壁垒所形成的"供给约束"。

又比如,中国在出现煤炭短缺时,发改委等单位很快就出手来扩大煤炭供给,平抑煤炭价格。然而,对中国而言,最重要的是在能源、原材料等领域减少行政干预,推进市场化改革,大力放松供给约束。比如,在电力供给方面,由于长期以来电价受政府管制,因而造成供应不足,2021年中国开始大力推进电力市场化改革;又比如,在钢铁、水泥、电解铝、有色金属、化工等传统上受行政计划干预比较多的领域,管住"有形之手",不断放松供给约束,才能增加有效供给,从而既能够抑制通胀,也能稳增长。

面对疫情带来的供给冲击,中共中央、国务院在2020年发布了《关于构建更加完善的要素市场化配置体制机制的意见》,这些新的改革措施对于降低要素供给成本、提高供给效率,增加有效供给都将发挥比较积极的作用。

实际上,在全球各地的许多经济体中,土地和其他资源的使用都受到了种种限制,形成供给约束,通过消除对土地和资源供给的约束,可以提高全球经济增长潜力。例如,中国鼓励民营企业进入油气勘探开发领域已经很多年了,但是实质性获得相关区块勘探权的案例并不多,绝大多数待勘探区块还是在国有企业"三桶油"掌握中。又比如,中国的土地资源也处于高度集中的管制之下,中国土地审批具有严格的程序控制、多层次审批、市场参与程度低的特点,审批过程漫长而复杂,自然会降低土地供给效率。除了土地产权、使用限制、使用批复外,土地流转限制也会影响土地供给。在这样的情况下,如果通过明晰土地和其他资源产权,促进土地和其他资源流转来增加它们的供给，新增的部分也将带来新的增长红利。

放开人口流动管制，降低劳动供给冲击

新冠肺炎疫情进一步抬升了原本在不断上升的劳动力成本，目前疫情暴发已经两年，各国都在探索在病毒存在的情况下如何正常地生产生活的问题。日本、新加坡等国家已经开始尝试"与病毒共存"的社会运行模式，在全民广泛接种疫苗、保持社交距离等基础上，不再进行旅行限制，但国与国之间的旅行仍然没有恢复到正常情况。

如前文所述，疫情带来的劳动供给冲击毕竟是暂时的、可逆的，而真正长期的劳动供给冲击是人口老龄化和少子化、劳动者闲暇偏好的提高、社保成本的提高、高效率部门对低效率的工资拉动、解雇和培训成本的提高等长期因素。

为了解决老龄少子化问题，很多国家都出台了鼓励生育的各项政策，大力提升公共教育服务水平、大力发展职业教育的相关政策，中国也放开了生育限制并鼓励第三胎。中国目前已经全面放开了三胎生育的限制，并且从劳动制度、教育培训等各个角度降低生活和生育成本，来提升生育水平，这些措施无疑都是正确且必要的。

为了解决人们的闲暇追求上升、劳动意愿下降的问题，很多欧洲国家选择吸引移民来解决劳动力缺口问题，就连移民政策一向非常严格的日本也在逐步放宽移民政策，来解决其劳动力短缺问题。但是，随着高素质的东欧移民逐渐减少，受教育程度较低的中东等国家移民进入德、法等发达国家引起的社会问题也不可小觑。

美国等国家的实践已经证明，科研等人才的跨境流动一方面可以

第十四章 政府如何用新办法应对通胀和衰退风险

促进知识的传播和科研的创新,另一方面可以大大提高全要素生产率。到 2015 年,移民占发达国家人口的 10% 以上。这一比例在美国为 14.3%,加拿大为 20.7%,英国为 12.4%,德国为 11.9%,澳大利亚为 27.7%,新加坡为 42.9%。为了克服长期的劳动力供给问题,国际社会仍然要继续放开对移民、人口迁徙、留学、工作签证等的各种管制。

与这些国家的外来人才比例相比,来自国外的人才在中国的比例仅为 0.06%,远低于发达国家 10.8% 的平均水平,也低于 3.2% 的世界平均水平和发展中国家 1.6% 的平均水平。这一比例较低固然与中国 14 亿人口基数有很大关系,但是即便是考虑大城市,中国吸收的海外精英移民也占比很低。因此对于中国来说,不仅在全球范围内创造移民红利是一个非常值得研究的新课题,而且更重要的是要继续放开国内人口流动限制。

在过去的 40 年,劳动力流动限制的逐步解除,对中国的经济增长起到了巨大的推动作用。然而,由于户籍制度仍然使异地工作者面临着教育、社会保障、医疗、就业等方面的差别待遇,中国需要对户籍制度进行更深层次的改革,让劳动者无论在哪里工作都能获得公共服务。

从长远来看,中国应该逐步弱化甚至废除户籍制度,进一步释放人口红利,降低劳动力成本。只要户籍制度存在,就会存在与此相关的就业歧视,从而制约劳动力供给。例如,中国一些城市发布的"网约车服务细则",要求司机必须是本地居民,汽车必须是本地牌照,大量的外地司机和外地牌照的汽车无法参与到服务中来,降低了这些城市的出租车服务供给。近年来,中国许多城市已经放宽了户籍限制,鼓励拥有本科学历的人才自由落户。2019 年,中国政府开始取消对人口数少于500万的城市的落户限制,这对降低劳动供给冲击无疑是十分有益的。

在日本,二战以后实行多年的"年功序列制"令劳动雇佣制度僵化而缺乏弹性,企业因为负担的劳动力成本不断提高而不愿意增加岗位,而年轻人不得不在更加缺乏人力资本形成能力的劳动派遣制度下工作。只有能够对这些影响长期劳动供给的制度进行改革,才能够真正降低劳动力供给冲击。

而对于中国,除了放开人口流动之外,改革教育体系,提升劳动力素质,让劳动者具备符合经济发展需要的知识和技能,来创造更多的技术工人和工程师红利,是解决劳动年龄人口下降的重要途径。首先应当高度重视职业教育和技术培训,改变多年来高等学校在教育支出中所占的比重过大,而职业教育支出却不能满足要求的局面。

鼓励新供给,创造新需求

能源、原材料、劳动力、流通领域等供给冲击的短期效果是通胀,长期后果更多是削弱增长动力,带来经济衰退风险。而历史上经济任何一次走出通胀与衰退风险的根本出路都是大量新供给的涌现,改变人们的生活方式,创造新需求,并带来新的经济增长。

新供给创造新需求,并带来新增长,是世界经济不断增长、发展和前进的根本动力。新供给是指能够创造新需求、形成新市场的新技术、新产品和新的商业模式或管理模式[①]。在乔布斯创造苹果手机之

---

① 滕泰.新供给主义经济学[M].上海:东方出版社,2017.

前,世界对它的需求是零,而苹果手机一面世,新的需求就被源源不断地创造出来。正如乔布斯所言,"苹果重新定义了手机。"苹果手机的触屏操作方式、iOS 操作系统、App Store 功能,不仅使人们重新认识了手机,同时也改变了人们的生活方式。

新供给通过不断创造新需求而形成了新市场。一项产业的新供给不仅可以为该产业创造出新需求,而且还可以带动相关配套产业的新需求。新供给通过产业链,扩散到上下游产业,进而辐射到整个经济,通过供给扩张的带动作用,创造出成倍的新需求。仍以苹果手机为例,苹果不仅创造了自身的需求,还通过其 iOS 和 App Store 形成了自己的生态圈。作为整个生态系统的核心枢纽,苹果手机通过软件升级,不断改善用户体验,创造出持续的新需求,形成新的市场。

如果一个经济体以新供给为主导,那么,需求增长率就会加快;如果一个经济体以老化供给为主导,那么,需求增长率就会下降。因为新供给能够创造出多倍于自身投入的需求,而老供给创造的需求越来越少。

我们用供给的需求创造系数(N)来描述供给创造需求的能力,当 N 的变化趋势发生改变时,供给的需求创造能力也随之变化。

$$N = \frac{\Delta D}{\Delta S} \ (N \geqslant 0)$$

其中,ΔS 表示新供给,ΔD 表示新需求。

当 N 处于上升阶段时,新供给正在形成或扩大。随着 N 的增加,供给创造需求的能力也随之增加。当 N 小于 1 且不断增加时,则新供给正在形成；当 N 大于 1 且不断增加时，那么新供给就会不断扩张。

当 N 处于下降阶段时，供给会趋于成熟或老化。随着 N 的减少，供给创造需求的能力也会缩小。当 N 大于 1 且不断下降时，供给趋于成熟；当 N 下降且小于 1 时，供给趋于老化。

2008 年全球金融危机以后，世界经济复苏进程一直比较曲折。美国经济之所以能够较快从金融危机的冲击下恢复，最根本的原因就在于以苹果、谷歌、Facebook、推特等为代表的移动通信及其应用产业快速形成新供给并进入扩张阶段，供给创造需求的系数（N）比较高，而欧洲、日本等供给老化的经济体，经济复苏的进程就弱于美国。

为了摆脱疫情造成的供给冲击下凸显的全球通胀压力和衰退风险，无论是中国、美国，还是欧洲、日本，都必须回到经济增长的根本动力上来寻找复苏的方法，也就是寻找、培育和激发新供给，让新供给创造新需求并带来新的增长——各国都应当推动以放松供给约束、鼓励新供给等为主要内容的供给侧结构性改革。

中国提出实施"供给侧结构性改革"以来，尽管"去产能、去库存"曾经在执行中带有一定的行政色彩并造成了不同程度的问题，但的确加快了老化供给的退出；另一方面，中国政府推动的"新旧动能转换""放、管、服"鼓励创业创新等政策，也极大地促进了新技术、新产品、新模式等新供给的涌现。

中国过去 30 多年的经济高速增长是以改革推动分工深化来促进增长的"斯密增长"、以要素投入增加推动增长的"库兹涅茨增长"

和以创新推动增长的"熊彼特增长"三种增长模式的综合体现。未来,面临全球贸易保护主义对国际分工的破坏,以及能源、原材料供给冲击、劳动供给冲击的长期化,未来的中国经济增长必须更多依靠创新引领的"熊彼特增长"模式。

新供给形成并创造新需求,往往是通过掌握新知识、发现新要素、应用新技术、创新制度等方式来实现的。从目前的形势来看,全球主要的创新中心仍然在美国,尽管中国已经具备了比较强的自主研发能力,而且在创新方面正在发挥越来越重要的作用,但是不可否认,外源性的技术供给仍然是中国产业升级的主要技术来源。据统计,2016 年,中国与美国签订技术进口合同 1 189 份,合同金额 96.38 亿美元;2017 年,中国各类留学回国人员总数达 48.09 万,再创历史新高。同时,也有很多技术通过"仿制 + 改进"等方式实现了转移,这也是各工业国发展过程中的通行做法。当前美国全面实施针对中国的技术转移遏制措施,将使中国的外源性技术供给受到抑制,在一定程度上减少了中国的高科技产业产出,并延缓高科技产业的升级速度,这对于技术迭代速度较快的通信产业来说,影响将会更加显著。

新供给主义经济学认为,技术与创新是财富的五大源泉之一,当因为某种原因造成技术与创新要素的供给受到抑制,使得创新数量降低,也会使经济的长期增长潜力降低。相反,如果我们能够解除技术与创新要素受到的供给抑制,就能使经济的长期增长潜力出现相应的上升。

放松技术和创新要素的供给冲击,最重要的是改革科研管理体制——破除束缚科研机构和科研人员的体制机制,用符合"软价值"

创造和实现规律的政策和办法来管理科技研发和创新，让科研人员的创造力充分发挥，充分涌流，让他们的创造性劳动不仅为社会创造价值，也能够为自身实现价值。

比如，加大新技术相关的基础研究投入，推动孵化新技术、新产品、新业态、新模式。政府资金在量子物理、材料科学、生物化学等基础研究方面的投入，可能刺激应用层面的技术创新。同时，虽然政府的产业政策很难预见5G之后的新型商业业态到底有哪些，但是支持5G等新一代技术革命的基础设施投资，总体上对新经济的发展是有利的。

又比如，提高现有技术科研成果向实际应用的转化效率，是短期来看增强技术驱动力的最有效手段。当前中国科技成果转化率较低，一个重要的原因在于很多科研成果实际上没有"转化价值"——要打破高校研究与产业经营的壁垒，建立双向交流机制，实现创新协同发展和产学结合，提高学术成果和企业实践的转化率；从成果导向性评价向成果转化度评价延伸，不仅注重科研成果的技术价值，同时考虑科研成果的商业价值和公共价值；此外，还应该建立市场导向的科研机制，增加研究项目设立的多方参与度，建立科研机构、行业协会、企业单位等多方参与的产业与科研融合的机制。

反垄断，激发市场活力

垄断和不合理的产业竞争格局，不仅增加了成本压力向下游传导的可能性，更为严重的是，还压制了创新企业的发展空间，抬高了中小企业的经营成本，已经成为推动物价上涨、削弱经济增长的阻滞性

第十四章 政府如何用新办法应对通胀和衰退风险

因素。通过反垄断和反不正当竞争，限制头部企业的不合理扩张及不正当竞争，为创新企业和中小企业的发展营造广阔良好的空间，激发市场活力，是全球各经济体共同面临的问题。

在20世纪七八十年代美国曾经出现过一轮反垄断、反不正当竞争执法的高峰期，其中的经典案例就是对美国电话电报公司（AT&T）的干预和拆分。为了打破AT&T的行业垄断，美国联邦通信委员会早在1971年就颁布过一项法令，禁止AT&T公司直接涉足"数据处理"和"在线服务"市场，这才让美国在线等一批计算机网络服务公司获得了发展的机会；1984年，AT&T被分拆成专营长途电话业务的新AT&T公司和7个本地电话公司（即"贝尔七兄弟"）；1995年AT&T又将贝尔电话实验室和计算机公司（NCR）剥离出去；2000年AT&T又一分为四，将前几年收购的一家移动通信公司和一家有线电视公司剥离出去，同时将长途电信分割成AT&T商用公司和长途电信客户服务公司……通过以上的反垄断拆分行动，美国保持了通信行业的市场竞争和市场活力。

更值得一提的是，中国在20世纪90年代为解除垄断而实施的一系列改革为过去20多年的经济增长奠定了基础和动力。例如，取消煤炭工业部，拆分出若干家煤炭企业；取消化工部，拆分出若干家化工企业；取消冶金部，拆分出若干冶金企业……即便如此，少数垄断中国石油行业的大型国有企业，由于产品供给质量和价格与国际市场有差距，这些年也饱受批评。

近年来，中国政府正试图鼓励更多的社会资本参与许多领域的公共投资，或引入私人资本让他们成为老国有企业股东，以期提高现有垄断企业的供给效率。但是，如果垄断企业规模过大，就有必要对这些巨头进行拆分，以鼓励竞争，增强经济活力。同时，对于通过市场化成长起来的新经济平台型企业，已经形成垄断地位的，也应当加强反垄断立法和执法，必要时也可以考虑对某些垄断企业进行拆分，或者将数据、平台等相关软资源进行"基础设施化"改造。

正确引导通胀预期

在通货膨胀发展的不同阶段，人们的预期是不同的，货币当局的引导也会起到不同的作用。

在通货膨胀的孕育阶段，CPI等指标在警戒线之下运行，但通货膨胀的一些苗头已经出现，例如PPI等指标已经开始走高，原材料成本、劳动力成本出现上行……这时公众普遍认为不会出现通货膨胀，但这反倒是货币当局出台采取预防性措施的时机。

在通货膨胀发生的早期，CPI等指标刚突破警戒线（比如3%），这时尚未形成一致预期，市场对物价走势会出现严重分歧。此时正是预期管理的好时机，2021年上半年，当美国通胀刚刚突破4%的时候，美联储官员反复声明这次通胀只不过是短期现象，实际上也是企图用预期引导的办法给通胀降温——实践虽然证明这种预测是错误的，预期管理的作用也是有限的，但是预期管理的作用仍然不可忽视。

一旦通胀突破警戒线进入加速上行的阶段，因为有事实的"验证"，预期将表现出明显的自我实现特征，就像2021年10月以后的美国，CPI已经连续数月在5%以上，超市开始出现缺货现象并有蔓延的迹象，这时人们预期通胀将会加重是"正确的"，发生抢购也是"正确的"，很快形成预期与现实的"正反馈"过程，通胀成为自我实现、自我加强的预言。

为了防止物价发生惯性上冲,在这个阶段,宏观决策者在继续强化预期管理的前提下,还必须要从供给方面入手,采取实际的措施来平抑物价,例如,加大关键商品的进口力度,投放政府储备物资,同时需要抑制投机性需求,保证物资主要满足人们生活的实际需要。

如果前期的预期管理加上供给方面的短期措施仍然不足以阻止物价快速上涨,恐怕就不得不使用严厉的货币政策工具了。20世纪80年代成功治理美国通胀的美联储主席沃尔克也高度重视预期的作用,他曾经说过,"为了打破这个(通货膨胀自我实现的)恶性循环,我们需要扭转预期,而其中一个必不可少的因素,正是美联储的职责所在——我们必须建立具有可信度和有约束的货币政策,将货币增长持续控制在适度范围之内。"

最后,各国为了预期管理,决策部门的预言常常被证明未必是正确的预测,甚至引导预期的效果与最终事态发展的方向相反,因而使用不好也会损耗决策部门的公信力。因此,宏观经济管理者对预期引导和预期管理一定要慎重,否则持续损耗甚至透支信用,预期管理就会越来越难。

坚持开放与多边主义,让国际大循环畅通

比起疫情对全球供应链的破坏而言,美国前总统特朗普挑起的贸易战和逆全球化已经和将来对全球供应链的破坏恐怕更持久、更深刻。

特朗普之后,美国总统拜登也在试图转变美国产业大多集中于高

端的状况，重新吸引初级产业链和就业回归美国。在多次受到美国贸易保护主义措施的伤害之后，为了避免中国的产业受到冲击，中国领导人也不得不提出"要着力打造自主可控、安全可靠的产业链、供应链，力争重要产品和供应渠道都至少有一个替代来源，形成必要的产业备份系统。……要在关系国家安全的领域和节点构建自主可控、安全可靠的国内生产供应体系，在关键时刻可以做到自我循环，确保在极端情况下经济正常运转。"

两百多年前，亚当·斯密、大卫·李嘉图等经济学家早阐明了自由贸易促进国际分工、提高效率，是推动全球经济增长的重要力量。当贸易保护主义让各参与方无法信任贸易伙伴在关键环节和关键产品上的供给安全，都不得不自己建设原本依赖国际分工的供应环节，都从全球分工退回到"自成一体"，各国都用更低的效率和更高的成本来生产原本由国际分工和国际贸易解决的零部件，同时只能在国内的有限市场内进行销售……这种趋势不仅将导致全球低效率重复建设、供应链区域化，并将持续抬高供给成本，使全球物价上涨和经济增速放缓的趋势必然加重，"通胀式衰退"为时不远。

好在中美两国领导人已经重启对话。尤其是中国，继续高举自由贸易、多边主义的大旗，在构建新发展格局、促进国际大循环中发挥积极作用。从长期来看，通过国际分工、贸易来提升效率和增加财富，仍然是推动全球经济发展的根本出路。我们期待美国逐步从特朗普开启的逆全球化政策方向上调整过来，同中国一道坚持开放和多边主义的政策，共同恢复稳定、通畅的全球供应链，推动经济全球化，共同战胜全球和经济衰退风险，促进全球经济平稳发展。

后 记

我对于物价的研究始于2010年。

在那一轮全民通胀恐惧中，我坚持认为当时的通货膨胀只不过是短期现象，既不值得社会恐慌，也不值得决策部门大动干戈。为了战胜当时社会上广泛流行的非理性通胀恐惧，我带领研究团队做了五项关于通胀的专题研究，发布了六篇专题报告。

第一篇专题报告为《中国货币流向分析报告》。报告提出，货币虽然有超发，但是超发货币主要会流向房地产市场、股票市场，经过房地产和股市分流后流向实体经济的货币，还会被过剩产能吸收、对冲，因而货币超发和物价上涨并不是简单的正相关关系。该报告不但在当时引起了有关决策部门的高度重视，而且直到2017年还有中央决策部门领导来电找这篇报告。

第二篇专题报告是《劳动力价格上涨的四重吸收模型》。报告提出劳动力价格上涨并不一定带来等比例的物价上涨，因为市场规模的扩大、劳动生产的效率可以吸收劳动力成本上涨的压力。某证券公司的董事长看到这篇报告后当面向我提出质疑，认为劳动力成本上涨不可能不影响物价，我反问"过去几年证券公司的分析师工资上涨最快，但是为什么证券行业的产品价格——佣金，反而不断下调？"他深思并阅读该专题报告后表示认同文中观点。

第三篇专题报告叫做《原材料价格上涨的四层过滤模型》，详细地分析了过度竞争格局下，为什么上游的原材料成本压力不能传导到下游，比如石油涨价多而下游的塑料涨价少，为什么上游的铜涨价多而下游的空调涨价少，为什么上游的铁矿石、钢铁涨价而汽车价格还在下降，等等。

第四篇报告分析了当时中国的流通环节等存在巨大的降成本空间；第五篇谈行业竞争格局与微观价格形成机制；第六篇讨论食品价格对中国物价的影响。

2011年，在以上几个专题报告的基础上，我出版了第一本关于物价的专著——《滕泰透视通胀》。书中通过理性的分析和论证，预测当时的中国通胀只不过是结构性的短期现象。果然，2012年以后中国物价逐步回落，验证了我们的判断。

2021年上半年，当美国通货膨胀刚刚开始时，我就用上述五个方面的模型做了初步的分析，结果发现这次美国通胀的未来趋势可能跟10年前中国的几次通货膨胀有所不同——不论从货币超发、货币可分流的"资产池"、过程货币与过剩产能的关系来看，还是从劳动力、原材料供给冲击的可持续性及其影响角度，抑或是深入分析不同行业的微观价格形成机制，甚至从PPI、核心CPI、CPI、食品价格影响等传导和影响关系来看，都与10年前中国的短期结构性通胀有很大不同。

后　记　全球通胀的"灰犀牛"与经济衰退的"黑天鹅"

这一轮美国的生产者价格指数（PPI）与中国几乎是同步的，在2020年二季度，两国PPI同时触底回升，美国PPI在2020年9月由负转正，中国PPI在2021年1月由负转正，之后几乎同步迅速走高，到2021年底，中国PPI同比增速在13%左右，美国2021年11月PPI同比增长9.6%，而德国PPI同期高达19%。

迅速走高的全球上游工业通胀，在中国和美国产生了截然不同的影响——在美国，PPI迅速向下游传导，形成前所未有的消费品通货膨胀；在中国，由于从PPI向CPI传导有阻隔机制，上游涨价快、下游涨价难，结果造成中下游企业盈利能力大幅下降，形成前所未有的经济下行压力！

虽然中国的CPI滞后于PPI、滞后于全球，但是中国从PPI向CPI的传导机制与10年前相比也已经发生了巨大变化。由于过剩产能大幅减少，很多行业的竞争格局逐渐走向垄断和头部化，供求关系、供求价格弹性所决定的微观价格形成机制生变，CPI构成的权重差异，互联网和物流红利递减等原因，中国下游消费品企业承受上游涨价的临界点正在逼近……

所以，10年前关于物价研究的理论模型没有变，物价传导和吸收的原理没有变，但是时代背景变了——10年前那本《滕泰透视通胀》要解决的问题是论证当时的通货膨胀是个短期现象，帮助中国战胜非理性的通胀恐惧，而今天出版这本《全球通胀与衰退》，则要告诉大家对全球通胀不要掉以轻心，恐怕还要重视与全球通胀相伴随的经济下行压力。

全球经济下行压力首先来自持续走高的通货膨胀必然引发欧美等国家的货币紧缩和加息，从而有可能刺破长期以来的股市和房地产泡沫，进而带来总需求的猛烈收缩。此外，前所未有的供给冲击也会加大全球经济的下行压力。按照新供给经济学的增长模型，劳动力和原材料供给冲击都会削弱经济增长的动力，其中能源、原材料的供给冲击会影响全球25%的经济增长；而劳动力供给冲击的影响甚至还要大于能源原材料的供给冲击——在欧美等发达国家，劳动者报酬占GDP的50%以上，中国的劳动者报酬在GDP中的占比这几年也迅速提升。由于原材料成本冲击可以在产业链层层分摊、层层吸收，而工资成本却在产业链层层叠加、层层放大，10年前同样比例的劳动力成本上升对中国CPI的影响，比同样比例原材料成本冲击对CPI的影响，本来就大几倍，而10年来中国劳动者报酬占中国产品和服务的总成本占比累计又上升了30%以上！新的时代背景下，劳动力供给冲击无论是对物价的影响，还是对经济增长的影响都已经不同以往。

因此，在全球通胀背景下，对中国而言，虽然消费者价格指数（CPI）仍然处于相对低位，但也应该对这次首先从美国开始的全球通货膨胀，以及由于控制通胀可能引发的经济衰退风险保持高度警惕。当然，如同1998年亚洲金融危机后互联网经济兴起，2007年美国次贷危机后移动互联技术引领的新经济高速增长一样，每一次经济冲击也必将加快全球经济结构转型，孕育新的增长点。

对于各行各业的企业而言，面对全球通胀，要么是做涨价受益者、成本转移者，要么就会成为通胀替罪羊，只有看到经济波动的风险，前瞻性应对，才能化风险为机遇。而各国投资者的资产配置，恐怕也要做相应的调整，在面临通胀时的配置资产方案，与面临经济下行甚至衰退时期的资产配置肯定大不相同。如果有的国家是通胀式衰退或者衰退式通胀又该配置什么？房地产、股市、固定收益、黄

后　记　全球通胀的"灰犀牛"与经济衰退的"黑天鹅"

金、比特币、艺术品，哪个能够紧跟经济增长、回避衰退影响，跑赢CPI？

在对上述问题进行研究探讨的过程中，万博新经济研究院副院长张海冰先生始终全程参与，并做了大量的数据处理、分析和写作工作；朱长征先生不但在2021年第二三季度与我一起写了五篇关于美国通胀、中国PPI等问题的文章，而且也参与了本书的部分工作，徐治翔先生对本书第13章《企业如何创新价值，抵御通胀与衰退》做出了重要贡献。

还要感谢10年前曾经与我一起进行物价专题研究的研究员们：郝大明、张磊、张琢、李少君、赵丽娜、伍艳艳、曹又丹、马鸿盛等，以及对新供给经济学的"供给冲击模型"做出重要贡献的刘哲女士。没有他们曾经的支持和过去10年的研究积累，我们不可能在这么短的时间内搭建起对全球通胀与衰退的完整理论分析框架。

中国出版集团中译出版社的社长兼总编乔卫兵先生，从年初就开始约我写这本书，其对经济热点问题的敏锐实在是令人钦佩，而其热情的督促，也是让我和海冰加班加点，能够赶在2021年底前完成本拙作的动力。

国务院原参事陈全生先生经常与我进行各种经济热点问题的讨论、交流。陈参事忧国忧民的精神、丰富的实践经验和专业水平，一直让我十分钦佩！他在上半年就明确提出美国的这一轮物价上涨有可能不是短期现象，这次他又倾情为本书作序，在此深表感谢！

还要感谢我的家人。有人喜欢离家闭关写作，我却喜欢老人、妻子在旁边唠叨，大儿子、小女儿在屋里跑来跑去的感觉，有他们在身边，我才思如泉涌。

最后，如同 10 年前一样，我们无比期盼着这一轮全球通胀早日过去，并祝愿中国经济能够理性应对全球通胀冲击，顺利化解下行压力，也祝愿每天面对越来越多不确定性的企业家和投资者们，能够更深刻地洞察风险，更敏锐地捕捉机会，共同助力中国经济运行得更稳健，明天更美好！

滕泰

2021 年 12 月 21 日